DU

DOMAINE PUBLIC

EN DROIT ROMAIN

ET EN DROIT FRANÇAIS

AVEC

UNE DISSERTATION

SUR L'EXPROPRIATION POUR CAUSE D'UTILITÉ PUBLIQUE
EN DROIT ROMAIN

PAR P. GARBOULEAU,

DOCTEUR EN DROIT,
AVOCAT PRÈS LA COUR IMPÉRIALE DE PARIS.

PARIS

A. DURAND, LIBRAIRE-ÉDITEUR

RUE DES GRÈS, 7.

1859

DU

DOMAINE PUBLIC

PARIS.—IMPRIMÉ CHEZ BONAVENTURE ET DUCESSOIS,
quai des Grands-Augustins, 55.

DU

DOMAINE PUBLIC

EN DROIT ROMAIN

ET EN DROIT FRANÇAIS

AVEC

UNE DISSERTATION
SUR L'EXPROPRIATION POUR CAUSE D'UTILITÉ PUBLIQUE
EN DROIT ROMAIN

PAR P. GARBOULEAU,

DOCTEUR EN DROIT,
AVOCAT PRÈS LA COUR IMPÉRIALE DE PARIS.

PARIS

A. DURAND, LIBRAIRE-ÉDITEUR
RUE DES GRÈS, 7.
—
1859

A M. BATBIE,

PROFESSEUR A LA FACULTÉ DE DROIT DE PARIS.

Vos conseils m'ont aidé, vos encouragements m'ont soutenu.

Acceptez ce témoignage de ma vive reconnaissance.

P. GARBOULEAU

Paris, le 20 juillet 1859.

DU DOMAINE PUBLIC

Les choses, d'après la classification la plus rationnelle, se divisent en trois grandes classes. La première se compose des choses communes, telles que la mer, les astres, l'air, la lumière; la seconde comprend les choses qui, destinées à la défense, à l'usage ou à l'utilité de tous, constituent le Domaine public; dans la troisième se trouvent les choses susceptibles d'appropriation privée, qui forment le Domaine de propriété.—Choses communes, Domaine public, Domaine privé,—tels sont les trois termes sous lesquels viennent se résumer tous les biens.

De ces trois classes, la première et la troisième se distinguent l'une de l'autre par leur nature. Les choses communes, qui composent la première, sont matériellement incompatibles avec la propriété privée, elles échappent au domaine de l'homme, soit par leur immensité, soit par leur nature insaisissable, elles sont forcément communes au genre humain. Les biens dont se compose la troisième classe entrent au contraire essentiellement dans le Domaine de propriété, l'homme leur impose sa puissance, les modifie à son gré.

Quant à la seconde classe, c'est par leur destination et non par leur nature que les biens qui la composent forment un genre à part. Par leur nature, en effet, ces biens seraient susceptibles d'appropriation privée et se confondraient avec ceux de la troisième classe, mais par suite de leur affectation à l'usage de tous, ces choses, qui pourraient faire partie du Domaine de propriété, se trouvent retirées du commerce tant que dure leur consécration à un service public. —La classification de ces dernières, quoique fondée seulement sur leur destination, n'en est pas moins aussi tranchée et aussi invariable que celle des autres. Les besoins en effet et les nécessités qui leur ont imposé un caractère particulier sont inhérents à la condition des hommes vivant en société. Ce caractère particulier, qui est d'être choses hors du commerce, et par suite inaliénables et imprescriptibles, doit les accompagner forcément dans toute association politique, car l'usage auquel elles sont affectées est incompatible avec l'idée de propriété privée. La propriété étant le droit d'user et d'abuser, comment concevoir des routes, des rues, des fleuves, etc., appartenant à un individu qui aurait le droit de détruire les unes, de changer le cours des autres, ou même d'empêcher tout autre que lui de s'en servir? Ce sont ces différents biens

formant la deuxième classe et composant le Domaine
public (1), que nous allons étudier d'abord dans le Droit
romain, ensuite dans l'ancien Droit français, et enfin dans
notre Droit moderne. Nous commencerons le Droit romain par l'exposé de quelques idées générales qui domi-
nent toute la matière. Elles ont trait aux théories
des jurisconsultes romains sur les biens qui nous occupent, à leur caractère d'inaliénabilité et d'imprescriptibilité, et aux conditions nécessaires pour les faire entrer

---

(1) Nous croyons utile, pour éviter toute équivoque et pour être plus
facilement compris, de définir les termes suivants : *Domaine public*,
Domaine public national, *Domaine public municipal*, *Domaine de l'État*,
Domaine communal, qui se retrouveront très-souvent dans ce travail
et qui, dans la bouche de tout le monde, ne sont pas pour cela toujours
bien compris.

Le *Domaine public* consiste dans la généralité des fonds qui servent à
l'usage ca à la protection de tous sans être la propriété de personne (*),
et sur lesquels l'État n'a qu'un pouvoir d'administration dans l'intérêt
général.

De ces biens les uns ont été acquis et établis aux frais de l'État, qui a
eu outre à sa charge les dépenses d'entretien ; les autres l'ont été aux
frais des communes. Par suite, lorsqu'il y aura déclassement, c'est-à-dire
lorsque l'autorité fera cesser l'affectation du fonds au service public, ce
fonds fera retour, dans le premier cas, au domaine privé de l'État, et au
domaine privé de la commune dans le second. On voit par là combien il
importe de distinguer ces deux classes de biens. Les premiers composent
le *Domaine public national*, qui comprend les fonds et établissements qui
sont immédiatement à la charge de l'État; les seconds constituent le
Domaine public municipal, lequel embrasse les divers fonds et établissements qui sont immédiatement à la charge de la commune (**).

Le *Domaine de l'État* est le Domaine privé de l'État ; il comprend les
biens que l'État possède comme propriétaire, et sur lesquels il fait tous
les actes de propriété que fait un particulier sur sa chose.

Le *Domaine communal* est le Domaine privé de la commune.

(*) Proudh., *Du Dom. publ.*, n° 203.—(**) *Ibid.*, n° 200.

dans le Domaine public. Nous tracerons également, avant d'entrer dans l'étude des différentes espèces de ces biens, un aperçu du mécanisme de la législation romaine sur les diverses actions qui pouvaient naître à l'occasion du Domaine public, aperçu qui rendra plus facile à comprendre la matière si ardue des interdits en Droit romain.

Nous étudierons ensuite chaque espèce des biens composant le Domaine public et dont, pour plus de clarté, chacune formera une section spéciale.—Dans chaque section nous rechercherons quels biens font partie du Domaine public, quels sont les droits et les obligations des particuliers et de l'État sur les biens qui le composent, et enfin quelle est l'autorité chargée de veiller à la police et à l'administration de ce Domaine.

I^{RE} PARTIE

DU DOMAINE PUBLIC EN DROIT ROMAIN

CHAPITRE I

CONSIDÉRATIONS GÉNÉRALES

SOMMAIRE. — § Ier. Le Domaine public existait-il en Droit romain ? — § II. Division des choses à l'époque de Gaïus et d'Ulpien. — § III. Idem, sous Justinien ; critique de ces divisions. — § IV. Les biens composant le Domaine public ne forment pas une classe à part comme en Droit fiançais, mais ces biens ont le double caractère de choses inaliénables et imprescriptibles. — § V. Domaine public national (*res publicæ*); Domaine de l'État (*res in pecunia populi*). — § VI. Domaine public municipal (*res universitatis*); Domaine communal (*res in patrimonio universitatis*). — § VII. Acte de l'autorité nécessaire pour faire entrer un fonds dans le Domaine public. — § VIII. De l'expropriation pour cause d'utilité publique.

§ I. — C'est en vain que l'on chercherait dans les textes du Droit romain l'expression de *Domaine public*. Ce n'est pas cependant que la distinction entre le Domaine public et le Domaine privé soit arbitraire; elle est au contraire, ainsi que nous l'avons dit, une conséquence nécessaire de la vie des hommes en société, à tel point que certains auteurs la font dériver du droit naturel (1).

Mais cela vient de ce que de nos jours le mot *Domaine*

____

(1) Proudh., Du Domaine public, § 47.

public n'est pas employé dans sa véritable étymologie. En Droit romain, les mots *dominus, dominium*, désignent le droit par excellence, le droit le plus étendu qui existe sur les choses, le droit de propriété : *plenam in re potestatem; jus utendi, fruendi et abutendi*. Il n'était donc pas logique d'employer le mot *Domaine public* pour désigner les biens dont nous nous occupons, lesquels n'appartiennent même pas propriétairement au public, car l'étranger lui-même a le droit d'en user quand il est à portée de le faire (1).

Nous ne trouvons pas même réunies en une seule classe, dans le Droit romain, toutes les choses qui composent le Domaine public ; néanmoins nous allons les voir toujours soigneusement distinguées des choses susceptibles d'appropriation privée, dans les divisions faites par les jurisconsultes des différentes époques, ainsi qu'il résulte de l'aperçu qui va suivre.

§ II.—Au temps de Gaïus et d'Ulpien, nous trouvons les choses divisées en deux grandes catégories. Les unes sont de droit divin, les autres de droit humain. Les premières comprennent : 1° les choses sacrées, *quæ diis superis consecratæ sunt;* 2° les choses religieuses, *quæ diis manibus relictæ sunt;* 3° les choses saintes, telles que les murs et les portes des villes qui, entourées par ce peuple conquérant d'une sorte de vénération légale, étaient par extension rangées parmi les choses de droit divin : *quodammodo divini juris sunt* (2).

---

(1) Proudh. § 202.—(2) Gaïus, *Comm.*, 2, §§ 2 à 8.

Les choses de droit humain se décomposent en choses publiques et choses privées.

Cette division existait-elle à l'époque des Douze Tables? Nous ne trouvons pas de texte précis à cet égard dans les fragments de cette loi qui sont parvenus jusqu'à nous ; mais l'organisation religieuse et l'influence sacerdotale que l'on remarque dans toutes les institutions de cette époque, les nombreuses dispositions que renferme la dixième Table sur les funérailles, le caractère guerrier de ce peuple et la mort de Rémus (1), alors même qu'elle ne serait qu'une fable, tout indique que la distinction entre les choses *divini et humani juris* remontait à l'origine de la législation romaine et il devait probablement en être de même de la subdivision des choses *humani juris* en choses publiques et choses privées (2).

Ainsi la principale division des choses que nous trouvons en Droit romain jusqu'à Justinien, la *summa divisio*, pour nous servir des expressions de Gaïus, consiste en choses de droit divin et choses de droit humain.

Le Domaine public, dans l'acception qu'il a de nos jours, comprend les choses de droit divin, et parmi les choses de droit humain les choses publiques.

Comme on le voit, les jurisconsultes romains n'avaient pas fait une classe à part des matières qui nous occupent ; mais quoique les ayant classées dans des catégories différentes, ils leur reconnaissaient le même caractère : *Quod autem divini juris est*, nous dit Gaïus, *id*

---

(1) Dig., lib. 1, tit. 8, l. 11.—(2) Ortolan, *Institutes*, 2. 1.

nullius in bonis est. Quæ publicæ sunt, ajoute-t-il plus bas, *nullius in bonis esse creduntur* (1).

§ III. — Arrivons à Justinien. Les rédacteurs des Institutes abandonnant la division des jurisconsultes qui les avaient précédés, divisent les choses en choses qui sont dans notre patrimoine et choses qui sont hors de notre patrimoine (2).

Ils subdivisent ces dernières en choses communes, choses publiques, choses *universitatis,* et choses *nullius.*

Les choses sacrées, religieuses et saintes, qui, dans la division précédente, composaient les *res divini juris,* sont rangées parmi les *res nullius.*

Dans cette classification nouvelle, les biens qui font l'objet de notre étude se trouvent réunis dans la deuxième catégorie parmi les choses hors de notre patrimoine. Mais ce serait une erreur de croire que toutes les choses que Tribonien et ses collègues plaçaient hors de notre patrimoine fissent partie du Domaine public.

Ainsi, parmi les choses communes se trouvent non-seulement les rivages de la mer, mais encore la mer, l'air, l'eau courante (3).

Parmi les choses publiques ne se trouvent pas seulement les ports, les fleuves, les routes, etc., composant le Domaine public national, mais on y voit encore les esclaves publics, les *agri vectigales,* le trésor du peuple,

---

(1) Gaïus, *Comm.* 2, § 9 et 11.—(2) Institutes de Justinien, liv. 2, tit. 1, *ad principium.*—(3) Inst. 2, 1, § 1.

etc., composant le Domaine de l'État (*res in patrimonio populi*) (1).

Au nombre des choses *universitatis*, on trouve non-seulement les chemins vicinaux, les théâtres, les stades et les bains publics (2) (Domaine public municipal), mais encore l'argent de la communauté, ses esclaves, les champs, et les édifices privés dont elle percevait les revenus (3) (Domaine communal, *res universitatis*).

Enfin les choses *nullius* ne comprennent pas seulement les choses sacrées, religieuses et saintes, on y rencontre aussi les choses que l'homme n'a pas encore occupées ou qu'il a abandonnées, et même, d'après certains jurisconsultes, l'hérédité qui n'a pas encore été acceptée (4).

Comment se reconnaître au milieu d'un pareil chaos? A quel signe distinguer les choses faisant partie du Domaine public? où trouver la ligne de démarcation?

L'énumération des choses que ces jurisconsultes placent hors de notre patrimoine est-elle d'ailleurs exacte? L'État ou plutôt le peuple, les corporations légalement constituées ne formaient-ils pas des personnes morales, susceptibles de droits et de devoirs? Ces personnes morales (5), comme les *singulares personæ*, ne pouvaient-elles pas posséder, être propriétaires, contracter, vendre, acheter, etc.? Or, peut-on dire que les biens

(1) Dig. 50, 16, 17.—Ibid. 13, 8, 2, § 3.—(2) Inst. 2, 1, § 6.—(3) Dig. 6, 3, 1, § 1.—Ibid. 39. 2. 15. § 26.—(4) Ibid. 1. 8. 1.—(5) Si les Romains n'admettaient pas le mot, ils admettaient le principe. (Dig. 1, 2, 9, § 1.)

qu'elles possédaient, *quæ sunt in patrimonio universi-tatis, in patrimonio populi* (1) étaient *res quæ extra patrimonium nostrum habentur?*

Reconnaissons d'autre part que cette division des choses faite par les rédacteurs des Instituts était trop large et les forçait à placer à côté les unes des autres les choses les plus hétéroclites, jurant en quelque sorte de se trouver ainsi réunies.

Ce qui a manqué quelquefois aux jurisconsultes romains qui composèrent le *Digeste*, c'est cet esprit de méthode et de classification qui est porté chez nous à un si haut degré; ainsi, pour les matières qui nous occupent, nous ne trouvons pas nettement établie par eux la distinction entre le Domaine public et le Domaine de l'État, entre le Domaine municipal et le Domaine public municipal. —Sans doute, ces législateurs reconnaissaient la différence immense qui sépare ces diverses classes de biens, nous aurons occasion de le remarquer dans le cours de ce travail; mais cette distinction ne constituera pas une de leurs classifications; quand ils la feront, ce sera comme par hasard, incidemment à une question plus pratique, à laquelle elle se rattachera plus ou moins. C'est cette absence de méthode qui, rendant les recherches si longues, a fait la principale difficulté de notre travail, surtout dans sa première partie.

Après avoir admis cette première division en choses qui sont dans notre patrimoine et choses qui n'en font

____

1) Dig. 41, 1. 14.

pas partie, les jurisconsultes romains auraient dû subdi-
viser les choses qui sont hors de notre patrimoine en
choses qui peuvent en faire partie et choses qui ne peuvent y tomber, ou, en d'autres termes, en choses qui
sont ou ne sont pas dans le commerce.

Dès lors, en reprenant leur classification à l'aide de
ce criterium et sans nous occuper des choses communes
qui ne peuvent tomber dans notre patrimoine (1), nous
trouverions parmi les *res nullius*, d'un côté les choses
sacrées, religieuses et saintes, non susceptibles d'appropriation privée, et de l'autre les choses non encore occupées ou abandonnées qui deviennent la propriété du
premier occupant.

De même, pour les *res publicæ* et les *res universitatis*,
nous rencontrerions d'une part les choses qui sont destinées à l'usage, à l'agrément ou à l'utilité de tous,
choses hors du commerce sur lesquelles l'État ou les
corporations n'ont qu'un droit de garde et de protection, et de l'autre les choses possédées par l'Etat ou
par les communautés, et sur lesquelles ces personnes
morales peuvent, avec l'autorisation nécessaire, faire
tous les actes de propriété que fait un particulier sur
sa chose.

Les premières, choses hors du commerce, inaliénables et imprescriptibles, forment le Domaine public ; les
autres, en y joignant les *res singulorum*, composent le

---

(1) A l'exception, toutefois, des rivages de la mer, classés à tort
parmi les choses communes. (Page 91.)

Domaine de propriété qui, en le prenant dans son sens le plus large et en l'opposant au Domaine public, comprend ce que nous appelons de nos jours le Domaine de l'État, le Domaine communal et le Domaine privé proprement dit, et que les jurisconsultes romains désignaient sous le nom de *res in patrimonio populi, res in patrimonio universitatis, res singulorum.*

§ IV. — De tout ce qui précède, il résulte que si les jurisconsultes romains n'avaient pas fait une classe des biens composant ce que nous appelons le Domaine public, ils les distinguaient des choses privées, en leur reconnaissant le caractère de choses hors du commerce, inaliénables et imprescriptibles, ce que nous allons encore établir par quelques textes qu'il serait facile de multiplier. Quant à l'inaliénabilité, Pomponius, en reproduisant l'opinion de Celsus, s'exprime de la sorte : *Si scias alienationem non esse, ut sacra et religiosa loca, aut quorum commercium non sit ut publica* (1). De même ces choses ne pouvaient être acquises ni par usucapion, ni par prescription. *Usucapionem recipiunt maxime res corporales* (dit Gaïus) *exceptis rebus sacris, sanctis, publicis, populi romani et civitatum* (2). *Præscriptio longæ possessionis ad obtinenda loca juris gentium publica concedi non solet* (3).

§ V. — Quant à la distinction entre le Domaine public national, *res publicæ,* et le Domaine de l'État, *res in patrimonio populi,* nous la trouvons aussi en Droit romain, mais toujours, pour ainsi dire, à l'état latent.

---

(1) Dig. 18, 1. 6. *ad principium.*—(2) Ibid. 41, 3, 9.—(3) Ibid, 18.

Le Domaine de l'État, appelé tantôt *bona publica* (1),
tantôt *res in patrimonio fisci* (2) ou encore *res in pecunia
populi* (3), se composait des terres conquises et des
biens qui provenaient d'hérédités vacantes, ou de dispositions caduques, ou encore de confiscations ou de
legs au profit du prince, sur lesquels le prince ou
son *procurator* (4) faisait tous actes de propriété, et
ce Domaine se distinguait essentiellement du Domaine
public. Cette différence nous est signalée, d'abord
par la loi 2, *ne quid in publico*, etc. Ulpien, s'occupant de l'interdit du préteur, fait sentir la différence
qui existe entre les choses publiques (Domaine public) et
les choses du fisc (Domaine de l'État). Après avoir
énoncé que l'interdit s'applique aux choses publiques, il
ajoute : *Hoc interdictum ad ea loca quæ sunt in fisci patrimonio non puto pertinere, in his enim neque facere quid-
quam, neque prohibere privatus potest : res enim fiscales*
QUASI PROPRIÆ ET PRIVATÆ *principis sunt*, etc. (5).

Nous avons un autre texte encore plus formel et qui
nous donne une différence essentielle et caractéristique.
C'est la loi 6, *De contrahenda emptione*, dont nous avons
déjà parlé. Après avoir dit dans cette loi qu'on ne peut
vendre les choses sacrées ou religieuses, Pomponius
ajoute : *Aut quorum commercium non sit ut publica, quæ
non in pecunia populi, sed in publico usu habeantur, ut est
Campus Martius.* On ne peut vendre les choses qui ne

---

(1) Dig. 50, 16, 15, 17. — (2) Ibid. 43, 8, 2, § 4.— (3) Ibid. 18, 1, 6.
—(4) Ibid. 1, 19, 1.—(5) Ibid. 43, 8, 2, § 1.

sont pas dans le commerce, par exemple, les choses publiques, non pas celles qui sont *in pecunia populi* (Domaine de l'État), mais celles qui sont destinées à l'usage de tous, comme le Champ de Mars (Domaine public) (1). Celles qui faisaient partie du Domaine de l'État étaient aliénées avec l'autorisation de l'empereur (2).

§ VI.—Le Domaine public municipal existait également en Droit romain. Les cités en effet avaient deux sortes de biens, d'abord les biens destinés à l'usage de tous, tels que les rues, les thermes (choses publiques) et ensuite les biens privés de la cité. Les premiers composaient ce que nous appelons Domaine public municipal ; les jurisconsultes romains leur reconnaissent en effet, le caractère de choses hors du commerce. *Quas vero natura vel gentium jus, vel mores civitatis commercio exuerunt, earum nulla venditio est* (3).

Quant à leur imprescriptibilité, nous en avons déjà parlé : elle se trouve formellement énoncée dans la loi 9, *De usurpationibus et usucapionibus,* en ces termes : *Usucapionem recipiunt..... exceptis rebus publicis populi Romani et civitatum* (4). Cette loi établit à elle seule la distinction dont nous nous occupons en parlant des choses publiques des cités, ce qui implique nécessairement les choses privées. Celles-ci appelées *res in patrimonio civitatis,* qui constituent de nos jours le Domaine communal, se composaient des esclaves, des créances,

---

(1) Dig. 18, 1, 6.—(2) Ibid. 1, 19, 1. § 1.—(3) Ibid. 8, 1, 31, § 1.—(1) Ibid. 41, 3, 9.

des édifices, des champs qui étaient exploités comme ceux des autres particuliers, ou qui étaient donnés à bail perpétuel, et qui prenaient alors les noms de *œdes* et *agri vectigales* (1).

Pour l'aliénation des biens composant le Domaine communal, il fallait à Rome l'autorisation de l'empereur, dans les provinces l'autorisation des magistrats et des notables de la cité (2).

§ VII.—Ainsi que nous l'avons dit précédemment, la plupart des biens dont se compose le Domaine public sont par leur nature susceptibles de faire partie du Domaine de propriété, et ont dû en faire primitivement partie. Le terrain sur lequel on a construit des fortifications ou un temple, celui qui forme le sol d'une route ou d'une place publique était auparavant le champ ou la maison d'un citoyen ; mais dans un but d'intérêt général, ces fonds ont été retirés du commerce pour servir à la défense ou à l'usage de tous. Pour obtenir ce résultat, il faut évidemment un acte émanant d'une autorité compétente, qui, constatant l'utilité générale, fasse passer ces biens du Domaine privé dans le Domaine public.

Commençons par excepter les fleuves, ainsi que la mer et ses rivages. C'est par leur nature que ces biens sont publics et échappent au domaine de l'homme : quand un fleuve change de lit, ce n'est pas un acte de l'autorité qui place dans le Domaine public les fonds qu'il va occuper et le nouveau lit qu'il se crée. Les

____

(1) Dig. 6, 3. 1.—Ibid. 39, 2, 15, § 26.—(2) Cod. 21. 31. 3.

terrains envahis seront publics, non pas parce qu'une loi viendra le déclarer, mais parce que, comme le dit Ulpien, il est impossible que le lit d'un fleuve public ne soit pas public. Ils seront eux-mêmes leurs *censitores,* et la loi civile ne pourra que constater les faits qu'elle ne peut empêcher. *Ille etiam alveus quem sibi flumen fecit, etsi privatus ante fuit, incipit tamen esse publicus, quia impossibile est ut alveus fluminis publici non sit publicus* (1). *Nam et natura fluminis hæc est, ut, cursu suo mutato, alvei causam mutet,* nous dit Pomponius, et il ajoute plus bas : *Flumina enim censitorum vice funguntur, qui ex privato in publicum addicant, et ex publico in privatum* (2).

Il en est de même de la mer. En pénétrant dans les terres et en couvrant de ses flots l'héritage d'un particulier, elle le fait passer par cela seul dans le Domaine public. *Aristo ait : Quod mari occupatum sit fieri publicum* (3).

Mais pour les autres classes de biens, pour ceux dont l'affectation à un usage public nécessite l'intervention de l'homme, ce n'est pas leur nature qui les classe dans le Domaine public. Ce ne saurait être non plus un particulier. Comment, en effet, un simple particulier pourrait-il vaincre la résistance des intéressés, obliger l'État et disposer des deniers publics ? Il faudra nécessairement un acte émanant d'un pouvoir reconnu de tous et supé-

---

(1) Dig., 43, 12, 1, § 7.—(2) Ibid., 41, 1, 30, §§ 2 et 3.—(3) Ibid. 1, 8, 10.

rieur à tous. Il faudra une loi ; sans doute un particulier
pourra donner ses biens en leur assignant un but d'utilité générale pour l'agrandissement d'une place, pour
l'édification d'un temple ; mais ces biens ne feront partie
du Domaine public que lorsque le gouvernement aura,
par son acceptation, sanctionné la donation ou la libéralité testamentaire.

Ces principes élémentaires ne pouvaient être méconnus en droit romain. Aussi voyons—nous dans
Appien, *De Bello civili*, qu'il fallait un plébiscite pour
autoriser l'ouverture d'une route (1); de même, la consécration d'un lieu saint ne pouvait se faire qu'en vertu
d'une loi. Plus tard, les plébiscites furent remplacés par
les sénatus-consultes, et quand l'empereur eut absorbé
en lui tous les pouvoirs, il suffit d'un décret (2); mais ce
décret était nécessaire, et nous trouvons au Code Théodosien plusieurs constitutions dans lesquelles l'empereur recommande à ses représentants de ne pas entreprendre de nouveaux ouvrages sans son autorisation (3).
Ce n'était que dans les cas d'absolue nécessité qu'ils
pouvaient s'en dispenser, par exemple, pour des travaux
à faire dans le but de repousser l'ennemi (4).

Ainsi il fallait un acte de l'autorité, déclarant l'utilité
publique et désignant les lieux qui allaient être occupés
et attribués au Domaine public.

§ VIII. - La dépossession du propriétaire n'avait-

---

(1) Appien, *De Bello civili*. Dezobry, *Voyage d'un Gaulois à Rome.*—
(2) Dig. 1, 8, 9, § 1er.—(3) Code Théodosien, 15, 1, 60, 11, 27, 37, etc.
—(4) Ibid., 15, 1, 18.

elle lieu que de son consentement, ou pouvait-on le
forcer à céder sa propriété moyennant indemnité?
L'étude de ce point de doctrine nous amènerait naturellement à examiner si l'expropriation pour cause d'utilité
publique existait en Droit romain, mais l'étendue de
notre dissertation sur cette question intéressante ne
nous permet pas de la placer ici, nous la renvoyons à la
fin de cet écrit (1); toutefois, nous pouvons d'ores et
déjà affirmer que cette sorte d'expropriation existait
réellement en Droit romain.

(1) *Infra*, Appendice.

CHAPITRE II

DES ACTIONS RELATIVES AU DOMAINE PUBLIC

Avant d'entrer dans l'examen détaillé des divers biens qui composent le Domaine public, il nous semble important de donner un aperçu rapide et général des diverses actions qui pouvaient naître à ce sujet. Ce travail d'ensemble donnera, nous l'espérons, une juste idée du mécanisme de la législation romaine en ces matières; nous nous étendrons ensuite plus longuement sur ces différents moyens d'action, quand nous traiterons spécialement des divers biens auxquels ils s'appliquent.

§ Ier.—Le Domaine public n'appartenant à personne manque par cela même de ce défenseur que chaque autre espèce de biens trouve dans son propriétaire; il faut dès lors que quelqu'un soit chargé de veiller à ses intérêts, de prévenir les empiétements, etc. C'est à l'autorité qu'incombe ce soin. Chargée pareillement de veiller aux intérêts du public, c'est-à-dire de la police et de la sécurité générale, l'autorité doit prendre garde que l'usage que fait chacun de la chose publique ne soit contraire à celui auquel elle est destinée, et ne puisse y porter atteinte. C'est pour cela que l'autorité a dans ses attributions l'inspection et la direction de tout ce qui concerne le Domaine public; c'est à elle, chargée de protéger les droits de tous, qu'il faudra s'adresser dans tous les cas où le Domaine public pourra se trouver intéressé, pour obtenir une concession, ou pour être autorisé à faire quelque acte sur un bien du Domaine public; toutes choses qu'elle n'accordera qu'autant qu'elles ne nuiront pas à l'intérêt général. Mais ce droit de haut contrôle et de police serait illusoire, s'il n'était pas accompagné du droit de faire cesser les entreprises et de faire enlever les obstacles en résultant. *Tollere ædificium debet, alioquin inane et lusorium prætoris imperium erit*(1) nous dit le jurisconsulte Julien; ce droit résultait d'ailleurs de l'obligation où était l'autorité de veiller à la sûreté publique (2).

Ainsi, dans tous les cas, les empiétements sur le Domaine public étaient réprimés et les obstacles et constructions enlevés par ordre de l'autorité; mais celle-ci, agissant soit comme représentant les intérêts du public, soit en vertu de son droit de police, ne s'occupait pas de l'intérêt que pouvait avoir un particulier à la cessation de l'empiétement et ne s'inquiétait pas de savoir s'il avait

---

(1) Dig., 43, 8, 7.—(2) Ibid., 43, 8, 2, § 25. Ibid., 43, 10, etc.

été lésé ou non, s'il avait ou non droit à des dommages-intérêts. Quand un particulier était lésé, son action était tout à fait indépendante de celle des magistrats, c'était à lui à se pourvoir devant un juge compétent par l'un des moyens que nous énumérerons tout à l'heure.

§ II. — A part le cas où le particulier était intéressé à faire cesser un empiétement qui lui nuisait, il existait en Droit romain une disposition remarquable, en vertu de laquelle chaque citoyen jouait le rôle que remplit chez nous le ministère public. Nous supposons un citoyen désintéressé dans l'objet de l'empiétement ; l'entreprise ne lui a causé aucun préjudice ; or, l'intérêt étant la mesure de l'action, il ne pourra avoir ni l'interdit, ni l'action d'injures, aucune action, en un mot, car le juge devant qui serait portée l'affaire, devrait renvoyer l'usurpateur absous, la condamnation devant être *Quanti actoris intersit*, et dans l'espèce le demandeur n'ayant pas d'intérêt.

Et cependant si l'administration, soit par négligence, soit par ignorance, ne fait rien pour empêcher l'entreprise préjudiciable au public, notre citoyen patriote sera-t-il obligé de la laisser s'accomplir sous ses yeux sans pouvoir s'y opposer? Non. Ce particulier agira au nom de l'intérêt général au moyen de l'*Operis novi nunciatio*, introduite par le préteur : *Et belle Sextus Pedius definiit*, nous dit Ulpien, *triplicem esse causam operis novi nunciationis, aut naturalem, aut publicam aut impositiam : naturalem, cum in nostras œdes quid immittitur, aut œdificatur in nostro ; publicam causam, quotiens leges, aut senatus-consulta constitutionesque principum per operis novi nunciationem tuemur*, etc. (1).

§ III. — Mais à part ce cas, qui se présentera rarement, car le plus souvent l'entreprise lèse quelqu'un, et ce sera la partie lésée qui voulant poursuivre sera préférée, voyons quelles voies lui seront ouvertes pour se faire indemniser des dommages qu'elle a éprouvés.

D'abord, il faut distinguer entre les différentes espèces de dommages, car il en est dont on ne peut obtenir la réparation. Ainsi les travaux que fait exécuter l'autorité publique dans un but d'utilité générale ne donnent pas lieu à un recours contre elle de la part des particuliers, *quod principis aut senatus jussu, aut ab his qui primi agros constituerunt, opus factum fuerit, in hoc judicium non venit* (2).

Mais si l'administration a fait une concession à un individu ou l'a autorisé à faire dans son intérêt un acte nuisible à autrui, il en est bien différemment (3), l'autorisation de l'administration réserve toujours les droits des tiers. *Nam quotiescumque aliquid in publico fieri permittitur, ita opportet permitti, ut sine injuria cujusquam fiat; et ita solet princeps quotiens aliud novi operis instituendum petitur permittere* (4). A bien plus forte raison des dommages seront dus dans le cas où le fait préjudiciable aura eu lieu sans autorisation; mais par quel moyen pourra-t-on obtenir réparation du préjudice

____

(1) Dig., 39, 1, 5, §. 9.—(2) Ibid., 39, 3, 23. Ibid. 2, § 3. Ibid., 39, 2, § 10.—(3) Ibid., 39, 2, 7. Ibid. 15, § 2.—(4) Ibid., 43, 8, 2, § 10.

éprouvé? Les faits qui ont causé le dommage se sont produits sur un lieu faisant partie du Domaine public. Or ces biens ne sont à personne. Dès lors quelle est l'action que pourrait réclamer le lésé? Aucune. Ici, en effet, il ne saurait être question de droit de propriété, ni de droit de créance pouvant donner naissance à une action. Il existait sur ce point une lacune dans la législation romaine (1).

Il était réservé aux préteurs, qui ont joué un si beau rôle dans l'histoire du Droit romain, de la combler au moyen des interdits.

L'interdit était un édit rendu sur la demande d'une partie par le préteur, ou dans les provinces le proconsul, pour ordonner ou défendre quelque chose (2), disposition impérative qui devait faire la loi du procès si les parties ne s'y soumettaient pas. Le préteur romain, en effet, n'était pas un simple juge chargé d'appliquer la loi; il avait pour mission d'en adoucir la rigueur et d'en combler les lacunes au moyen de ses édits; mais dans le principe, où son pouvoir législatif s'établissait peu à peu, il n'osa pas de prime abord rendre des édits généraux applicables à tous; il procéda plus modestement et ne commença par rendre que des édits entre deux personnes, des défenses ou des ordres spé-

---

(1) On n'avait pas même la ressource de l'*Operis novi nunciatio*, car cette voie d'action ne fut introduite que par le préteur (Dig. 39, 1, 1. *Princip.*). La législation primitive ne reconnaissait que les droits de l'autorité chargée de la police.

(2) Ortolan, Inst., t. II, p. 645.

ciaux à la contestation qui lui était soumise et qui n'avaient d'effet qu'entre les parties intéressées (*inter duos edictum*) (1). Ces interdits durent prendre naissance dans les matières qui nous occupent : droit public divin et religieux ; puis ils s'étendirent à des matières d'intérêt privé (2). Nous n'avons pas à nous occuper de ces dernières. Plus tard le préteur publia à son entrée en fonctions les différents cas dans lesquels il donnerait l'interdit, mais il fallut toujours aller le réclamer. — Bientôt la durée de l'interdit dépassa l'année, — car chaque préteur prit le parti de reproduire les édits de ses prédécesseurs, et cette jurisprudence obtint une autorité semblable à celle de la loi.

Il y avait un autre avantage à ce mode d'action. Au moyen de la formule arbitraire, on put parvenir à une exécution effective et non pas seulement pécuniaire. Dans le principe, l'exécution effective n'avait lieu que par l'effet indirect du *jussus* émané du *judex*, mais plus tard elle put être obtenue contre le gré du défendeur, *manu militari* (3), soit que l'administration eût négligé de faire opérer la destruction de l'ouvrage, soit qu'elle ne jugeât pas à propos de l'exiger, par exemple, quand elle l'avait autorisé. Mais remarquons-le bien, les interdits ne furent introduits que dans un intérêt privé et non dans l'intérêt public, et cela par cette raison bien simple, que pendant

---

(1) Inst. 4, 15, *Princip.* — (2) Ortolan, Instit. 2, p. 514. — (3) Ibid., p 466, Dig. 6, 1, 68.]

longtemps, même avec la formule arbitraire, l'on ne put arriver à l'exécution effective que du consentement de l'auteur de l'entreprise dommageable ; en deuxième lieu, que la condamnation devant être *Quanti actoris intersit* (1) ne pouvait avoir lieu que dans le cas où le particulier avait éprouvé un dommage. Ils ne pouvaient avoir dès lors qu'une utilité privée; mais quand ils furent devenus populaires il en fut autrement, l'intérêt public se trouva protégé, car toute personne put poursuivre la répression des faits qui étaient nuisibles au public, et, à cette époque, on pouvait arriver à l'exécution effective au moyen de la formule arbitraire.

Dans les actions et les interdits populaires, l'intérêt nécessaire pour faire naître une action consistait dans la somme que le coupable devait payer au demandeur en cas de condamnation. La formule était non plus *Quanti intersit*, car les dommages étaient nuls, mais de la somme fixée par l'interdit populaire, laquelle constituait l'intérêt du demandeur. Dans le cas où plusieurs se présentaient pour agir, c'était la partie qui avait éprouvé le dommage qui était préférée. Dans ce cas la condamnation était *Quanti intersit*, mais elle ne pouvait être inférieure à celle que l'interdit donnait à l'étranger (2).

Ce que nous disions plus haut du caractère privé des interdits à leur naissance est tellement vrai que, même quand ils furent devenus populaires, se ressentant de leur origine, ils conservèrent le caractère d'action privée

---

(1) Dig. 43, 8, 2, § 34 et 44. Ibid. 43, 11, 1, §. 3.—(2) Ibid. 47, 13, 3, *Princip.*, § 8.

à l'égard de celui qui avait été lésé. C'est ainsi que, con-
trairement à la règle, on pouvait agir par procureur dans
les interdits populaires qui nous occupent, et le jurisconsulte Paul nous les explique en disant : *Licet in po-
pularibus actionibus procurator dari non possit, tamen
dictum est merito eum qui de via publica agit, et privato
damno ex prohibitione adficitur, quasi privatæ actionis
dare posse procuratorem* (1). Mais remarquons-le bien,
c'était celui-là seul qui était lésé qui pouvait agir par
procurateur : *privato damno*, dit la loi.

Dans les matières qui nous occupent, les interdits sont
de deux sortes, prohibitoires ou restitutoires : *Prohibi-
toria sunt*, disent les Institutes de Justinien, *quibus
prætor vetat aliquid fieri, veluti vim sine vitio possidenti,
vel mortuum inferenti quo ei jus erat inferendi, vel in loco
sacro ædificari, vel in flumine publico ripave ejus aliquid
fieri quo pejus navigetur* (2).

Mais supposons que malgré la défense du préteur on
fasse un des actes que nous venons d'énoncer, que se
passera-t-il ? Ou le fait aura consisté en une entreprise
matérielle, comme serait un obstacle permanent apporté
à la navigation ou à la viabilité, etc., ou le fait n'aura pas
laissé de trace ; par exemple, un individu en aura empêché un autre d'ensevelir un mort ; dans ce dernier cas
celui-ci ne pourra obtenir que des dommages-intérêts.
Dans le premier cas, au contraire, il y a un fait qui lui
nuit et qu'il lui importe de faire disparaître. Des dom-

---

(1) Dig. 3, 3, 42.—(2) Inst. 4. 15, 1.

mages-intérêts ne lui suffiraient pas, et cependant par l'interdit prohibitoire il ne peut obtenir autre chose. Aussi le préteur lui a-t-il ouvert une autre voie au moyen de l'interdit restitutoire. *Restitutoria sunt quibus restitui aliquid jubet.* Par ce moyen il arrivera au rétablissement des lieux dans leur état primitif, soit dans le principe par la crainte qu'aurait eue le défendeur de la condamnation, soit, plus tard, au moyen des agents de la force publique, toujours indépendamment de la destruction d'office, faite par ordre des magistrats chargés de la police.

Nous n'avons pas en ce moment à nous étendre davantage sur les interdits, nous le ferons sous chacune des matières auxquelles ils s'appliqueront, et nous verrons à quelles subtilités eurent recours les jurisconsultes pour faire rentrer le plus de cas possible sous l'application des divers interdits, subtilités qui nous paraissent puériles aujourd'hui, mais qui avaient autrefois la plus grande importance et qui étaient même indispensables à cause du formalisme de la législation romaine.

Au surplus, sous Justinien, les interdits perdirent complétement leur premier caractère : plus de dation de juge, plus de formules, et dès lors p'us d'interdits. On agit directement devant le magistrat pour garantir les droits que conféraient les interdits, lesquels, passés au nombre de lois romaines, donnèrent naissance à des actions. *Sequitur ut dispiciamus de interdictis,* dit Justinien, *seu actionibus quœ pro his exercentur* (1).

---

(1) Inst. 4, 15, *ad princip.*

§ IV.—Il peut se faire que l'inconvénient résultant de l'entreprise ne se fasse sentir que dans un temps plus ou moins éloigné; or, dans ce cas, l'interdit, tel que nous venons de le voir, ne pourra plus s'appliquer et le particulier lésé n'aura que la ressource de la loi Aquilia. *Nam post opus factum persequendi hoc interdicto nulla facultas superest, etiam si quid damni postea datum fuerit, sed lege Aquilia experiendum est* (1).

Mais le préteur y avait pourvu au moyen de la caution *de Damno infecto. Deinde, ait prætor, de eo opere quod in flumine publico ripave ejus fiat in annos decem satisdari jubebo* (2). Ainsi s'exprime la partie de l'édit qui s'applique à notre matière. Comme on le voit, l'interdit ne prévoyait spécialement que les cas de travaux sur un fleuve public. Quant aux travaux exécutés sur les autres lieux publics, on les avait fait entrer dans le cas de la caution *de Damno infecto;* mais ce n'était plus parce que l'ouvrage était fait *in loco publico,* mais *in alieno loco.* C'est ainsi qu'Ulpien nous dit : *Si quid in via publica fiat, quia in alieno fit satisdandum est. Sive autem quis muniat viam, sivè quid aliud in via publica faciat, debebit cautio locum habere, ne per hoc damno privati contingantur.* Il ajoute enfin d'une manière plus générale, comprenant tous les autres lieux publics, qu'ils sont également soumis à la caution *de Damno infecto : De cæteris locis publicis nihil specialiter cavetur. Verum ex*

---

(1) Dig., 43, 15, 1, § 5.—(2) Ibid., 39, 2, 15, § 2.

generali sermone quasi in alieno fiat, satisdari debebit damni infecti (1).

Mais, entre les deux cas, la différence est grande. Dans le premier, en effet, celui qui est spécialement prévu par l'interdit, la caution est donnée pour dix ans à l'effet de garantir de tout événement dans cet espace de temps (2). Dans les autres cas où la caution est exigée *quia in alieno fit*, il n'y a plus un espace de temps fixé à l'avance, invariable pour tous les actes. Le préteur fixe la durée du délai en connaissance de cause et selon les cas. *Sed prætor, causa cognita, tempus pro conditione operis determinabit* (3). Il faut faire ici la même distinction que plus haut entre les divers dommages. Pour ceux à raison desquels on ne doit pas être indemnisé, il ne pouvait y avoir lieu à la caution. Ainsi ne sont pas soumis à la caution les travaux faits par ordre de l'autorité publique. *Si publicus locus publice reficiatur : rectissime Labeo scribit, eoque jure utimur, de damno infecto non esse cavendum* (4).

§ V. — Si des empiétements ou des entreprises matérielles faites sur le Domaine public nous passons aux voies de fait, aux violences personnelles qui peuvent être commises sur ce Domaine, la législation change entièrement. Le préteur n'eut point à s'en occuper, car ces faits étaient prévus et réglés dès la plus haute antiquité, puisque la loi des Douze Tables nous donne le tableau des peines qui devaient y être appliquées (5). On en ob-

---

(1) Dig., 39, 2, 15, § 6, 8 et 9.—(2) Ibid., § 4.—(3) Ibid. § 7.—(4) Ibid., § 10.—(5) Inst., 4, 4, 7.

enait réparation au moyen de l'action d'injures. Les préteurs, il est vrai, pour assurer encore mieux la viabilité des routes et la navigation, portèrent des interdits pour prévenir les violences qui empêchaient d'user de la voie ou du fleuve(1) ; mais tous les autres cas furent laissés sous la législation primitive : *Si quis in mari piscari aut navigare prohibeatur*, nous dit Ulpien, *non habebit interdictum, quemadmodum nec is qui in campo publico ludere, vel in publico balneo lavare, aut in theatro spectare arceatur, sed in omnibus his casibus injuriarum actione utendum est* (2). Remarquons que ces cas ne sont donnés que démonstrativement et non d'une façon limitative. Le titre *de Injuriis*, au Digeste, contient une foule de cas analogues.

Quant au mode d'action et à la nature des peines, qui ont varié avec les différents états de la législation, nous ne nous y arrêterons point. Un pareil examen nous entrainerait trop loin. Maintenant que nous avons une idée générale des moyens de réprimer les entreprises dont pouvaient être l'objet les biens du Domaine public, il nous faut entrer dans l'étude de ces biens.

---

(1) Dig., 43, 8, 2, § 15.—Ibid., 43, 11, *ad princip.* et § 1.—(2) Ibid., 43, 8, 2, § 9.

CHAPITRE III

DES BIENS QUI COMPOSENT LE DOMAINE PUBLIC

Nous examinerons successivement dans ce chapitre les choses sacrées, religieuses et saintes, les chemins, les voies urbaines, les lieux publics et les aqueducs.

Nous rechercherons ensuite l'étendue du Domaine public sur les eaux, et, à ce sujet, nous traiterons de la mer, de ses rivages, des fleuves et rivières navigables ou flottables, et des canaux.

Chacune de ces matières fera l'objet d'une section particulière.

SECTION Iʳᵉ.—DES CHOSES SACRÉES.

SOMMAIRE. — § I. Des choses sacrées sous le paganisme.—§ II. Idem, sous la religion chrétienne —§ III. Inaliénabilité et imprescriptibilité. —§ IV. Frais d'établissement et d'entretien.—§ V. De la surveillance des lieux sacrés; des peines contre les sacriléges; des interdits.

Les choses sacrées avec les choses religieuses et saintes, objet des deux sections suivantes, formaient en Droit romain cette sorte de biens appelée par les jurisconsultes *res divini juris.*

§ Ier. — Il faut distinguer deux périodes. Dans la première, sous le règne du paganisme, sont choses sacrées celles qui sont consacrées aux dieux supérieurs, *sacræ sunt que diis superis consecratæ sunt* (1).

Mais la consécration ne pouvait avoir lieu qu'en vertu d'une loi, *sed sacrum quidem solum existimatur autoritate populi romani fieri.* Il fallut d'abord l'autorisation du peuple, ensuite celle du sénat, *enim lege de ea re lata aut senatusconsulto facto* (2), enfin l'autorisation de l'empereur.

Une fois l'autorisation obtenue, la consécration religieuse s'opérait par les prêtres des différentes divinités. Il n'entre pas dans le cadre de notre travail d'étudier les rites et les différentes coutumes religieuses de cette époque, nous sommes forcés de négliger cette étude malgré tout l'intérêt qui s'y attacherait, à cause du rôle important que jouait alors la religion dans la vie civile où chaque famille comptait ses choses sacrées, *sacra familiæ, sacra gentis,* avec ses sacrifices particuliers qui, par l'institution d'héritiers, se perpétuaient de génération en génération.

Ulpien nous dit : *sciendum est locum publicum* (3), *tunc sacrum fieri posse, cùm princeps eum dedicavit, vel dedicandi dedit potestatem* (4). En effet, l'empereur à Rome était revêtu de la dignité de souverain pontife, dès lors il réunissait en lui les deux

---

(1) Gatus, 2, § 1. — (2) Ibidem. — (3) Ulpien suppose un lieu déjà public, autrement il faudrait commencer par exproprier le propriétaire.— (4) Dig., 1, 8, 9, § 1.

qualités nécessaires pour rendre un lieu sacré : pouvoir exécutif donnant l'autorisation, pouvoir spirituel accomplissant la consécration religieuse.

Dans les provinces, l'édifice n'était pas sacré, mais passait pour tel : *quia etiam quod in provinciis non ex auctoritate populi romani consecratum est, quamquam proprie sacrum non est tamen pro sacro habetur* (1).

§ II.—A partir du règne de Constantin, la religion chrétienne devient la religion de l'État, les choses sacrées changent de caractère : *Sacræ sunt res*, nous dit Justinien, *quæ rite per pontifices Deo consecratæ sunt, veluti ædes sacræ et donaria quæ rite ad ministerium Dei dedicatæ sunt* (2). Mais la consécration devait, comme sous la première période, être autorisée par le pouvoir législatif. A défaut de cette autorisation, le lieu n'était pas sacré, mais profane : *Sacræ autem res sunt quæ publice consecratæ sunt, non private : si quis ergo privatim sibi sacrum constituerit, sacrum non est, sed profanum* (3).

§ III.—Les choses sacrées, comme toutes les choses *divini juris*, étaient choses *nullius*, choses hors du commerce, et dès lors ne pouvaient être l'objet d'aucune stipulation, ni être acquises par l'usage (4).

L'inaliénabilité s'étendait non-seulement aux édifices eux-mêmes, mais encore aux objets mobiliers consacrés au culte, dont la revendication était toujours permise entre les mains de tous ceux qui les détenaient, soit à

---

(1) Gaïus, 2, § 7.—(2) Inst., 2, 1, 8.—(3) Dig., 1, 8, 6, § 3. Inst. 2, 8.—(4) Ibid., 3, 19, § 2.

titre d'achat, d'hypothèque ou de gage : *Sed omnibus hujusmodi actionibus respuendis, ad restitutionem eorum omnibus modis coarctari : sive autem vel conflata sunt, vel fuerint, vel alio modo immutata, vel dispersa, nihilominus, vel ad ipsa corpora, vel ad ipsa pretia eorum e ractionem competere, sive per in reum, sive per condictionem, sive per in factum actionem* (1).

L'aliénation des objets mobiliers n'était permise que pour le rachat des captifs, ou pour donner du pain aux pauvres dans les temps de famine : *Excepta videlicet causa captivitatis et famis in locis his in quibus hoc (quod abominamur) contigerit. Quoniam non absurdum est,* dit avec raison l'empereur Justinien, *animas hominum quibuscumque vasis, vel vestmentis præferri* (2). Dans une novelle, il autorise la vente des objets mobiliers superflus pour acquitter les dettes de l'Eglise.

Quant aux immeubles, ils ne pouvaient en aucun cas être aliénés (3).

Mais à part ces biens consacrés au culte, les églises possédaient de grandes propriétés qui, en général, leur venaient de legs et donations pieuses ; celles-ci étaient pareillement inaliénables. Toutefois, Justinien établit une distinction selon la nature et l'importance des revenus ; celles qui produisaient des revenus certains et suffisants pour accomplir les conditions de la libéralité furent conservées ; les autres durent être vendues : *Sancimus itaque, si quis reliquerit ad redemptionem capti-*

---

(1) Cod., 1, 2, 21.—(2) Ibid.- (3) Novel., 120.

*vorum, vel pauperum alimonia, res immobiles, si quidem,
certus reditus est ex relictis rebus colligendus, maneret
legatum vel hereditatem, vel donationem, nulla alienatione,
mutilanda, cum possit ex reditibus redemptio, vel sustentatio fieri. Si autem vel certus reditus non est, vel domus
pene diruta et longe ab ecclesia posita, vel vineæ quarum
fructus non semper similes, sed varii colliguntur.....
In his tantum modo speciebus permittimus venditionem (1).*

§ IV.—Les dépenses d'établissement des édifices
sacrés avaient lieu aux frais de la commune ainsi que les
réparations, mais seulement quand les revenus des églises
n'y suffisaient pas (2), ce qui arrivait bien rarement,
car les églises étaient comblées de priviléges et de biens
par les empereurs. C'est ainsi que Constantin accorda
à toute personne, homme ou femme, plébéien, sénateur
ou illustre, le droit de disposer par testament en faveur
des églises catholiques, pourvu, bien entendu, qu'elle
eût faction de testament (3); ce fut pour elles une
source très-considérable de revenus. Une source non
moins importante de richesses consista dans les donations que leur firent certains empereurs des temples du
paganisme et des biens qui en dépendaient (4).

En outre, les biens des églises furent libres de tous
impôts et de toutes charges; plus tard, cependant, ils
furentsoumis à certains impôts et durent participer aux

---

(1) Nov., 65.—(2) Cod. Théodos., 11, 16, 18.—(3) Ibid., 1, 6, 2, 4,
—(4) Ibid., 16, 10, 20.

dépenses concernant les routes et les ponts. La législation sur les biens d'église a éprouvé de nombreuses variations; qu'il nous suffise de savoir en somme qu'elles furent dotées d'un grand nombre de priviléges qui, supprimés par Julien l'Apostat, furent rétablis par ses successeurs (1).

§ V. — Les choses sacrées étaient placées sous la direction et la surveillance du préfet du prétoire, auquel sont adressées toutes les constitutions qui traitent de la matière.

Il y avait en outre des personnes chargées plus spécialement de la garde des églises et des lieux saints; il en est fait mention dans une constitution des empereurs Gratien, Valentinien et Théodose, qui les dispense de toutes charges personnelles (2). C'est sans doute d'eux que parle Ulpien quand il dit : *sed et cura œdium locorumque sacrorum mandata est his qui œdes sacras curant (3).*

Le sacrilége était puni de peines très-sévères; le tableau nous en est donné par Ulpien. Après avoir dit que le proconsul doit juger suivant les circonstances, le sexe et les qualités des personnes, il ajoute : *Et scio multos et ad bestias damnasse sacrilegos : nonnullos etiam vivos exussisse, alios vero in furca suspendisse. Sed moderanda pœna est usque ad bestiarum damnationem eorum qui manu facta templum effugerunt et dona Dei noctu tule-*

---

(1) Cod. Théod., 16, 2, 18. — (2) Ibid, 16, 2, 26. — (3) Dig., 43, 6, 1, § 3.

runt. Cæterum si qui interdiu modicum aliquid de templo tulit, pœna metalli coercendus est, aut si honestiore loco natus sit, deportandus in insulam est (1).

Indépendamment des peines portées contre les sacriléges, les lieux sacrés étaient protégés par deux interdits. Le premier prohibitoire était ainsi conçu : *Ait prætor in loco sacro facere inve eum immittere quid veto.* Le texte a soin de nous expliquer que le préteur n'interdit que les entreprises nuisibles, *quod ait prætor ne quid in loco sacro fiat, non ad hoc pertinet quod ornamenti causa fit, sed quod deformitatis vel incommodi* (2).

Quant à l'interdit restitutoire qui existait en cette matière, il ne nous est pas parvenu ; mais toute construction nuisible à l'édifice sacré devait être abattue par respect pour la religion. *Locorum sacrorum diversa causa est : in loco enim sacro non solum facere vetamur, sed et factum restituere jubemur hoc propter religionem* (3).

Lorsqu'un édifice sacré était détruit, le terrain sur lequel il avait été élevé n'en restait pas moins sacré : *semel autem æde sacra facta, etiam diruto ædificio, locus sacer manet* (4).

Remarquons en terminant que l'on distinguait entre le *sacrum* et le *sacrarium : Illud notandum est, aliud esse sacrum locum, aliud sacrarium. Sacer locus est locus consecratus; sacrarium est locus in quo sacra reponuntur, quod etiam in ædificio privato esse potest : et solent qui*

---

(1) Dig., 18, 13, 6.—(2) Ibid., 13, 6, 1.—(3) Ibid., 43, 8, 2, § 10.—
(4) Ibid. 4, 9, 6, § 3.

liberare eum locum religione volunt, sacra inde evo-care(1), et cette distinction avait son importance, car l'interdit ne s'appliquait qu'au lieu sacré, *hoc interdictum de loco sacro, non de sacrario, competit*(2).

SECTION II.—DES CHOSES RELIGIEUSES.

SOMMAIRE. — § I. De leur caractère. — § II. Des conditions nécessaires pour rendre un lieu religieux. — §. III. Droit des usagers sur les divers tombeaux.—§ IV. Des servitudes.—§ V. De la police.—VI. Des actions et interdits.—§ VII. Du déclassement.

§ I.—*Religiosæ sunt*, nous dit Gaïus, *quæ diis Manibus relictæ sunt* (5). Sous Justinien le lieu religieux est celui qui contient le corps ou les cendres d'un mort. Sous ces deux époques, tant sous le paganisme que sous la religion chrétienne, le lieu qui renfermait les dépouilles mortelles de l'homme était empreint d'un caractère religieux. Ces lieux se divisaient en deux classes, d'une part, il y avait des cimetières communs dans lesquels étaient enterrés la plèbe et les esclaves et qui portaient le nom de *puticuli* ou *culinæ*. Mais, d'autre part, les citoyens d'un rang plus élevé et d'une certaine fortune étaient toujours ensevelis dans des tombeaux séparés qu'on leur élevait dans leurs domaines.

Ces lieux religieux se trouvaient, par cela seul, chose *nullius*, et ce qu'il y a de remarquable, c'est qu'il en

---

(1) Dig., 1, 9, 9, §. 2.—(2) Ibid., 13, 6, 1, § 1.—(3) Gaïus, 2, § 4.

était ainsi indépendamment de toute consécration légale : *Religiosum locum unusquisque sua voluntate facit, dum mortuum infert in suum locum* (1) par ce seul fait d'un particulier, ce lieu devenait religieux et chose *nullius :* il se trouvait dès lors retiré du commerce et ne pouvait plus être vendu, ni donné, ni acquis par la possession. Remarquons toutefois que le champ dans lequel se trouvait le tombeau n'était pas religieux en son entier, il l'était seulement dans le lieu qui contenait le corps (2).

§ II.—C'était le fait même de l'inhumation qui rendait le lieu religieux, bien que le tombeau y eût été élevé, jusqu'à l'inhumation il restait chose privée. Aussi Ulpien nous dit-il : *Si adhuc monumentum purum est, poterit quis hoc et vendere et donare. Si cenotaphium sit, posse hoc venire dicendum est : nec enim esse hoc religiosum divi fratres rescripserunt* (3). D'un autre côté, tout corps inhumé ne conférait pas ce caractère : si le corps d'un esclave rendait le terrain religieux (4), celui d'un ennemi ne produisait pas cet effet : *Sepulchra hostium religiosa nobis non sunt, ideoque lapides inde sublatos in quemlibet usum convertere possumus, non sepulchri violati actio competit* (5). Remarquons en outre que le terrain ne devenait pas religieux dans tous les cas ; il fallait, pour cela, que l'inhumation fût faite dans un lieu où l'on eût le droit de la faire, c'est-à-dire dans un lieu dont on avait la pleine propriété ou bien avec le consentement du pro-

(1) Instit., 2, 1, § 9.—(2) Dig., 11, 7, 2, § 5.—(3) Ibid. 11, 7, 6, § 1er. —(4) Ibid. 11, 7, 9, *ad princip.*—(5) Ibid. 47, 12, 4.

priétaire, ou avec l'autorisation de tous les détenteurs des démembrements de la propriété, usufruit, ser... vitude, gage, (1) ; toutefois le propriétaire avait le droit d'ensevelir contre le gré de ces derniers (sauf cependant leur recours), et cela, en vertu du principe d'utilité publique, énoncé par Papinien dans la loi suivante : *Nam propter publicam utilitatem, ne insepulta cadavera jacerent, strictam rationem insuper habemus,* mais dans ce cas le propriétaire ne faisait pas le lieu religieux, c'est ce que déclare formellement le jurisconsulte (2). Quant à celui qui avait inhumé un corps dans un terrain où il n'avait pas le droit de le faire, il était condamné à l'enlever ou à payer le prix du lieu au moyen d'une action *in factum* qui était perpétuelle et passait aux héritiers (3) ; mais le propriétaire du terrain ne pouvait enlever les dépouilles ni démolir le tombeau sans l'autorisation des pontifes ou sans un décret du prince, autrement il eût été passible de l'action d'injures (4).

§ III. — On distinguait plusieurs sortes de tombeaux au point de vue du droit : *familiaria sepulchra dicuntur quæ quis sibi familiæque suæ constituit; hereditaria autem quæ quis sibi hæredibusque suis constituit* (5). Les divers cas d'application et les droits des usagers, sont énumérés au Digeste, titre *De religiosis*, § 6 et suivants, où l'on pourra voir les décisions des juriscon-

---

(1) Dig., 11, 7, 2, §§ 7 à 9.—(2) Ibid., 43.—(3) Ibid., 7. —(4) Ibid., 8. —(5) Ibid., 5.

sultés à cet égard. Ce qu'il est bon de remarquer ici, c'est que celui qui avait droit au tombeau en avait bien l'usage; mais n'en avait pas la propriété. *Si sepulchrum monumenti appellatione significas, scire debes jure dominii id nullum vindicare posse* (1). Il n'avait, disons-nous, que l'usage du lieu et seulement un usage conforme à sa destination qu'il ne pouvait changer. *Senatusconsulto cavetur, ne usus sepulchorum permutationibus polluatur, id est, ne sepulchrum aliæ conversationis usum accipiat* (2).

L'usager des tombeaux devait en outre respecter la destination que lui avait donnée le fondateur. *Si quis in hereditarium sepulchrum inferat, quamvis heres, tamen potest sepulchri violati teneri, si forte contra voluntatem testatoris intulit* (3).

§ IV.—En cette matière il existait plusieurs servitudes légales : d'abord, on ne pouvait élever un tombeau qu'à une certaine distance de la propriété du voisin : *Si sepulchrum aut scrobem foderit, quantum profunditatis habuerint, tantum spatii relinquito* (4); si l'on n'était pas à la distance légale, le propriétaire lésé avait l'*Operis novi nunciatio*, ou si l'ouvrage était achevé, l'interdit *Quod vi aut clam* (5). En second lieu, dans le cas de vente du terrain où se trouvait le tombeau, le terrain était grevé d'une servitude de passage : *Legibus namque prædiorum vendundorum cavetur, ut ad sepulchra quæ in fundis sunt, iter ejus, aditus, ambitus funeris faciendi*

---

(1) Cod. 3, 11, 1.—(2) Dig., 11, 7, 12, § 1.—(3) Ibid., 17, 12, 3, § 3.
(4) Ibid., 10, 1, 13, *in fine.*—(5) Ibid., 11, 8, 3.

sit (1). Enfin, dans le cas d'enclave, on avait droit à la voie pour aller au sépulcre moyennant indemnité : *Præses etiam compellere debet justo pretio iter ei præstari* (2).

§ V.—Étaient chargés de la police des lieux religieux les préfets de la ville et du prétoire (3), le président (4) et le recteur de la province (5); ces magistrats séculiers partageaient le droit de police et de surveillance avec les pontifes (6).

Une foule de règlements avaient été faits sur cette matière. Parmi les principaux nous citerons les suivants : d'abord, la défense d'inhumer dans les villes de peur d'affliger les temples des dieux par l'image de la mort : *Hominem mortuum in urbe ne sepelito, neve urito,* disait la loi des Douze Tables (7); les peines suivantes assuraient l'exécution de cette disposition. L'empereur Adrien avait introduit contre ceux qui la violaient et contre les magistrats qui l'avaient toléré une peine de *quadraginta aureorum in eos qui in civitate sepeliunt, quam fisco inferri jussit et in magistratus, eadem qui passi sunt et locum publicari jussit et corpus transferri.* Et cela, alors même que la loi municipale eût permis d'ensevelir dans la ville, *quia generalia sunt rescripta, et oportet imperialia statuta suam vim obtinere, et in omni loco valere* (8); excepté cette restriction concernant l'enceinte des villes, chacun était libre de choisir le lieu

____

(1) Dig. 47, 12, 5.—(2) Ibid. 11, 7, 12, *ad princip.*—(3) Cod. Théod., 9, 17, 1, 2, 3, 6, 7.—(4) Dig. 11, 7, 38.—(5) Cod. 3, 11, 1.—(6) Cod. Théod. 9, 17, 2.—(7) Tab. 10, § 1.—(8) Dig. 47, 12, 3, § 5.

de sa sépulture. En deuxième lieu, on ne pouvait transporter un corps à travers les villes et les bourgs sans autorisation (1).

Enfin, une constitution de Julien avait ordonné que les funérailles se fissent de nuit, et cette décision était motivée de la sorte : *Ideoque quoniam et dolor in exsequiis secretum amat, et diem functis nihil interest, utrum per noctes, an per dies efferantur, liberari convenit populi totius aspectus, ut dolor esse in funeribus non pompa exequiarum, nec ostentatio videatur* (2).

§ VI.—L'ensevelissement d'un mort était protégé par un interdit ainsi conçu : *Prætor ait : Quo quave illi mortuum inferre invito te jus est, quo minus, illi eo cave mortuum inferre et ibi sepelire liceat, vim fieri veto* (3). Dans ce cas, il y avait également une action *in factum : Ei qui prohibitus est inferre in eum locum, quo ei jus inferendi esset, in factum actio competit et interdictum* (4).

Justinien, dans une de ses constitutions, inhibe aux créanciers d'insulter aux dépouilles du débiteur et d'empêcher sa sépulture : *Cum sit injustum, et nostris alienum temporibus, injuriam fieri reliquiis defunctorum ab iis qui debitorem sibi esse mortuum dicendo, debitumque exigendo, sepulturam ejus impediunt..... Eum vero, qui in hujusmodi fuerit deprensus flagitio, quinquaginta libras auri dependere : vel si minus idoneus ad eas persolvendas sit, suo corpore sub competenti judice*

---

(1) Dig. 47,12,3, § 1.—(2) Cod. Théod. 9, 17, 5.—(3) Dig. 11, 8, 1.—(4) Ibid. 11, 7, 8, § 5.

pœnas luere (1). Un autre interdit protégeait la construction des tombeaux : *Prætor ait : Quo illi jus est invito te mortuum inferre, quominus illi in eo loco sepulchrum sine dolo malo, ædificare liceat, vim fieri veto* (2).

La réparation du tombeau, qui était garantie par le dernier interdit cité, ne pouvait avoir lieu qu'avec l'autorisation des pontifes, en se conformant aux règlements (3). D'un autre côté, il était aussi pourvu à ce qu'exigeait l'intérêt des particuliers dont les droits étaient lésés. L'inhumation faite dans un terrain où l'on n'avait pas le droit de la faire était réprimée : *Qui mortuum locum alienum intulit, vel inferre curavit, tenebitur in factum actione* (4). Par cette action, qui était perpétuelle et qui passait aux héritiers, tant activement que passivement, l'usurpateur était forcé ou d'enlever le corps, ou de payer le prix du terrain usurpé (5).

D'autres actions protégeaient les tombeaux d'une manière efficace et frappaient des peines les plus sévères les profanateurs. C'était d'abord l'action *de sepulchro violato*. Cette action, qui emportait infamie (6), était populaire (7) et était donnée dans l'ordre énoncé ci-après. *Prætor ait : Cujus dolo malo sepulchrum violatum esse dicetur, in eum in factum judicium dabo, ut ei ad quem pertineat, quanti ob eam rem æquum videbitur, condemnetur. Si nemo erit ad quem pertineat, sive agere nolet,*

---

(1) Code, 9, 19, 6. — (2) Dig. 11, 8, 1 § 5. — (3) Ibid., 5, § 1. — (4) Ibid. 11, 7, 2, § 1. — (5) Ibid., 7. — (6) Ibid. 47, 12, 1. — (7) Ibid., 3, § 12.

quicumque agere volet, ei centum aureorum actionem dabo. Si plures agere volent, cujus justissima causa esse videbitur, ei agendi potestatem faciam. Si quis in sepulchro dolo malo habitaverit, ædificiumve aliud quamque sepulchri causa factum sit, habuerit : in eum, si quis eo nomine agere volet, ducentorum aureorum judicium dabo (1).

. Dans le cas où c'était la partie intéressée, et où dès lors la condamnation était *quanti intersit*, l'estimation du dommage était faite sur les bases suivantes : *Qui de sepulchri violati actiones judicant, æstimabunt quatenus intersit, scilicet ex injuria quæ facta est : item ex lucro ejus qui violavit, vel ex damno quod contigit, vel ex temeritate ejus qui fecit. Nunquam tamen minoris debent condemnare, quam solent extraneo agente* (2).

Quelques jurisconsultes appliquaient dans le cas de violation de sépulcre l'action publique de la loi Julia : *Sepulchri violati crimen potest dici, ad legem Juliam de vi publica pertinere ex illa parte, qua de eo cavetur, qui fecerit quid quominùs aliquis funeretur, sepeliaturve: quia et qui sepulchrum violat, facit quo quis minus sepultus sit* (3). Dans le cas de destruction du tombeau, le préteur donnait l'interdit *quod vi aut clam* (4).

Enfin, outre les réparations civiles que l'on obtenait par les moyens que nous venons d'indiquer, il y avait les poursuites criminelles qui emportaient les châtiments

---

(1) Dig., 47, 12, 3 pr. — (2) Ibid., 3. § 8. — (3) Ibid., 8. — (4) Ibid., 2.

les plus sévères contre ceux qui exhumaient les corps et dispersaient les ossements. Ces peines étaient la mort, la condamnation aux mines, la déportation dans une île, ou la relégation, suivant la qualité des coupables (1).

§ VII. — Nous avons vu que pour rendre un terrain religieux, il suffisait d'y inhumer un corps. Il n'était pas aussi facile de rendre le terrain libre. Quand l'inhumation était définitive (nous disons définitive, car si elle n'était que provisoire le terrain restait profane), il fallait l'autorisation de l'administration et des pontifes : *Divi fratres edicto admonuerunt, ne justæ sepulturæ traditum, id est terra conditum, corpus inquietetur.... Si res exigat in locum commodiorem licere transferre, non est denegandum* (2). Dans ce cas, après l'accomplissement des formalités nécessaires et l'enlèvement du corps, le lieu perdait son caractère de chose religieuse : *Cum autem impetratur, ut reliquiæ transferantur, desinit locus religiosus esse* (3).

____

(1) Dig. 47, 12, 11.—(2) Ibid. 11, 7, 39.—(3) Ibid. 14. § 1.

SECTION III.—DES CHOSES SAINTES.

§ I.—Les choses saintes, du verbe *sancire*, sanctionner, protéger, sont les choses qui, n'étant ni sacrées ni religieuses, sont protégées par une sanction pénale. *Quæ neque sacra, neque profana sunt, sed sanctione quadam sunt confirmata* (1). *Sanctum est*, dit Marcien, *quod ab injuria hominum defensum atque munitum est* (2).

Au nombre des choses saintes sont d'abord les lois (3). On y trouve aussi les ambassadeurs (*legati*). Celui qui ne respectait pas leur personne était livré comme esclave au peuple dont ils étaient les représentants (4). Ce serait même, d'après Marcien, d'une de leurs coutumes que viendrait le mot *sanctus*, dont il donne l'étymologie suivante : *Sanctum autem dictum est a sagminibus; sunt autem sagmina quædam herbæ quas legati populi romani ferre solent, ne quis eos violaret* (5).

§ II.—Enfin, parmi les choses saintes se trouvent : les murs, les fossés, les remparts, les portes des villes. C'est de ces dernières choses seulement que nous avons à nous occuper, car elles seules font partie du Domaine public. Ces choses étaient considérées comme choses de

---

(1) Dig. 1, 8, 9, § 3.—(2) Ibid., 8.—(3) Ibid., 9, § 3.—(4) Ibid., 50, 7, 17.—(5) Ibid. 1, 8, 8, § 1.

droit divin, entourées qu'elles étaient d'une sorte de vénération légale. *Quodam modo divini juris sunt* (1). *Quod enim sanctione quadam subnixum est, id sanctum est, etsi Deo non sit consecratum* (2).

Choses de droit divin, elles étaient à ce titre retirées du commerce et ne pouvaient faire l'objet de stipulations ni être acquises par l'usage. Des concessions étaient quelquefois accordées aux particuliers sur les choses saintes, soit à titre gratuit, soit à titre d'indemnité (3); mais il fallait l'autorisation formelle du prince, soit pour les habiter, soit pour y appuyer ou y élever certaines constructions. *Muros autem municipales nec reficere licet sine principis vel præsidis auctoritate; nec aliquid eis conjungere vel superponere* (4). *Neque muri neque portæ habitari sine permissu principis, propter fortuita incendia, possunt* (5).

§ III.—Par suite de leur destination à la défense des villes, les choses dont il est question étaient établies sous la direction des officiers militaires (6), qui seuls étaient compétents en cette matière.

Ces ouvrages étaient à la charge des cités et se faisaient au moyen de corvées personnelles et de contributions, ce qui nous est expliqué par la loi suivante : *Omnes provinciarum rectores litteris moneantur, ut sciant ordines atque incolas urbium singularum muros, vel novos debere facere, vel firmius veteres renovare : scilicet*

---

(1) Gaïus 2 § 8.—(2) Dig. 1, 8, 9, § 3.—(3) Code Théod. 15, 1, 51, —(4, Dig. 1, 8, 9, § 4.—(5)Ibid. 43, 6, 3.—(6) Cod. Théod. 15, 1, 13.

hoç pacto impendiis ordinandis, ut adscriptio currat pro viribus singulorum. Deinde scribantur pro æstimatione futuri operis territoria civium, ne plus poscatur aliquid, quam necessitas imperaverit : neve minus ne instans impediatur effectus. Opportet namque per singula juga certa quæque distribui, ut par cunctis præbendorum sumptuum necessitas imponatur (1). Personne n'en était dispensé. *Constructioni murorum et comparationi transvectionis specierum universi sine ullo privilegio coarctentur : ita ut in his duntaxat titulis universi portione suæ possessionis et jugationis ad hæc mænia coarctentur* (2).

Avec les invasions des barbares, ces travaux devinrent d'autant plus nécessaires. Dans certains cas, les soldats y étaient employés (3). Les matériaux provenant des démolitions de temples y étaient affectés (4). Les chefs durent veiller à la construction de ces ouvrages de défense; s'ils négligeaient de les faire, la construction avait lieu à leurs frais : *Ex propriis facultatibus eam fabricam, quam administrationis tempore adjumentis militum et expensis debueras fabricare, exstruere cogeris,* dit une constitution de Valentinien (5). Ces travaux étant faits aux frais des cités faisaient partie de leur Domaine public municipal. C'est ainsi qu'Ulpien les désigne sous le nom de *muri municipales* (6).

§ IV.—Un interdit protégeait les lieux saints : *In muris itemque portis et aliis sanctis locis aliquid facere,*

---

(1) Cod. Théod., 15, 1, 34.—(2) Ibid. 49,— (3) Ibid. 43.—(4) Ibid. 36 —(5) Ibid. 43.—(6 Dig. 1. 8. 9. § 1,

*ex quo damnum aut incommodum irrogetur, non permit-
titur* (1).

Les peines les plus sévères réprimaient leur violation :
*Si quis violaverit muros, capite punitur, sicuti si quis
transcendet, scalis admotis, vel alia qualibet ratione; nam
cives Romanos alias, quam per portas, egredi non licet;
cum illud hostile et abominandum sit. Nam, et Romuli
frater, Remus, occisus traditur ob id, quod murum trans-
cendere voluerit* (2).

§ V.—Remarquons en terminant que les choses de
droit divin perdaient à l'égard des Romains ce caractère,
dès qu'elles tombaient au pouvoir de l'ennemi ; mais
elles le recouvraient quand elles retombaient entre leurs
mains ; c'était ce qu'on appelait le *postliminium. Cum
loca capta sunt ab hostibus, omnia desinunt religiosa vel
sacra esse, sicut homines liberi in servitutem perveniunt :
quod si ab hac calamitate fuerint liberata, quasi quodam
postliminio reversa, pristino statui restituuntur* (3).

SECTION IV.—DES CHEMINS.

SOMMAIRE.—§ I. Considérations générales.—§ II. Des diverses espèces de
chemins.—§ III. Des chemins publics —§ IV. Etablissement des chemins publics, 1. *Viæ prætoriæ*, 2. *Viæ vicinales*, 3. Chemins improprement appelés privés. — § V. Réparation des chemins publics. —
§ VI. Des fonds affectés aux chemins. 1. Impôts. 2. Ressources extraordinaires. — § VII. Droits et obligations des propriétaires riverains.
—VIII. Actions relatives aux chemins publics.

§ I.—De tous les travaux d'utilité publique, les che-

---

(1) Dig. 13. 6. 2.—(2) Ibid. 1. 8, 11.—(3) Ibid. 11. 7. 36.

mins publics sont ceux qui, chez les Romains, ont reçu le plus grand développement. Ce peuple civilisateur par excellence avait compris tous les avantages que présente un bon système de voies de communication ; il savait qu'un pays bien percé, sillonné par de grandes et belles routes qui multiplient les communications intérieures et donnent un écoulement facile à ses produits, voit doubler en peu de temps son commerce et sa prospérité.

Ce peuple conquérant savait surtout qu'envelopper une contrée d'un réseau de *viæ militares*, protégées de distance en distance par des *castella*, ce n'est pas seulement donner un vif essor à l'agriculture et favoriser l'industrie, mais c'est en même temps le meilleur moyen de soumettre le pays conquis et de le maintenir dans l'obéissance.

Les Romains, qui avaient compris tout le parti qu'ils pouvaient tirer de ce moyen de civilisation, avaient entouré les routes d'une protection toute spéciale, et les avaient mises en grand honneur ; ainsi, le citoyen qui avait fait construire une route lui transmettait son nom (*via Appia*, *via Flaminia*) (1).

Le sénat et le peuple romain faisaient ériger des arcs de triomphe aux empereurs qui avaient construit des ponts, creusé des ports et surtout établi des routes (2).

On frappait également des médailles en leur honneur. Ces médailles portaient d'un côté le motif pour lequel elles avaient été créées, *quod viæ munitæ sunt*, etc., et

____

(1) Siculus Flaccus, *De Cond. agrorum.*—(2) Dion. Cass., lib. 53.

de l'autre, S. C, ou bien S. P. Q. R., suivant que la médaille avait été votée par le sénat seul, ou par le peuple et le sénat réunis (1).

La dignité de curateur et commissaire des grands chemins devint une des premières de la cité. César Auguste, élu par le peuple, s'empressa de l'accepter, et pour en rehausser encore l'éclat, il choisit pour ses délégués des personnes de dignité prétorienne. *Quique viis muniendis præessent, prætorios viros sufficit, qui binis lictoribus uterentur* (2).

Enfin, les empereurs rangèrent parmi les impôts honorables ceux qui étaient destinés aux chemins, et nous verrons plus tard qu'il n'y eut plus un seul héritage qui fût exempt de ces impôts.

Du reste, les avantages de la multiplicité des voies de communication étaient si palpables, que ce principe d'économie politique n'était pas resté propre aux hommes d'État ; il avait pénétré dans les masses à tel point que construire ou réparer un chemin était devenu l'un des moyens les plus sûrs d'arriver à la popularité (3)

Après ces idées préliminaires, sur lesquelles nous nous sommes un peu étendu à cause de l'importance de cette branche du Domaine public en Droit romain, entrons dans le fond du sujet, et commençons par étudier les diverses sortes de chemins.

---

(1) Bergier, *Histoire des grands chemins de l'Empire romain.*—(2) Dion. Cass., lib. 55.—(3) Dezobry, *Voyage d'un Gaulois à Rome au siècle d'Auguste.*

§ II. — **Les Romains divisaient les chemins en terrestres ou aquatiques (1), nous nous occuperons plus tard
de ces derniers.**

Les chemins terrestres se divisaient en plusieurs
espèces. Une première division était fondée sur le mode
de construction : ils étaient pavés ou non pavés. Les non
pavés s'appelaient *terrenæ* (2). Les chemins pavés étaient
de deux sortes, les uns faits de gravier ou de cailloux
qui étaient tassés au moyen de machines; les autres
étaient faits de pavés, *Silice in urbe, et extra urbem
glarea* (3).

Mais ce qui doit nous occuper plus particulièrement,
c'est la classification des chemins au point de vue légal.

À ce point de vue du droit, les chemins sont publics
ou privés. *Viarum quædam publicæ sunt, quædam privatæ.*

Les jurisconsultes romains reconnaissaient trois classes
de chemins. La première comprenait les *viæ consulares,
militares*, ou *prætoriæ*, que nous appelons aujourd'hui
routes impériales, et qui aboutissaient soit à la mer, soit
à des villes ou à des fleuves publics, ou à une autre voie
militaire.

La deuxième classe se composait des *viæ vicinales*
(*quæ in vicis sunt, vel quæ ad vicos ducunt*), les unes
aboutissant aux voies militaires, les autres n'ayant pas
d'issue. Ces *viæ vicinales* se distinguaient des premières

---

(1) Bergier, *loco citato*.—(2) Dig. lib. 43, 11, 4.—(3). Livius, lib. 21,
in fine.—Bergier, p. 203.

— 54 —

par leur moindre importance, ainsi que par le lieu où elles conduisaient : *Viæ militares exitum, ad mare, aut in urbes, aut in flumina publica, aut ad aliam viam militarem, habent; harum autem vicinalium viarum dissimilis conditio est; nam pars earum in militares vias exitum habent, pars sine ullo exitu intermoriuntur* (1).

Les *viæ privatæ*, qui formaient la troisième classe, étaient de deux sortes, comme nous le verrons ci-après (2).

§ III.—Parmi ces diverses espèces de chemins, quels sont ceux qui font partie du Domaine public ?

Ulpien nous apprend à quel signe on les distingue : Est public le chemin dont le sol est public. *Viam publicam eam dicimus, cujus etiam solum publicum est* (3).

Cela posé, reprenons les trois classes de chemins : Les *viæ prætoriæ* font partie du Domaine public, le sol en est public. *Publicas vias dicimus.... nostri prætorias, alii consulares vias appellant.* (4).

Quant aux *viæ vicinales*, il faut distinguer les chemins vicinaux proprement dits, dont le sol est public et qui dès lors font partie du Domaine public, de ceux qui étaient improprement qualifiés de ce nom, car sous cette dénomination on comprenait aussi les chemins communaux, chemins faits par les habitants réunis et qui, appartenant à la communauté, étaient des chemins privés. Cette distinction était faite par les jurisconsultes. Ulpien

(1). Dig. 43. 7. 3. § 1. — (2) Ibid. 43. 8. 2. § 22 et 23. — (3) Ibid. § 21.—(4) Ibid. § 21.

nous dit en effet : *Has quoque (vias vicinales) publicas esse quidam dicunt, quod ita verum est, si non ex collatione, privatorum hoc iter constitutum est* (1).

Mais la présomption est en faveur du caractère public et dans le doute sur la question de propriété du chemin on l'attribuera au Domaine public : *Viæ vicinales quæ ex agris privatorum collatæ factæ sunt, quarum memoria non exstat, publicarum viarum numero sunt* (2).

A l'égard de la troisième classe des chemins, *viæ privatæ*, on trouve encore dans cette catégorie des chemins, qui, improprement appelés privés, font partie du Domaine public. Le jurisconsulte distingue en effet et nous distinguerons avec lui, en premier lieu, les chemins de servitude : *Illæ quæ sunt in agris quibus imposita est servitus, ut ad agrum alterius ducant;* en second lieu, les chemins sur lesquels tous ont le droit de passer, ces chemins faisant partie du Domaine public : *Has ergo quæ post consularem excipiunt in villas, vel in alias colonias ducentes, putem etiam ipsas publicas esse* (3).

La distinction entre les diverses espèces de chemins publics est importante, car les dépenses qu'ils occasionnent varient avec leur nature.

§ IV. 1. — Lorsqu'une loi, sénatus-consulte ou plébiscite, avait ordonné la création d'un chemin (4), que le tracé était indiqué et les propriétés expropriées, on l'établissait aux frais du Trésor. Tous les frais qu'occasionnait

---

(1) Dig., 43, 8, 2 ; 22. — (2) Ibid. 43. 7. 3. — (3) Ibid. 43, 8, 2 § 23. —
(4) Dezobry. *Voyage d'un Gaulois à Rome.*

un grand chemin étaient en effet à la charge du Trésor public. *Nam sunt viæ publicæ regales , quæ publice muniuntur* (1).

Comment procédait-on? Tantôt la construction des chemins était donnée en adjudication à des entrepreneurs : *Vias sternendas marginandasque locaverunt* (2), dont la responsabilité durait quinze années à partir de l'achèvement des travaux (3)

D'autres fois c'était l'État qui faisait exécuter les travaux lui-même. Dans ce cas, à part les ouvriers chez qui les ouvrages d'art nécessitaient des connaissances spéciales, l'État employait à ces travaux pendant la paix les soldats, afin d'empêcher les inconvénients de l'oisiveté. Mais on tomba dans l'excès contraire : les travaux auxquels on les employait étaient tellement rudes et ils étaient traités si durement, qu'il y eut plusieurs séditions et que dans leurs plaintes les soldats demandaient des ennemis à combattre, non des fleuves et des montagnes (4).

On faisait aussi travailler aux chemins la population des provinces et les peuples vaincus, toujours dans le même but : *Ne plebs esset otiosa.* On les employait par corvées. Mais encore plus rudement menés que les soldats et accablés de coups, ils se révoltèrent plusieurs fois ; dans Tacite, nous voyons Galgacus qui, cherchant à exciter ses soldats, n'oubliait pas ce grief des vaincus

---

(1) Siculus Flaccus, *De Conditione agrorum.*—(2) Livius, 41.27—(3) Cod. 8. 12. 8.—(4) Tacite, *Annal.*, t. I, §§ 17 et 35.

contre les Romains : *Corpora ipsa ac manus silvis ac paludibus emuniendis, verbera inter ac contumelias, conterunt* (1).

Une troisième classe de travailleurs, mais celle-ci bien au-dessous des deux premières, comprenait les criminels condamnés à travailler aux grands chemins. *Multos condemnavit ad munitionem viarum* (2).

2. — L'établissement des chemins vicinaux n'avait pas lieu avec les deniers publics; ils étaient créés à la diligence des magistrats des bourgs ou villages, aux frais des particuliers qui y avaient leur domicile ou y possédaient des propriétés.

Le travail avait lieu de deux manières, par corvées et par contributions. Les petites gens, la populace, travaillaient en personne; les autres, personnes de mérite et de qualité, avaient à leur charge une partie de chemin déterminée proportionnellement à l'étendue de leur propriété. Cela nous est enseigné par Siculus Flaccus : *Viæ*, nous dit-il, *aliter atque aliter muniuntur. Per pagos, id est per magistros pagorum qui operas a possessoribus ad eas tuendas exigere soliti sunt, aut, ut comperimus, unicuique possessori per singulos agros certæ species assignantur, quæ suis impensis tuentur* (3).

3. — Les chemins publics, improprement appelés privés, étaient également à la charge des particuliers.

§ V. — Quant aux réparations des chemins publics, il

---

(1) Tacite, *Vie d'Agricola*, § 31. — (2) Suétone, *Vie de Caligula* c. 27. — (3) Siculus Flaccus, *De Conditione agrorum*, page 11.

n'y a plus à distinguer entre les *viæ consulares* et les autres chemins. L'entretien de toutes les routes était à la charge des particuliers et avait lieu ainsi que nous venons de l'exposer en traitant de l'établissement des chemins vicinaux : toutefois, si la détérioration provenait du fait d'un individu, il était seul chargé de la réparation (1). Des magistrats étaient institués pour forcer les propriétaires à l'exécution de ces sortes de travaux : *Si quis fuerit electus ut compellet eos qui prope viam publicam possident, sternere viam*, etc..., dit une loi du Digeste (2).

§ VI.-1.—Dans le principe, lorsque le trésor de Rome s'enrichissait des dépouilles du monde entier, comme les ressources suffisaient largement aux dépenses, les impôts pour les chemins étaient rangés au nombre des *sordida munera*, et les personnes illustres, ainsi que leurs propriétés, jouissant de l'immunité des *sordida munera*, ne contribuaient pas à la confection ou à la restauration des routes. Mais, plus tard, les ressources ayant diminué, il n'en fut plus ainsi. Une constitution des empereurs Arcadius et Honorius, insérée au Code Théodosien, déclara retirer ces immunités : *Propter immensas vastitates viarum* (3). D'autres empereurs, renchérissant sur leurs prédécesseurs, décidèrent que ce n'était plus un *sordidum munus* (4). Par suite, toutes les personnes et tous les biens y furent soumis, même

---

(1) Dig. 43. 11. 3. § 1.—(2) Ibid. 50. 4. 18. § 15.—(3) Cod. Théod., lib. 11, tit. 3, 4 et 5.—(4) Ibid. 6.

les biens des patriciens, ceux de l'Église (1) et ceux de
l'empereur lui-même (2). Dans le cas de refus, les biens
étaient confisqués (3).

2. — A part ces impôts et les prestations en nature
que nous avons indiqués plus haut, il y avait en outre
des ressources extraordinaires, non les impôts extraordinairement imposés par la loi pour un travail d'utilité
publique, mais des deniers tout à fait exceptionnels
employés aux routes ; ainsi nous voyons tantôt les particuliers, dans un but de popularité, faire travailler aux
voies publiques, tantôt les curateurs ou commissaires
des chemins y employer leurs propres deniers (4) ;
tantôt c'étaient les empereurs eux-mêmes qui consacraient
une partie de leurs revenus, de plus de 150 millions
d'écus, à des travaux d'utilité publique : *Portas, ædes publicas, vias itineraque munivit*, dit, en parlant de l'empereur Trajan, Dion Cassius (5). Il y avait, en outre, les
legs faits en faveur des chemins (6). Une autre ressource
consistait à y affecter les *pecunias manubiales*. Dans
l'origine, sous la république, les sommes provenant
des dépouilles des peuples vaincus étaient versées avec
les deniers publics dans le trésor du peuple, qui en dis-
posait avec le sénat. Sous l'empire, il n'en fut plus
ainsi : les empereurs, pour s'attacher leurs lieutenants,
leur permettaient de retenir la plus grande partie des

---

(1) Cod. 1, 2, 7. — (2) Ibid., 11, 74, 4. — (3) Ibid., 15, 3, 4. —
(4) Bergier, *Hist. des grands chemins de l'Empire romain*, p. 88. —
(5) Lib. 68. — (6) Dig. 31, *De legatis*, 30

dépouilles ennemies, mais quelquefois ils leur indiquaient l'usage qu'ils devaient en faire (1). C'est ainsi qu'Auguste, ayant résolu de faire réparer la voie Flaminienne, distribua les travaux aux principaux sénateurs de Rome, à ceux qui avaient eu les honneurs du triomphe, pour qu'ils y employassent les *pecunias manubiales : Augustus iis qui triumpharent mandavit, ut in rerum a se gestarum memoria aliquod opus ex manubiis facerent* (2).

§ VII.—Chaque particulier avait le droit d'user de la voie publique. Il avait également le droit de prendre sur elle des jours et des issues (3). Dans le cas de détérioration provenant de son fait, il était seul chargé de la réparer (4). De même chacun avait le droit de demander l'interdit qui était *populare et perpetuum*, pour faire cesser les entreprises susceptibles de détériorer les voies publiques ou pour faire cesser des violences personnelles, comme nous le verrons tout à l'heure.

Parmi les servitudes imposées aux propriétaires riverains, nous trouvons d'abord la servitude de fouille et d'extraction de matériaux, et par suite la servitude de passage pour permettre l'exercice de la première, qui était imposée au propriétaire riverain moyennant indemnité (5). Une seconde servitude consistait en ce que, si la voie était impraticable, le voisin devait supporter le

---

(1) Tacite, *Annales*, lib. 3, § 72.—(2) Suétone, *Vie d'Auguste*, chap. 30.—(3) Dig. 43, 11, 3, § 1.—(4) Cod. 3, 31, 11.—(5) Frontinus, *De aquæductu*, 125.

passage. *Cum, via publica vel fluminis impetu, vel ruina amissa est, vicinus proximus viam præstare debet* (1). Dans ce cas, ce n'était pas parce que les propriétaires riverains auraient eu à se reprocher de n'avoir pas suffisamment entretenu la voie que la servitude leur était imposée, c'était en vue du service public. On suppose en effet ici des cas de force majeure; le doute eût pu s'élever, si nous n'avions eu d'autre texte que le fragment de la loi des Douze Tables, ainsi conçu : *Si via per amsegetes (id est illos quorum segetes viam tangunt) immunita (id est non refecta) escit (sit), qua volet jumentum agito* (2). Mais la loi citée au Digeste lève toute incertitude à ce sujet, et c'est pour n'avoir pas tenu compte de cette dernière disposition, que M. Dumay, s'occupant de cette servitude à l'occasion des chemins vicinaux, nous dit qu'en Droit romain elle était fondée sur ce que l'entretien des chemins publics était une charge des fonds riverains (3). Cette raison, ainsi que nous l'avons montré plus haut, ne justifierait cette servitude que dans le cas de négligence des propriétaires, mais non dans les cas fortuits.

§ VIII. Les contraventions étaient poursuivies de deux manières, soit d'office par les magistrats, au nom de l'intérêt public : *Si viæ publicæ exemptus commeatus sit, vel via coarctata interveniunt magistratus* (4), soit par

---

(1) Dig. 8, 8, 14, § 1.—(2)Tab. VIII, cap. 9.— (3) Dumay sur Proudhon, t. 2, n° 579.—(4) Dig. 43 ,2,§ 25.

les particuliers, agissant en vertu des interdits du préteur, qui étaient nombreux en cette matière.

Le premier interdit prohibitoire était ainsi conçu : *Ait prætor : In via publica itinereve publico facero, immittere quid, quo ea via, idve iter deterius sit, fiat, veto.* Ici, grande discussion entre les jurisconsultes, car, comme on le sait, il fallait se trouver dans les termes de l'interdit, pour pouvoir l'obtenir. Que comprenait l'expression *immittere?* Quels cas étaient prévus dans *facere?* (1) — De même encore les jurisconsultes se demandent dans quel cas le chemin est détérioré, *deterior sit aut fiat* (2). Il serait trop long de suivre toutes ces dissertations; nous nous bornerons à indiquer les textes, dés décisions.

L'interdit restitutoire, qui avait pour but de faire remettre les lieux dans leur état primitif, était ainsi conçu : *Prætor ait : Quod, in via publica, itinereve publico factum, immissum, habes; quo ea via idve iter deterius sit, fiat, restituas.* A quels cas s'appliquait cet interdit? Que devait-on entendre par *restituere?* Ces questions feraient la matière d'autant de théories dans lesquelles la subtilité des jurisconsultes romains se donnait une libre carrière (3). Remarquons seulement une chose importante. Ce n'était pas celui dont l'entreprise avait détérioré la voie qui était tenu par cet interdit; c'était le détenteur du fonds, et cela dans un but d'utilité publique;

---

(1) Dig., 43, 8, 2, § 26-30. — (2) Ibid., § 31-35. — (3) Ibid, § 36-41.

le détenteur, en effet, peut seul restituer : *Hoc interdicto non is tenetur, qui in via publica aliquid fecit, sed is
qui factum habet, proinde si alius fecit, alius factum habet,
is tenetur, qui factum habet : et est hoc utilius, quia is potest restituere, qui factum immissum habet. Habere eum
dicimus, qui utitur, et jure possessionis fruitur, sive opus
fecit, sive ex causa emptionis, vel conductionis, vel legato,
vel hereditate, vel quo alio modo adquisivit* (1). Mais pour
le cas où c'était l'auteur de l'entreprise qui détenait, il y
avait une différence essentielle, c'était à ses frais qu'avait
lieu la réparation. S'il ne détient pas, il ne doit pas réparer à ses frais, il doit seulement souffrir qu'on répare
patientiam solam eum præstare debere (2).

Les deux interdits que nous venons d'étudier ne s'occupaient que d'obstacles matériels apportés à la circulation, et c'est l'objet de la plupart des interdits. Quant
aux violences que l'on ferait aux individus, comme nous
l'avons dit plus haut, le préteur ne donnait pas habituellement d'interdit à cet égard, et alors le lésé n'avait
que l'action d'injure (3). Cependant pour cette matière
spéciale le préteur avait également donné l'interdit, qui
était ainsi conçu : *Prætor ait : Quominus illa via publica
itinereve publico ire, agere liceat, vim fieri veto* (4). Nous
l'avons déjà vu, l'interdit ne se donnait que dans les cas
textuellement prévus. Or, pour le cas d'amélioration à
la voie, de son rétablissement dans ses limites primitives,

---

(1) Dig., 43, 8, 2, § 37 et 38. — (2) Ibid., § 13. — (3) Ibid., § 9. —
(4) Ibid., § 18.

opérés par un particulier, si l'on venait à lui faire obstacle, celui-ci n'eût pas pu se prévaloir des interdits que nous venons de citer; car il n'y avait rien de *factum aut immissum quo deterius fiat*; il n'y avait pas non plus d'opposition à *ire* ou à *agere* : dès lors on ne rentrait dans les termes d'aucun des interdits; aussi le préteur en avait-il créé un nouveau pour celui qui réparait la voie. *Quominus illi viam publicam iterve publicum aperire, reficere liceat, dum ne ea via idve iter deterius fiat, vim fieri veto* (1). Mais si, sous prétexte d'améliorer, celui-ci la détériore, il pourra être impunément interrompu avec violence :—*Si quis, in specie refectionis, deteriorem viam facit, impune vim patietur, propter quod, neque latiorem, neque longiorem, neque altiorem, neque humiliorem viam, sub nomine refectionis is, qui interdicit, potest facere; vel in viam terrenam glaream injicere, aut sternere viam lapide quæ terrena sit, vel contra lapide stratam terrenam facere* (2). Remarquons que ces interdits ayant pour objet des questions d'intérêt privé, mais qui intéressaient l'utilité publique, n'étaient pas temporaires, mais bien perpétuels, la condamnation devait être, à part les cas où l'on arrivait à une restitution effective, de l'intérêt qu'avait le demandeur, *Quanti actoris intersit* (3), ou de la somme fixée par l'interdit pour le cas où c'est un étranger qui agit.

______

(1) Dig., 43, 11, 1.—(2) Ibid., § 2.— (3) Ibid., 43, 8, 2, § 31 et 11; Ibid., 43, 11, 1, § 3.

SECTION V.—DES VOIES URBAINES.

Sommaire. — § I. Distinction entre la grande et la petite voirie. — § II. Des frais d'établissement et d'entretien. — § III. De la police.— § IV. Des interdits.

§ I.—Ce que nous venons de dire sur les chemins publics ne s'appliquait pas aux voies urbaines, car les Romains distinguaient comme nous entre la grande et la petite voirie : ainsi la police de l'une et de l'autre n'appartenait pas aux mêmes magistrats; les frais d'établissement des voies urbaines n'étaient pas à la charge du Trésor comme pour les routes. De même les interdits concernant les chemins n'étaient pas applicables à cette matière. La distinction entre l'une et l'autre voirie est formellement attestée par Ulpien : *Hoc interdicto,* dit-il en parlant de l'interdit prohibitoire précité, *tantum ad vias rusticas pertinet, ad urbicas vero non; harum enim cura pertinet ad magistratus* (1).

§ II.—Les frais d'établissement étaient aux frais de chaque particulier, qui devait construire la voie devant sa maison et était chargé de l'entretien et du nettoyage des aqueducs à ciel ouvert. Que si le propriétaire ne faisait pas ces réparations, elles devaient être faites par les locataires, lesquels en retenaient le prix sur le montant de leurs loyers. *Construat autem vias publicas unusquisque secundum propriam domum, et aqueductus purget qui sub*

---

(1) Dig. 43. 8, 2, § 21.

dio sunt (id est cœlo libero), et construat ita ut non prohibeatur vehiculum transire. Quicumque autem mercede habitant, si non construat dominus, ipsi construentes computent dispendium in mercedem (1).

§ III.—Les édiles, qui étaient les magistrats chargés de la petite voirie, devaient veiller à la police et à la propreté des rues, ainsi qu'à leur bon entretien ; c'étaient eux qui devaient donner les alignements, surveiller la confection des aqueducs, faire construire des ponts où ils le jugeaient nécessaire. *Ædiles studeant,* dit Papinien, en traitant des devoirs des édiles, *ut quæ secundum civitates sunt viæ, adæquentur, et effluxiones non noceant domibus, et pontes fiant ubicumque opportet* (2). C'était à eux de surveiller la solidité des maisons et d'obliger les propriétaires à les réparer où à les démolir quand elles menaçaient ruine : *Studeant etiam,* ajoute Papinien, *ne eorum, aut aliorum parietes, etiam domorum qui ad viam ducunt, sint caduci : sed ut oportet, emundent domini domorum, et construant. Si autem non emundaverint, neque construxerint, mulctent eos, quousque firmos efficerint* (3). Enfin, ils devaient veiller à ce que l'on ne fît pas des fouilles ni des excavations sous les rues, et à ce qu'on n'y fît aucune construction. Si c'était un esclave qui avait commis ces actes, *ab obviante fustigetur,* dit la loi ; si c'était un homme libre, il devait être dénoncé aux édiles qui le punissaient selon la loi et faisaient démolir l'ouvrage (4).

---

(1) Dig., 43, 10, 1, § 3.—(2) Ibid., *ad princip.*— (3) Ibid., 1, § 1. — (4) Ibid., § 2.

§ IV.—Ainsi que nous l'avons dit, les interdits créés par le préteur dans l'intérêt des routes ne s'appliquaient pas aux voies urbaines. Les droits qu'ils eussent protégés étaient garantis par l'interdit général prohibitoire concernant les lieux publics, et qui était ainsi conçu : *Ne quid in publico loco facias inve eum immittas, qua ex re quid illi damni detur.... de eo quod factum erit interdictum dabo.* Les voies publiques étaient en effet comprises sous cette dénomination de lieu public : *Publici loci appellatio,* ajoute le jurisconsulte.... *et ad vias publicas itineraque publica pertineat* (1).

Quant aux violences personnelles qui empêchaient un individu d'user de la voie publique, il n'y avait pas d'interdit pour ce cas, la partie lésée devait recourir à l'action d'injures (2).

SECTION VI.—Des lieux et des édifices publics.

§ I. La dénomination de lieu public comprenait en Droit romain les routes et les voies publiques, les aqueducs, les terrains et les édifices publics (3). Nous

---

(1) Dig., 43, 8, 2, ad princip., et § 3. — (2) Ibid., 2, § 9. — (3) Ibid., 2, § 3.

venons de traiter des moyens de communication, une section spéciale sera destinée aux aqueducs; nous n'avons donc à parler ici que des terrains et édifices publics. Ces biens faisaient partie de ce que nous appelons Domaine public municipal, que l'on connaîtra dans toute son étendue si l'on y ajoute les voies vicinales et urbaines, ainsi que les choses sacrées et religieuses. On conçoit, en effet, que ces biens, destinés plus spécialement à l'usage des habitants des lieux où ils étaient situés, devaient avec raison être à leur charge, tant pour les frais d'établissement que pour les frais d'entretien (1). Sans doute, quand les travaux à exécuter étaient tels qu'ils devaient dépasser les ressources de la ville, le gouvernement accordait une subvention, mais ce n'était pas moins la cité qui faisait exécuter les travaux pour son propre compte ; c'étaient ses magistrats qui votaient les autres fonds nécessaires et c'était à elle que revenaient les produits des concessions qu'elle accordait sur ces biens (*vectigalia*), car l'édifice faisait partie de son Domaine public municipal.

§ II. Nous avons dit que ces travaux étaient à la charge des municipalités et des villes. Voyons quels deniers y étaient affectés. D'abord ce fut une partie indéterminée des revenus des cités, fixée arbitrairement par le vote de leurs magistrats. *Pecunia scilicet a magistralibus et decurionibus decreto ordinis dabitur in opus publicum* (2).

____

(1) Code Théod., 15, 1, 26 — (2) Ibid., 24, note.

Plus tard cette partie fut fixée au tiers des revenus, *tertia pensionis pars* (1). Les magistrats ne pouvaient y employer une somme plus élevée.

Si ces ressources ne suffisaient pas, les cités pouvaient s'imposer extraordinairement avec l'autorisation de l'empereur (2).

Il y avait encore les deniers de particuliers qui, pour se faire un titre de gloire ou un moyen de popularité, élevaient à leurs frais des édifices publics (3).

Enfin le produit des amendes était attribué par le juge aux travaux publics (4).

Ces fonds semblaient devoir suffire à l'entretien des lieux publics; mais, en avançant dans l'histoire romaine, nous allons voir que si les principes que nous venons d'énoncer existent encore en fait, on ne les applique plus. La misère désole les provinces, les ressources des villes et des municipes sont complétement épuisées et l'avidité des gouverneurs accapare ce qui peut en rester; les édifices publics se détériorent faute de soins et d'argent. Les empereurs cherchent à remédier à ce mal, les proconsuls et leurs lieutenants sont chargés d'inspecter les provinces et de faire réparer les édifices publics par tous les moyens possibles; au besoin, d'y faire travailler les soldats. *Ædes sacras et opera publica circumire inspiciendi gratia, an sarta tectaque sint, vel an aliqua refectione indigeant, et si qua cœpta sunt, ut consummentur,*

---

(1) Code Théod., 15, 1, 18. — (2) Ibid., 2. — (3) Ibid., 19. — (4) Cod., 1, 51, 5.

prout vires ejus reipublicæ permittunt, curare debet. Curatoresque operum diligentes solemniter præponere : ministeria quoque militaria, si opus fuerit, ad curatores adjuvandos dare (1).

En outre, les empereurs envoient dans le même but des inspecteurs dans les provinces, se font rendre compte de leurs missions et contrôlent ainsi la négligence des magistrats. *Propter negligentiam judicum qui imperialia præcepta differunt, ad diversas provincias diversos misimus, qui ad scientiam nostram referant quæ vel diligentia promota viderint, vel desidia corrupta culpaverint* (2).

On cherche à faire de l'argent; les revenus sont détournés de leur affectation primitive. Les villes du second ordre doivent fournir le tiers de leurs revenus aux villes *clariores* et *metropolitanæ, ad exornandam forte metropolim, quam velut matrem colere, venerari oportet.* Nous trouvons deux constitutions formelles à cet égard : *Si civitatis ejus respublica tantum in tertia pensionis parte non habeat, quantum cœptæ fabricæ poscat impendium, ex aliarum civitatum reipublicæ canone præsumant tertiæ videlicet portionis* (3). Cela n'a lieu toutefois que lorsque les réserves des villes métropoles sont épuisées : *Ita ut non ante poscetur,* dit la deuxième constitution, *quam omnis summa quæ isdem ex suis compendiis quæri solet instaurandis ædibus adsumatur* (4). De même des cinq préteurs qui devaient donner des jeux

---

(1) Dig., 1, 16, 7, §. 1.— (2) Cod. Théod., 15, 1, 2.— (3) Ibid., 18. — (4) Ibid., 26.

au peuple, trois seulement doivent le faire; les deux autres seront tenus de donner, l'un 1000 livres d'argent, l'autre 500 pour les travaux publics (1).

Toutes ces mesures ne prévenant pas les dilapidations, Valentinien, dans le but de les rendre plus difficiles, ordonne que les impôts extraordinaires, au lieu d'être payés en argent, seront fournis en nature : *Sane si quid reparationi alicujus operis postulandum erit non in pecunia, sed in ipsis speciebus postulare te par est* (2).

Malgré l'insuffisance des ressources nécessaires à la réparation des édifices publics, les magistrats, au lieu de réparer les édifices qui tombaient en ruines ou de terminer ceux qui étaient inachevés, s'occupaient, dans un but de popularité, à en construire de nouveaux. Une foule de constitutions insérées au Code Théodosien défendent de construire aucun ouvrage nouveau sans l'autorisation de l'empereur, avant que les anciens édifices n'aient été réparés ou finis, à moins qu'il ne s'agisse de bâtiments indispensables, comme les temples, les greniers publics, etc. (3). Si les magistrats ne tenaient pas compte de ces défenses, ils étaient condamnés à payer dix livres d'or, et leurs comptes n'étant pas approuvés, les édifices nouveaux qu'ils avaient fait élever restaient à leurs frais (4).

D'autres constitutions proscrivirent les habitudes de ces magistrats, qui ne trouvaient rien de mieux pour

---

(1) Cod. Théod., 6, 1, 13.—(2) Ibid., 15, 1, 17.—(3) Ibid., 15, 1, 11, 15, 16, 17, etc.—(4) Ibid., 15, 11, 28.

orner leur ville ou pour construire de nouveaux édifices que d'enlever aux villes moins importantes leurs ornements, ou de les détacher des autres monuments pour les placer sur ceux qu'ils faisaient élever, ou qui même, sous ce spécieux prétexte, ne craignaient pas de se les approprier (1).

§ III.—Voyons maintenant de quelle manière se faisaient les travaux relatifs aux lieux et édifices publics. On obtenait d'abord l'autorisation de l'empereur ; cette autorisation n'était pourtant pas nécessaire pour les réparations : *Ea tamen instaurandi quæ jam deformibus ruinis intercidisse dicuntur, universis licentiam damus* (2). Ensuite les magistrats de la cité votaient les fonds nécessaires. Cela fait, on procédait à l'exécution des travaux ; ils se faisaient à Rome sous la surveillance du préfet et des magistrats de la ville, et dans les provinces sous celle des gouverneurs (*rectores provinciarum*) et magistrats de la cité (*ordines civitatum, judices*). Des *curatores* étaient placés à la tête des travaux. Tantôt ils n'étaient chargés que de la direction des ouvrages ; dans d'autres cas, ils en obtenaient l'adjudication, alors ils traitaient avec des entrepreneurs pour la confection des travaux : *Hic curator rursum sub se redemptores habebat qui opus faciendum conducebant, quos ergolabos dicebant.* Mais la ville n'avait rien à démêler avec les sous-entrepreneurs ; c'était entre elle et le *curator* que le marché était fait, et c'était lui qui en était respon-

____

(1) Code Théod., 15, 1, 14.— (2) Ibid. 11.

sable : *Cum his curator negotia habebat, et respublica cum curatore.* Les comptes étaient approuvés par le préfet de la ville.

Ces *curatores* étaient responsables de tous les vices qui pouvaient se trouver dans l'édifice et leur responsabilité durait pendant quinze ans. Ils n'étaient pas tenus des cas fortuits. *Omnes quibus vel cura mandatâ fuerit operum publicorum, vel pecunia ad extructionem solito more decreta, usque ad annos quindecim ab opere perfecto cum suis heredibus teneantur obnoxii; ita ut si quid vitii in ædificatione infra præstitutum tempus provenerit, de eorum patrimonio, exceptis tamen his casibus qui sunt fortuiti, reformetur* (1). D'un autre côté, leurs services étaient largement récompensés et leur ouvraient même la carrière des honneurs (2).

§ IV.—Les édifices publics devaient être isolés des édifices privés; la distance habituelle, d'après une constitution insérée au Code de Justinien, était de 15 pieds (3). De nombreuses constitutions au Code Théodosien ordonnent la destruction de tous les ouvrages qui se trouvaient appliqués contre les édifices publics (4), nonobstant rescrit ou prescription. *Præscriptio temporis publico juri non debet obsistere,* disent les constitutions, et le rescrit ne pouvait non plus donner de droit irrévocable, *sed ne rescripta quidem* (5). Cependant il importe de remarquer que dans ces divers cas il était dû une in-

___

(1) Cod. Théod., 15, 1, 21.—(2) Ibid., 6, 20, 1.—(3) Code, 8, 10, 9. —(4) Code Théodos., 15, 1, 23, 33, 39, etc.—(5) Ibid., 22.

demnité au constructeur, indemnité égale à ses dépenses. C'était là la disposition d'un ancien plébiscite, ainsi que nous l'enseigne Denys d'Halicarnasse (1). Une autre servitude encore plus étendue était celle qui existait en faveur des greniers publics. Il était défendu de construire à moins d'une distance de 100 pieds, et cela de crainte des incendies : *Ita ut ex quatuor lateribus privatorum consortio separata sint ac libero spatia recernantur ut a principio fuerant fabricata* (2). Les bâtiments qui existaient dans ce périmètre devaient être détruits, et la peine de la confiscation de tous ses biens était, en outre, prononcée contre celui qui aurait violé cette constitution (3).

§ V.—Les particuliers n'étaient pas seulement soumis à des charges, à raison des lieux publics, ils y avaient aussi des droits. Chaque citoyen avait le droit d'user de la chose publique suivant l'usage auquel elle était destinée ; ainsi il avait le droit d'aller et de venir dans le forum, de laver dans les bains publics, d'entrer au théâtre, de prendre du jour sur la place ; mais s'il s'agissait d'une entreprise contraire à la destination du lieu, il fallait l'autorisation de l'empereur. Ainsi, il était défendu de bâtir sur un lieu public : *In loco publico, prœtor prohibet œdificare et interdictum proponit* (4). Pour pouvoir y bâtir, il fallait obtenir une concession de l'empereur, concession temporaire et révocable, sauf le rem-

---

(1) Denys d'Halicarnasse, lib. 10. — (2) Cod. Théod., 18, 1, 38. — (3) Ibid., 4.—(4) Dig., 43, 8. 1.

boursement des dépenses faites par le constructeur. Mais cette concession qui donnait le droit de bâtir ne donnait pas le droit de nuire aux particuliers, la législation romaine était formelle sur ce point. Les droits des tiers étaient toujours réservés : *Nam quotiescumque aliquid in publico fieri permittitur, ita oportet permitti, ut sine injuria cujusquam fiat ; et ita solet princeps, quotiens aliud novi operis instituendum petitur, permittere* (1).

Si l'on bâtissait sans autorisation, de deux choses l'une : ou l'édifice ainsi construit nuisait à l'usage public, dans ce cas il devait être démoli ; ou il ne lui nuisait pas, et alors, s'il n'était pas non plus nuisible à un particulier, on le laissait subsister, car, chose remarquable, les Romains n'aimaient pas les démolitions. *Sicut is qui, nullo prohibente, in loco publico ædificaverit cogendus non est demolire, ne ruinis urbs deformetur* (2) ; seulement on obligeait alors le constructeur à payer une redevance pour le sol. *Aut si non obstet, debebat solarium ei imponere; vectigal enim hoc sic appellatur solarium, ex eo quod pro solo pendatur* (3).

§ VI. Passons à l'étude de interdits. Le premier que nous rencontrons en cette matière est un interdit prohibitoire ainsi conçu : *Prætor ait: Ne quid in loco publico facias inve eum locum immittas, qua ex re quid illi damni detur, præterquam quod lege, senatusconsulto, edicto decretove principum tibi concessum est, de eo quod factum erit, interdictum (non) dabo* (4). Cet interdit pro-

---

(1) Dig., 43, 8, 2, § 10. — (2) Ibid., 7. — (3) Ibid., 2, § 17. — (4) Ibid., 2, princip.

tegeait les intérêts, tant du public que des particuliers : *Hoc interdictum prohibitorium est, et tam publicis utilitatibus quam privatorum, per hoc prospicitur; loca enim publica utique privatorum usibus deserviunt, jure scilicet civitatis, non quasi propria cujusque; et tantum juris habemus ad obtinendum, quantum quilibet ex populo ad prohibendum habet. Propter quod si quod forte opus in publico fiet, quod ad privati damnum redundet, prohibitorio interdicto potest conveniri, propter quam rem hoc interdictum propositum est* (1). A quels lieux s'appliquait cet interdit? il ne s'appliquait qu'aux lieux publics : *Ad ea igitur loca hoc interdictum pertinet, quæ publico usui destinata sunt : ut si quid illic fiat, quod privato noceret, prætor intercederet interdicto suo* (2). Il ne pouvait s'appliquer aux choses privées, ni au Domaine de l'État. *Hoc interdictum ad ea loca quæ sunt in fisci patrimonio non puto pertinere... Res enim fiscales quasi propriæ et privatæ principis sunt* (3). Cet interdit protégeait tous les intérêts, quels qu'ils fussent, nonseulement un dommage éprouvé, mais même la perte d'un simple avantage. *Damnum autem pati videtur, qui commodum amittit, quod ex publico consequebatur, quale quale sit* (4). *Proinde si cui prospectus, si cui aditus sit deterior, aut augustior, interdicto opus est* (5). *Plane si ædificium hoc effecerit, ut minus luminis insula tua habeat, interdictum hoc competit* (6). La raison est que

---

(1) Dig., 43, 8, 2, § 1 et 2. — (2) Ibid., § 3 et § 5. — (3) Ibid., § 4. — (4) Ibid., § 11. — (5) Ibid., § 12. — (6) Ibid., § 11.

dans les cas que nous venons d'énumérer, il s'agit de véritables servitudes auxquelles sont soumis les lieux publics : servitude de prospect et d'issue, de jour, etc.

Mais il en serait autrement s'il n'était question que d'un avantage provenant de simple tolérance ou de concession. Aussi Ulpien nous dit-il : *Si quid in loco publico ædificavero, ut ea quæ ex meo ad te nullo jure defluebant, desinant fluere, interdicto me non teneri Labeo putat* (1).— De même, dans le cas de deux constructions sur un lieu public qui n'ont été autorisées ni l'une ni l'autre et dont l'une nuit à l'autre, il ne peut y avoir lieu à interdit, car il n'y a pas de droit à protéger. Il en serait tout autrement si l'édifice lésé avait été construit avec l'autorisation nécessaire, car alors il y aurait un droit pour le propriétaire, droit qui ne pourrait lui être enlevé, non-seulement par une seconde construction sans autorisation, mais même par une construction autorisée. *Idem ait : Si in publico ædificem, deinde hoc ædificium ei obst et quod tu in publico ædificaveras cessare hoc interdictum cum tu quoque illicite ædificaveris; nisi forte tu jure tibi concesso ædificaveras* (2).

L'interdit ne s'appliquait qu'aux obstacles matériels, indépendants du fait actuel de l'homme.—Dans les cas de violences personnelles, nous ne retrouvons pas ici les interdits rendus relativement aux chemins (3). Aussi les particuliers lésés n'ayant point d'interdits ne pouvaient recourir qu'à l'action d'injures : *Si quis in mari piscari*

---

(1) Dig.. 43, 8, 2, § 13.—(2) Ibid., § 15.—(3) Ibid., § 45.

aut navigare prohibetur, non habebit interdictum, quem-
admodum nec is qui in campo publico ludere vel in publico
balneo lavare aut in theatro spectare arceatur, sed in
omnibus his casibus injuriarum actione utendum est (1).

En cette matière nous ne trouvons pas d'interdit restitutoire, sans doute parce que l'on ne voulait pas de
destructions, *ne ruinis urbs deformetur.* La destruction
n'avait lieu que par ordre de l'autorité quand les constructions gênaient l'usage public. Dans le cas contraire, et quand personne ne s'y était opposé, on ne de-
molissait pas, on imposait une redevance comme nous
l'avons déjà dit. Mais si quelqu'un s'était opposé à la
construction et si elle avait eu lieu malgré l'édit du préteur, alors la destruction devait être ordonnée, et Julien
nous en donne la raison en résumant toute cette théorie
dans la loi suivante : *Sicut is qui, nullo prohibente, in loco*
publico ædificaverat, cogendus non est demolire ne ruinis
urbs deformetur, ita qui adversus edictum prætoris ædi-
ficaverit tollere ædificium debet, alioquin inane et lusorium
prætoris imperium erit (2).

Tout ce qui précède s'applique au cas où les constructions n'ont pas été autorisées. Si elles l'ont été et
qu'elles nuisent à l'usage public, dans ce cas elles devront être démolies ; mais si le service public n'en exige
pas la destruction, alors elles seront conservées, sauf,
bien entendu, les droits des tiers, qui sont toujours
réservés.

---

(1) Dig., 47, 8, 2, § 9.—(2) Ibid., 43, 8, 7.

§ VII.—Enfin, remarquons en terminant cette matière que les lieux publics susceptibles de produire des revenus étaient affermés au profit des villes, et qu'un interdit spécial protégeait les fermiers. Cet interdit était ainsi conçu : *Prætor ait : Quominus loco publico, quem is cui locandi jus fuerit, fruendum alicui locavit ; ei qui conduxit sociove ejus e lege locationis frui liceat, vim fieri veto* (1) ; ceux qui étaient désignés par les mots *cui locandi jus erat* étaient les magistrats municipaux de la cité.... *Si a municipibus conductum habebat,* nous dit Ulpien dans une autre loi (2). Quant à la nature de cet interdit, Ulpien la définit de la sorte : *Interdictum hoc publicæ utilitatis causa proponi palam est ; tuetur enim vectigalia publica dum prohibetur quis vim facere ei qui id fruendum conduxit* (3). Mais le préteur ne pouvait protéger qu'une jouissance légale, et ne devait pas autoriser des entreprises contraires à la loi de la location. C'est ce que nous explique clairement Ulpien : *Ait prætor,* nous dit-il, *quominus e lege locationis frui liceat ; merito ait e lege locationis : ultra legem enim, vel contra legem, non debet audiri, qui frui desiderat* (4).

---

(1) Dig., 43, 9, 1. — (2) Ibid., 43, 14, § 7. — (3) Ibid., 43, 9, 1, § 1. (4) Ibid., 1, § 3.

SECTION VII.—Des aqueducs.

§ I.—Au nombre des grands travaux d'utilité publique, il en est qui, à cause de leur importance, méritent une étude toute particulière : de ce nombre sont les aqueducs.

Ces travaux, soit qu'ils eussent pour but d'apporter des eaux à une ville, soit qu'ils dussent fertiliser une contrée aride par des irrigations, avaient attiré toute l'attention des Romains, qui leur donnèrent de grands développements. De nombreuses lois concernant cette matière forment une législation complète et témoignent de l'intérêt tout particulier qui s'attachait à cette branche du Domaine public.

Une loi déclarant l'utilité publique prononçait l'expropriation des terrains nécessaires à l'aqueduc; et c'est précisément dans cette matière que nous avons trouvé une disposition des plus caractéristiques, et qui a été d'un si grand poids dans notre dissertation sur l'expropriation pour cause d'utilité publique en Droit romain; à savoir, que le propriétaire exproprié pour partie avait droit d'exiger qu'on lui achetât son champ en entier(1).

Ces travaux étaient habituellement faits aux frais du

---

(1) Frontinus, *De Aquæductu*, pag. 126.

Trésor public; à leur établissement et à leur entretien était affectée une partie des revenus (1); en outre,
les redevances que payaient les concessionnaires des
prises d'eau y étaient spécialement consacrées (2).
Toutefois il paraîtrait que ces redevances ne furent pas
imposées d'une manière uniforme, ou du moins que
certaines localités en furent affranchies par les empereurs,
qui cherchèrent ailleurs d'autres ressources, *nam exe-
crabile videtur domos hujus almæ urbis aquam habere ve-
nalem,* dit une constitution insérée au Code de Justinien (3).

Dans la suite, l'argent que les préteurs auraient employé à donner des fêtes au peuple fut attribué aux
aqueducs (4). De même les consuls, au lieu de faire des
distributions d'argent au peuple, furent chargés de donner
cent livres d'or pour les aqueducs (5). Il en fut de même
pour les patrices (6). Enfin, dans certains cas, une loi
obligeait tous les citoyens sans exception à réparer les
aqueducs, soit par des corvées, soit par des prestations en
argent (7).

Ces travaux se faisaient sous la haute direction des
préfets de la ville ou du prétoire, et plus spécialement
sous les ordres d'officiers chargés de la construction, sous
le nom de *consulares aquarum* ou de *comites formarum* (8).

---

(1) Cod. Théod. 15, 2, 3; 11, 6, 3.—(2) Dig., 7, 1, 27, § 3; ibid., 19,
1, 11.—(3) Cod., 11, 12, 7.—(4) Cod. Théod., 6, 4, 7, 9 et 30.—(5) Cod.,
12, 3, 2.—(6) Ibid., 3 et 4.—(7) Cod. Théod., 11, 1, 23.—(8) Ibid., 15,
2, 1 et 2.

Les esclaves publics, dont une catégorie était spéciale‑
ment affectée aux aqueducs sous le nom de *castellarii*,
y étaient employés (1).

§ II.—Les propriétaires riverains obtenaient des con‑
cessions d'eau, soit pour leur agrément ou pour l'alimen‑
tation de leurs thermes, soit pour des irrigations. Ces
concessions ne pouvaient émaner que du prince. *Circa
jus ducendæ aquæ in privatis hæc observanda sunt, ne
quis sine litteris Cæsaris, id est, ne quis aquam publicam
non impetratam ducat* (2). Ceux qui sans autorisation opé‑
raient des prises d'eau étaient punis par la confiscation
de leurs biens (3).

Ceux qui avaient obtenu des concessions cherchaient
souvent à augmenter leurs prises d'eau; les fraudes de‑
vaient être très-fréquentes, car de nombreuses mesures
furent prises pour les prévenir. Voici les formalités que
l'on devait suivre : celui qui avait obtenu la conces‑
sion de prise d'eau devait se rendre avec le rescrit de
l'empereur auprès du curateur des eaux; celui-ci l'a‑
dressait à l'officier chargé de délivrer les tuyaux poin‑
çonnés, qui s'appelait *procurator aquarum;* ce dernier
livrait des tuyaux de la dimension fixée par la conces‑
sion, après les avoir fait poinçonner en sa présence pour
être sûr que l'ouvrier chargé de ce soin n'y substituerait
pas par séduction des tuyaux d'une plus grande di‑
mension.

---

(1) Frontinus, p. 107.— (2) Cod. Théod., 15, 8, 2, 1,8.— (3) Ibid., 15,
2, 4.

La concession devait également être notifiée au préfet de la ville, qui devait indiquer le lieu où devait être établie la prise et la faire surveiller.

Il était d'ailleurs expressément défendu de prendre de l'eau autre part qu'aux réservoirs des acqueducs (*castella*), de peur de nuire au conduit mère (*matrices*), et celui qui eût enfreint cette règle se voyait retirer la concession et était passible de peines très-graves. *Quicumque ex aquæductu magis quam ex castellis aquæ usum putaverit derivandum, etiam id quod prius jure beneficio fuerat consecutus, amittat, in eum vero pro conditione personæ conveniet severissimo supplicio vindicare, etc.* (1).

De plus, pour éviter qu'on n'usurpât les eaux, les empereurs Valentinien, Valens et Gratien ordonnèrent que les noms de chaque concessionnaire et la quantité d'eau à laquelle chacun d'eux avait droit seraient inscrits sur des registres (2).

De même l'empereur Zénon fit rechercher avec soin les prises d'eau illégales ; toutes celles qui avaient été usurpées ou qui avaient été établies irrégulièrement furent supprimées. *Ut jus suum regiæ civitati restituatur, et quod publicum fuit aliquando minime sit privatum, sed ad communes usus recurrat : sacris oraculis, vel pragmaticis sanctionibus adversus commoditatem urbis quibusdam impertitis, jure cassandis, nec longi temporis præscriptione ad circumscribenda civitatis jura profutura* (3).

---

(1) Cod. Théod., 15, 2, 2. — (2) Ibid., 6. — (3) Cod. 11, 42, 9.

Quant au mode de répartition des eaux, un sénatus-consulte avait déterminé la plus grande dimension des tuyaux auxquels pouvaient donner droit les prises d'eau, *ne cui eorum quibus aqua daretur publica jus esset, intra quinquaginta pedes ejus castelli ex quo aquas duxerent laxiorem fistulam subjicere, quam quinariam* (1). Ces *fistulæ quinariæ* étaient des tuyaux qui ne devaient pas avoir plus de cinq pouces de circonférence.

A une époque postérieure, nous trouvons un nouveau mode de répartition fondé sur la qualité des propriétaires. *Summas quidem domus lavacris lautioribus præsententur, binas non amplius aquæ uncias, aut si hoc amplius exegerit ratio dignitatis, supra ternas neutrique possidere; mediocres vero et inferioris meriti domus singulis et semis contentas esse decernimus, si tamen hujuscemodi balneas easdem habere claruerit : cæteros vero qui mansionem spatio angustiore sustentantur ad mediæ unciæ usum tantum gaudere præcipimus* (2). Ainsi, trois catégories : les *summæ domus* ne pouvaient avoir que deux onces ou trois au plus, si les propriétaires étaient de haute dignité (l'once était la douzième partie du pied). Les *domus inferioris meriti*, qui avaient aussi des thermes, avaient droit à une once et demi ou un huitième de pied. Enfin, les autres propriétés n'avaient droit qu'à une demi-once ou un vingt-quatrième de pied.

Cette classification a donné lieu à une controverse parmi les interprètes, sur la question de savoir si la con-

---

(1) Frontinus, *De Aquæductu*, page 122.— (2) Cod. Théod., 15, 2, 3.

cession était seulement faite à la personne ou si elle était perpétuelle. Mais il paraît résulter de plusieurs constitutions, surtout de celle des empereurs Arcadius et Honorius, qui parle d'usage ancien et de longue possession (*usum veterem, et longo dominio constitutum*), que les concessions étaient perpétuelles, sauf leur révocation, quand l'intérêt général l'exigeait (1).

Les concessions donnaient un droit acquis aux concessionnaires, droit qui ne pouvait être diminué par des concessions postérieures (2) ; mais cela n'avait lieu que lorsque la concession donnait droit à une quantité d'eau déterminée ; dans ce cas, elle ne pouvait être diminuée par des concessions postérieures. Si la quantité n'était pas fixée, on pouvait faire des concessions nouvelles, pourvu qu'on laissât aux premiers concessionnaires l'eau nécessaire à leur usage. Toutefois, s'il en fut ainsi, comme le dit Gothofredus dans son *Commentaire* sur la loi qui nous occupe, ce ne put être qu'antérieurement au mode de répartition que nous avons rapporté plus haut, car depuis, toute concession fut forcément fixée *ad certum modum*.

§ III.—Des servitudes rigoureuses pesaient sur les propriétaires riverains ; elles sont énumérées dans une constitution de Constantin adressée à Maximilien, consul des eaux. La première consistait dans le curage des aqueducs ; la négligence des propriétaires à ce sujet était punie par la confiscation de leurs biens.

---

(1) Cod. Théod., 15, 2, 7.—(2) Ibid, 15, 1, 7.

La deuxième, non moins onéreuse, consistait à ne pas avoir d'arbres autour des aqueducs à une distance de quinze pieds à droite et à gauche, et cela de peur que les racines ne nuisissent à l'aqueduc. De même les rejetons devaient être arrachés (1). Les contraventions étaient punies également par la confiscation des biens(2).

Il faut ajouter à ces charges la servitude de fouilles et d'extraction de matériaux dont nous avons déjà parlé. *Sic et ex agris privatorum, terram, limum, lapidem, testam, arenam, ligna, cæteraque quibus ad eam rem (ad aquæductus) opus esset, unde quæque eorum proxime sine injuria privatorum tolli, sumi, portari poterant, viri boni arbitratu æstimata dari debebant, tollique poterant, sumi, exportari* (3). Cette servitude impliquait la servitude accessoire de passage, qui, comme la principale, avait lieu moyennant indemnité, *viri boni arbitratu æstimata* (4)

§ IV.—Le préfet du prétoire et le préfet de la ville avaient la haute direction en ces matières; c'étaient eux qui réglaient la quantité d'eau nécessaire au service public, et qui faisaient la répartition de l'eau restante à ceux qui en avaient obtenu la concession, *et amplissima tua sede dispositura quid in publicis thermis, quid in nymphæis pro abundantia civium, conveniat deputari, quid his personis quibus nostra serenitas indulsit, ex aqua superflua debeat impartiri* (5).

---

(1) Cod. Théod., 15, 2, 1.—Cod., 11, 42, 1.—(2) Ibid., 11, 42, 10.—(3) Frontinus, p. 125.—(4) Ibid.—(5) Cod., 11, 42, 8.

Une autre classe de fonctionnaires qui étaient plus spécialement chargés de la protection des eaux étaient les *consulares aquarum, quod scilicet tuendis aquis et aquœductibus incumbebant.* Leurs fonctions consistaient dans la surveillance des aqueducs ; ils étaient chargés d'en faire opérer le curage et de veiller à ce que rien de nuisible ne vint les détériorer. On a peu de détails sur cette institution. Frontinus nous apprend seulement qu'anciennement, au temps où l'on affermait l'entretien des aqueducs, les fermiers étaient obligés d'avoir un certain nombre d'ouvriers (*servi opifices*), dans la ville et un certain nombre hors la ville, dont les noms devaient être inscrits sur les registres publics dans chaque contrée. Quant aux réparations des aqueducs, elles étaient faites sous la direction d'un autre fonctionnaire appelé *comes formarum* (1).

Enfin nous trouvons mentionnée dans une constitution de l'empereur Zénon une troisième classe de fonctionnaires, mais d'un rang très-inférieur, les *aquarii* ou *aquarum custodes, quos hydrophylacas nominant.* Ces gardes étaient marqués sur les mains, afin que, reconnus appartenir à l'entretien des eaux, ils ne fussent pas employés à d'autres ouvrages. Voici les termes de la constitution : *Universos autem aquarios vel aquarum custodes, quos hydrophylacas nominant, qui omnium aquœductuum hujus regiœ urbis custodes deputati sunt, singulis manibus eorum felici nomine pietatis nostrœ impresso signari de-*

---

(1) Cod. Théod., 8, 7, 1; 15, 2, 1.

cernimus; ut hujusmodi adnotatione m anifesti sint omni-
bus, nec a procuratoribus domorum v el qualibet alio ad
usus alios avellantur, vel angariarum, vel operarium no-
mine teneantur (1).

Cette précaution avait sans doute aussi un autre but
dont la loi ne parle pas, c'était de p ouvoir reconnaître
les fugitifs, comme le dit la constitutio n suivante qui s'occupe des ouvriers des arsenaux. *Stigmata (hoc est nota pu-*
blica) fabricentium brachiis, ad imitatio nem tironum, infli-
gantur, ut hoc saltem modo possint la titantes agnosci (2).

SECTION VIII.—DES EAUX DANS LEURS RAPPORTS AVEC LE DOMAINE PUBLIC.

DE LA MER.

SOMMAIRE.—§ I. De sa nature.—§ II. Conséque nces.—§ III. Des actions
et interdits.

Les jurisconsultes romains rang ent avec raison la
mer au nombre des choses communes. *Et quidem naturali*
jure communia sunt omnium hæc : a er, aqua profluens et
mare (3); car, destinée à servir de communication entre
les différents peuples qu'elle sépar e, elle ne peut appartenir à aucun d'eux en particulie r, *communem usum*
omnibus hominibus ut aeris (4).

§ II.—Par suite de la nature de la mer, l'île qui y
naissait appartenait à l'occupant. *I nsula quæ in mari*

---

(1) Cod., 11, 12, 10, *in fine.*—(2) Ibid., 11, 8, 3.—(3) Instit., 2, 1,
§ 1.—(4) Dig., 13, 8, 3, § 1.

nascitur (quod raro accidit) occupantis fit, nullius enim esse creditur (1). De même chacun avait le droit d'user de la mer, pourvu qu'il ne fît rien de contraire à la navigation et qu'il ne nuisît pas aux droits d'autrui. C'est ainsi que les constructions faites dans la mer appartenaient à celui qui les avait faites, pourvu toutefois qu'il eût obtenu l'autorisation du préteur. Cette autorisation n'était accordée qu'autant qu'il n'en résultait pas d'inconvénients pour le public. *Quamvis quid in mare extruxerimus, nostrum fiat, tamen decretum prætoris adhibendum est, ut id facere liceat* (2). Mais avec cette autorisation les constructions pouvaient avoir lieu : *Si pilas in mare jactaverim, et supra eas inædificaverim, continuo ædificium meum fit. Item si insulam in mari ædificaverim, continuo mea fit : quoniam id quod nullius sit occupantis fit* (3), et dans le cas où il n'y avait d'inconvénient pour personne, le préteur protégeait le possesseur : *Si autem nemo damnum sentit, tuendus est qui in littore ædificat, vel molem in mari jacit* (4). Mais si les constructions nuisaient à quelqu'un, il n'en était plus de même, la personne lésée pouvait s'y opposer, même par la force. *Imo etiam manu prohibendus est, si cum incommodo cæterorum id faciat, nam civilem eum actionem de faciendo nullam habere non dubito* (5).

§ III.— Le citoyen lésé avait en outre un interdit, non pas l'interdit direct, *ne quid in loco*, etc., mais un interdit

---

(1) Dig., 11, 1, 7, § 3. — (2) Ibid , 50. — (3) Ibid., 30, § 1. — (4) Ibid., 43, 8, 2, § 8.—(5) Ibid., 11, 1, 50.

utile, qui le protégeait contre les entreprises qui lui nuisaient. *Adversus eum qui molem in mare projecit interdictum utile competit ei, cui forte hœc res nocitura sit* (1).
Si l'entreprise nuisait à la navigation, elle pouvait être
réprimée par l'interdit suivant, d'après Labéon. *Si in mari
aliquid fiat, Labeo ait competere tale interdictum, ne quid in
mari inve littore quo portus statio iterve navigio deterius
fiat* (2).

Quant aux violences personnelles, il n'y avait point
d'interdit ; on agissait par l'action d'injures. *Si quis in
mari piscari aut navigare prohibeatur, non habebit interdictum.... sed in omnibus his casibus injuriarum actione utendum est* (3).

SECTION IX.—DES RIVAGES DE LA MER.

SOMMAIRE.— § I. Caractère de ces biens. Divergence des jurisconsultes
romains. — § II. Réfutation de l'opinion de M. Proudhon.—§ III. Des
actions et interdits.

§ I. Les rivages de la mer sont définis aux Instituts
en ces termes : *Est autem littus maris quatenus hibernus
fluctus maximus excurrit* (4). Cette définition, au dire
de Celse, serait de Cicéron, qui l'aurait donnée dans
une sentence arbitrale, mais ce dernier l'attribue à Aqui-
lius (5).

Les jurisconsultes romains n'étaient pas d'accord sur la

______

(1) Dig., 43, 8, 2, § 8. — (2) Ibid., 43, 12, 1, § 17. — (3) Ibid., 43,
8, 2, § 9.—(4) Inst., 2, 1, § 3. Dig., 50, 16, 96 et 112.—(5) Cicéron,
t. 7.

nature de ces biens. Les uns rangeaient les rivages de la mer parmi les *res nullius*. Nératius s'exprime de la sorte: *Nam littora publica non ita sunt, ut ea quæ in patrimonio sunt populi, sed ut ea quæ primum a natura prodita sunt, et in nullius adhuc dominium pervenerunt. Nec dissimilis conditio eorum est, atque piscium et ferarum quæ simul atque adprehensæ sunt, sine dubio ejus, in cujus potestatem pervenerunt, dominii fiunt* (1). Ce jurisconsulte a raison de distinguer les rivages du Domaine de l'État (*res in patrimonio populi*). Mais quelle n'est pas son erreur quand il les compare aux poissons et aux bêtes sauvages! Au reste, Nératius ne paraît pas tenir beaucoup à sa théorie, car à peine l'a-t-il établie qu'il l'abandonne dans le paragraphe suivant. Examinant ce qui arrive après la démolition des constructions, il s'exprime ainsi: *Perindeque publicus sit, ac si nunquam in eo ædificatum fuisset*. A l'instar de Nératius, Pomponius dit en parlant des rivages: *Id quod nullius sit, occupantis fit* (2). Justinien les range parmi les choses communes, mais cela est-il admissible (3)?

Ces jurisconsultes établissaient ce principe pour expliquer le droit de propriété qu'avait tout individu sur les constructions qu'il élevait sur le rivage, ou dans la mer, sur pilotis, avec l'autorisation de l'empereur. Mais c'est précisément ce qui doit faire repousser leur opinion.

En effet, du moment qu'il fallait une autorisation

---

(1) Dig., II, 1, 11. — (2) Ibid., II, 30, § 1. — (3) Inst., 2, 1, § 1.

pour pouvoir construire; du moment que le constructeur non autorisé n'avait pas d'action et pouvait être *manu prohibitus* (1), il y avait évidemment une différence extrême entre l'occupation dont il est question ici et l'occupation d'une chose *nullius*. Premièrement, il n'est pas besoin d'autorisation pour s'approprier par l'occupation la chose *nullius*, et en second lieu, l'occupant a pour repousser toute atteinte contre cette chose une action civile, car l'occupation est un mode d'acquérir reconnu par la loi civile. Aussi préférons-nous l'opinion de Celse, disant : *Littora in quæ populus Romanus imperium habet populi Romani esse arbitror* (2), ou mieux encore celle de Javolenus, qui les range formellement au nombre des choses publiques (3). Reconnaissons en effet que les rivages de la mer étaient de la même nature juridique que les autres biens du domaine public.

§ II. M. Proudhon, expliquant la théorie de Nératius qu'il adopte, s'exprime ainsi : « En cela les rivages de la « mer sont, suivant les dispositions du Droit romain, « d'une condition toute différente de celle des bords « intérieurs des fleuves, qui font, ainsi que le corps des « rivières, partie du Domaine public de l'État, et qui « ne deviennent point la propriété du premier occu- « pant : *Qui autem in ripa fluminis ædificat non suum* « *facit* (4). »

---

(1) Dig., 11, 1, 50.—(2) Ibid., 43, 8, 3.—(3) Ibid., 50, 16, 112.— (4) Proudh , n° 708.

Mais n'est-ce pas là une erreur? Il ne faut pas confondre le bord intérieur du fleuve avec la rive qui en diffère essentiellement. Le bord intérieur, ainsi que le corps même du fleuve, fait partie du Domaine public ; sur ce point, pas de controverse possible : celui qui y construit avec l'autorisation de l'administration fait des constructions qui lui appartiendront tout aussi bien que s'il les faisait sur le rivage de la mer. La loi sur laquelle s'appuie M. Proudhon, loin d'être en faveur de son opinion, prouve évidemment contre elle. Et en effet il est bien vrai qu'il existe une différence essentielle entre la rive d'un fleuve et le rivage de la mer. Il est bien vrai que la construction faite par le premier occupant sur la rive ne lui appartiendra pas, tandis qu'elle lui appartiendra sur le rivage ; mais cette différence vient-elle de ce que le rivage serait chose *nullius* et la rive chose publique, ou plutôt faisant partie du Domaine public de l'État, selon les expressions de M. Proudhon? Pas le moins du monde. Cela vient uniquement de ce que le rivage de la mer fait partie du Domaine public, tandis que la rive du fleuve est, non dans le Domaine public, mais bien dans le Domaine privé. *Riparum quoque usus publicus est juris gentium, sicut ipsius fluminis..... sed proprietas earum, littorum est quorum prædiis hærent ; qua de causa arbores quoque in iisdem natæ eorumdem sunt,* nous dit Justinien (1).

Mais le constructeur sur un lieu public quelconque,

---

(1) Inst., 2, 1, § 1.

avec l'autorisation nécessaire, fait aussi bien sienne la construction que celui qui construit au bord de la mer, car il n'y a pas de différence entre les divers lieux faisant partie du Domaine public. Remarquons aussi que pas plus sur les uns que sur les autres il ne pouvait y avoir de droit de propriété pour les particuliers, et qu'une fois la construction détruite, le lieu redevenait public (1).

La navigation et les droits des particuliers étaient protégés par les interdits utiles que nous avons cités en traitant de la mer (2). Les obstacles étaient d'ailleurs enlevés d'office par les magistrats quand ils étaient reconnus contraires à l'usage public. Nous n'avons rien à ajouter sur cette matière. Nous ne pourrions que répéter ce que nous avons déjà dit.

---

(1) Dig., 47, 1, 14, § 1. — (2) Ibid , 43, 8, 2, § 8; ibid., 43, 12, 1, § 17.

SECTION X.—DES FLEUVES PUBLICS.

§ I —On distinguait chez les Romains, au point de vue du droit, deux sortes de cours d'eau, les uns publics, les autres privés, *flumina quædam publica, quædam non.* Les fleuves navigables ou flottables, avec trains et radeaux (1), étaient publics, mais tous les autres n'étaient pas privés. La classification romaine n'était pas aussi tranchée que la nôtre sur ce point. C'est ainsi que nous trouvons parmi les fleuves publics des fleuves qui n'étaient destinés à aucun usage public, et qui n'en étaient pas moins efficacement protégés. Sans doute le mode de protection et la police, ainsi que les mesures à prendre pour tout ce qui concernait le cours d'eau, variaient avec la qualité du fleuve ; mais cette différence provenait de la nature du cours d'eau et non de sa classification légale, la publicité n'étant pas basée uniquement sur la navigabilité, comme nous le verrons tout à l'heure.

---

(1) Dig., 43, 12, 1, § 14.

Ainsi, quand l'interdit donné pour protéger la navigation, *Ne quid.... quo statio iterve navigio deterius sit, fiat,* ne pourra pas s'appliquer à un fleuve non navigable, par la raison qu'on serait hors des termes de l'interdit; on donnera l'interdit utile : *Sed Labeo scribit non esse iniquum, etiam, si quid in eo flumine, quod navigabile non sit, fiat, ut exarescat, vel aquæ cursus impediatur, utile interdictum competere* (1); et plus loin, en parlant d'entreprises faites dans la mer et en accordant l'interdit, dans ce cas il ajoute : *Sed et si in flumine publico non tamen navigabili fiat, idem putat* (2). S'agit-il d'un interdit dont l'objet est de protéger non la navigation, mais le cours des fleuves, alors il n'est pas besoin d'interdit utile, car on est dans les termes mêmes de l'édit qui s'applique à tout fleuve public : *Pertinet autem,* dit la loi, *ad flumina publica, sive navigabilia sunt, sive non sunt* (3).

Au contraire, s'il est question d'un fleuve privé, il n'y a plus à appliquer d'interdit d'aucune espèce, ni direct, ni utile. *Hoc interdictum ad flumina publica pertinet; si autem flumen privatum sit, cessabit interdictum, nihil enim differt a cœteris locis privatis flumen privatum* (4).

On voit donc combien il importe de distinguer les cours d'eau publics des cours d'eau privés. Nous avons déjà dit que les fleuves navigables et flottables sont publics; pour eux, le doute ne peut s'élever.

---

(1) Dig., 43, 12, 1, § 12.—(2) Ibid., § 18.—(3) Ibid., 43, 13, 1. § 2.—(4) Ibid, 43, 12, 1, § 4.

Quant aux autres cours d'eau, il n'est pas facile de distinguer ceux qui sont publics de ceux qui sont privés : *Flumina*, nous dit Ulpien, *quædam publica, quædam non; publicum flumen esse Cassius definit, quod perenne sit. Hæc sententia Cassii, quam et Celsus probat, videtur esse probabilis* (1). Toutefois, il ne faudrait pas croire que par cela seul qu'un fleuve est *perenne*, il est public. Ce n'est pas dans ce sens qu'il faut entendre la loi. Elle écarte sans doute du Domaine public les cours d'eau non *perennes;* mais il n'en résulte pas que ceux qui le sont en fassent tous partie. Ainsi, quoique ayant un cours continuel, les ruisseaux ne sont pas publics, sauf toutefois certains cas exceptionnels ; par exemple, s'ils servent à rendre un fleuve ou un canal navigable; *Idemque est, si per hoc aliud flumen fiat navigabile* (2).

Parmi les cours d'eau non navigables ni flottables, les uns sont publics, les autres sont privés. On devrait dire qu'ils sont tous privés, car il n'y a en eux rien de public, puisqu'on ne les suppose affectés à aucun usage public. S'il n'en était pas ainsi en Droit romain, c'est à l'histoire et non au droit qu'il faut en demander la cause.

Dans les partages de terres, tantôt les assignations de part comprenaient les fleuves non navigables, tantôt on les en exceptait. Dans le premier cas, le fleuve faisait partie du Domaine privé ; dans le deuxième cas, il restait public, à moins qu'il ne fût l'objet de concessions posté-

---

(1) Dig., 43, 12, 1, § 3. — 10, § 2.

rieures(1). *Fluminum modus si assignationi cessit, flumen ipsum juris erit privati; si exceptus, publici*, dit Goëslus, commentant l'*Ars mensoria* (2). C'est ainsi qu'il y avait ou non lieu à bornage, quand le fleuve était entre deux propriétés, suivant qu'il était public ou privé (3).

Ainsi pour les fleuves navigables ils étaient publics par leur destination; pour les autres, on devait décider la question en fait. C'est ainsi qu'Ulpien nous dit en parlant des fleuves publics : *Flumen a rivo magnitudine discernendum est, aut existimatione circumcolentium*, c'est-à-dire que l'on reconnaît un fleuve public à son volume, qui le distingue des ruisseaux, et à son caractère légal déterminé pour les riverains par les conditions des concessions locales (4). On ne peut donc poser de principe général pour reconnaître si un fleuve non navigable était ou non public.

§ II.—Quelle était l'étendue du Domaine public dans les cours d'eau publics ? C'est ce que nous avons maintenant à examiner. Dans cet examen, nous rencontrerons des questions très-vivement controversées en Droit français.

I.—Etudions d'abord le lit des fleuves. En Droit romain, le lit de tous les fleuves publics fait partie du Domaine public. Ce n'est point simplement un droit de servitude au profit du public; la propriété lui appartient.

---

(1) Siculus Flaccus, *De Conditione agrorum*.—(2) Championnière, *De la Propriété des eaux courantes*, n° 23. — (3) Dig., 10, 1, 4, 5 et 6., — (4) Champion., n° 24.

Voici comment s'exprime Ulpien à cet égard : *Ille etiam alveus quem sibi flumen fecit, etsi privatus ante fuit, incipit tamen esse publicus, quia impossibile est ut alveus fluminis publici, non sit publicus* (1). *Flumina enim,* nous dit Pomponius en parlant des fleuves qui changent de lit, *censitorum vice funguntur, ut ex privato in publicum addicant, et ex publico in privatum* (2).

En Droit romain, le lit était tellement la propriété du Domaine public qu'il ne pouvait être question de bornage entre riverains. Les bornes étaient les bords du fleuve. *Et ideo finium regundorum agi non potest* (3) *quia magis in confinio meo via publica vel flumen sit, quam ager vicini* (4). S'il s'agissait, au contraire, d'un cours d'eau privé (ruisseau ou torrent), il y avait lieu à l'action en bornage. *Sed, si rivus privatus intervenit, finium regundorum agi potest* (5).

Une autre loi non moins probante est la loi dans laquelle, sur la demande faite à Scævola, si le propriétaire des deux héritages riverains pourrait construire un pont sur le fleuve, le jurisconsulte répond qu'il n'en a pas le droit. *Quæsitum est, an is, qui in utraque ripa fluminis publici domus habeat, pontem privati juris facere potest ? respondit non posse* (6). Remarquons qu'il ne s'agissait pas d'un pont nuisible en aucune manière aux usages de la rivière ; cela n'eût pas fait question en présence des interdits du préteur. Si le propriétaire n'a pas le droit

---

(1) Dig., 43, 12, 1, § 7.—(2) Ibid., 41, 1, 30, § 3.—(3) Ibid, 10, 1, 4, § 11.—(4) Ibid., 10, 1, 5.—(5) Ib'd., 10, 1, 6.—(6) Ibid., 43, 12, 1.

de faire le pont, ce n'est pas parce qu'il nuirait au fleuve, c'est parce qu'il n'a pas la propriété du sol. Ce sol appartient au Domaine public, et *qui habet solum, habet et cœlum.*

II.—A part le fond du lit, il y a les bords du fleuve, ces parties inclinées qui de l'un et de l'autre côté vont jusqu'au lit du fleuve. Ces bords font également partie du Domaine public, les textes sont formels : *Flumina publica quæ fluunt ripæque eorum publicæ sunt* (1).

Mais que doit-on entendre par bords du fleuve? Ce sont les bords ordinaires : *Ripa autem recte definitur quod flumen continet, naturalem rigorem cursus sui tenens* (2). Si des pluies ou la mer, ou toute autre cause font éprouver au fleuve une crue extraordinaire, ses rives n'en sont point changées. *Nemo denique dixit Nilum, qui incremento suo Ægyptum operit, ripas suas mutare vel ampliare.* Que si la crue devenait perpétuelle, on devrait en décider autrement. *Si tamen naturaliter creverit, ut perpetuum incrementum nactus sit, vel alio flumine admixto, vel qua alia ratione : dubio procul dicendum est, ripas quoque eum mutasse, quemadmodum si, alveo mutato, alio cœpit currere* (3). Mais à quel point s'arrête le Domaine public sur les bords? Est-ce à la hauteur habituelle de l'eau ou au niveau du sol des terrains environnants? C'est à ce dernier endroit, au point où la rive commence à s'incliner

---

(1) Dig., 43, 12, 3.—(2) Ibid., 1, § 5.—(3) Ibid., 43, 12, 1, § 5.

vers le fleuve : *Ripa ea putatur, quæ plenissimum flumen continet. Secundum ripas fluminis loca (non) omnia publica sunt, cum ripæ cedant ex quo primum e plano vergere incipit usque ad aquam* (1).

Quant aux francs-bords et chemins de halage, nous verrons qu'ils ne faisaient pas partie du Domaine public, mais qu'ils étaient seulement grevés d'une servitude en faveur du public.

§ III.—Quels droits pouvait-on exercer sur les fleuves? D'abord de ce que les fleuves et les ports sont publics, la pêche et la navigation sont communes à tous (2), sauf l'impôt ou droit de navigation payé à l'État sous le titre de *titulus navium*, droit qui se percevait sur l'importation et l'exportation des marchandises (3). Il résulte en outre de l'usage public de la rive, qu'il est libre à chacun d'y faire aborder des navires, d'amarrer des câbles aux arbres qui y croissent, d'y déposer des fardeaux, d'y passer et de s'y reposer (4).

§ IV.—Quant aux propriétaires riverains, ils avaient plusieurs avantages qui compensaient largement les inconvénients qu'amène le voisinage d'un cours d'eau.

I.—Nous voyons d'abord qu'ils avaient le droit de prise d'eau. Mais relativement aux fleuves navigables, il fallait l'autorisation du préteur, laquelle devait être refusée si la diminution du volume des eaux du fleuve pouvait être nuisible à la navigation. Il en était de même

---

(1) Dig., 43, 12, 3, § 1 et 2.—(2) Inst., 2, 1 § 2.—(3) Code Théod., 14, 27, 2.—(4) Inst., 2, 1 § 1.

dans le cas d'un fleuve non navigable qui en rendait un autre navigable. *Si flumen navigabile sit, non oportet prœtorem concedere ductionem ex eo fieri, Labeo ait, quœ flumen minus navigabile efficiat. Idemque est si per hoc aliud flumen fiat navigabile* (1).

Au surplus, cette matière était réglée par des décrets ou des sénatus-consultes qui disposaient dans quels cas il n'y avait pas lieu à prise d'eau : *Quominus ex publico flumine aqua ducatur nihil impedit, nisi imperator aut senatus vetat, si modo ea aqua in usu publico non erit* (2).

Mais qu'en est-il par rapport aux rivières non navigables? Ici les particuliers ont droit à la prise d'eau, pourvu toutefois qu'elle ne soit pas défendue, comme dans les cas, par exemple, où la rivière fournit de l'eau à un aqueduc. Dans tous les autres cas, les riverains ont ce droit. Toutefois le préteur doit intervenir pour les règlements d'eau, car il y a beaucoup d'intérêts à ménager : *Ex flumine aquam ducere plures possunt, ita tamen ut vicinis non noceant, vel si angustus amnis sit, etiam ei qui in alia ripa sit* (3). La base des règlements d'eau nous est donnée par une constitution des empereurs Antoninus et Verus. Les eaux sont partagées suivant l'étendue des possessions, en respectant toutefois les droits de ceux qui seraient fondés en titre à avoir une prise d'eau plus considérable et en ne nuisant pas à autrui. *Imperatores An-*

---

(1) Dig., 39, 3, 10, § 2.—(2) Ibid., 43, 12, 1, 2.—(3) Ibid., 43, 20, 3, § 1.

toninus et Verus Augusti, rescripserunt aquam de flumine publico, pro modo possessionum ad irrigandos agros dividi oportere, nisi proprio quis jure plus sibi datum ostenderet. Item rescripserunt aquam ita ducere, permitti, si sine injuria alterius id fiat (1).

Il est bon de noter à l'égard des anciennes prises d'eau que leur origine immémoriale équivalait à un titre : *Ductus aquæ cujus origo memoriam excessit jure constituto loco habetur* (2).

Remarquons, en outre, que lorsqu'un lieu public ou un chemin se trouvait entre le fleuve et le propriétaire riverain, celui-ci n'avait pas le droit de construire un aqueduc; mais l'empereur en accordait ordinairement l'autorisation : *Publico loco interveniente, vel via publica haustus servitus imponi potest, aquæductus non potest; a principe autem peti solet ut per viam publicam aquam ducere sine incommodo publico liceat* (3).

Un interdit du préteur protégeait les droits de prises d'eau contre les atteintes des voisins en ces termes : *Uti hoc anno aquam quâ de agitur, non vi, non clam, non precario ab illo duxisti, quoninus ita ducas, vim fieri veto* (4). Ce n'était pas seulement le droit de prise d'eau pour l'irrigation qui était ainsi protégé, mais toute prise d'eau pour tout autre usage : *Illud quæritur, utrum ea tantum aqua his interdictis contineatur, quæ ad agrum irrigandum pertinet, an vero omnis, etiam ea quæ*

---

(1) Dig., 8, 3, 17.—(2) Ibid. 13. 20. 3. § 1.—(3) Ibid. 8. 1. 11, § 2. —Ibid. 39. 3. 18.—(4) Ibid. 13. 20. 1. princip.

ad usum quoque et commodum nostrum ? et hoc jure uti-
mur, ut hæc quoque contineatur (1).

II.—Un autre avantage pour les propriétaires riverains
d'un fleuve public consiste dans le droit de profiter du
lit abandonné. Le fleuve, ainsi que nous l'avons déjà
vu, est lui-même son *censitor*. *Ut ex privato in publicum
addicant, et ex publico in privatum.* Lorsqu'il change de
lit, le nouveau lit devient public : *Etiam privatus ante
fuit*, sans qu'il soit besoin d'un décret de l'autorité. De
même il opère lui-même le déclassement pour le lit qu'il
abandonne ou la rive dont il se retire. Par ce fait seul,
la partie desséchée rentre dans le domaine privé ; mais
ce qu'il importe de remarquer, c'est que cette chose
nouvelle, cette chose *nullius*, la loi romaine l'a attribué
au propriétaire riverain pour l'indemniser des inconvénients résultant du voisinage du cours d'eau. Il ne faut
pas s'y tromper : en Droit romain, ainsi que nous
l'avons établi, le lit du fleuve n'est pas grevé d'une servitude à l'égard du public, il appartient au Domaine
public. Si les propriétaires ont droit aux atterrissements,
c'est un bénéfice que la loi leur accorde bénévolement,
ce n'est pas une restitution à laquelle ils auraient eu
droit en leur qualité de propriétaires du fleuve par
moitié. La loi ne se fonde que sur le voisinage, *ratio vicinitatis*. Supposons, en effet, qu'un fleuve, abandonnant
en entier une de ses rives, ronge peu à peu l'autre, à
tel point que la partie laissée à sec dépasse le milieu du

____

(1) Dig., 43, 20, 1. §11.

— 105 —

fleuve primitif; à qui appartiendra l'alluvion? En totalité au propriétaire de la rive sur laquelle il s'est formé (1). De même, si je suis propriétaire d'une île qui se trouve en entier de mon côté et qu'il naisse une autre île entre mon île et le bord opposé, on devra tirer la ligne médiane entre ce bord et l'île qui m'appartient, et non pas entre les deux bords (2), preuve que l'on ne se base pas sur la propriété du sol.

Enfin si l'on suppose, dans le cas de changement du lit du fleuve, qu'un champ ait été envahi en entier, et que plus tard le fleuve retourne à son premier lit, que devra-t-on décider? Ici, point de doute possible, le propriétaire de cette partie du lit est connu ; ce sera donc à lui que la propriété devra revenir, s'il s'agit d'une réintégration dans la propriété du sol, et cependant, en droit strict, ce n'est pas à ce propriétaire, qui n'a pas de fonds sur la rive, qu'on devra le rendre, on l'attribuera aux propriétaires riverains. A la vérité, Pomponius est d'un sentiment contraire (3), mais Gaïus nous donne la raison des deux opinions : l'une se basait sur le droit rigoureux, l'autre sur l'équité. *Cujus tamen totum agrum novus alveus occupaverit, licet ad priorem alveum reversum fuerit flumen, non tamen is, cujus is ager fuerat, stricta ratione quicquam in eo alveo habere potest; quia, et ille ager, qui fuerat, de-*

---

(1) Dig. 41. 1. 38. — (2) Ibid. 111, 65. § 3. — (3) Ibid. 30. § 2.

*sit esse, amissâ propria forma; et quia vicinum præ-
dium nullum habet, non potest ratione vicinitatis ullam
partem in eo alveo habere; sed vix est ut id obtineat.*
Ainsi, c'est à raison du voisinage, et comme indemnité
des inconvénients de la proximité du fleuve, que la loi
donne aux propriétaires riverains droit aux alluvions,
îles et lit du fleuve (1); l'attribution qu'en fait la loi,
n'étant pas fondée sur la propriété du sol, a dû nécessairement varier avec les législations. Nous verrons que
notre Droit français n'a pas suivi sur ce point la théorie
romaine.

Le lit abandonné est attribué aux propriétaires riverains, qui se le partagent suivant la ligne de front
de leurs héritages sur la rive : *Pro modo silicet latitudinis cujusque agri* (2), après qu'une première opération a divisé le lit en deux parties dans le sens de la
longueur du fleuve. Le nouveau lit que le fleuve s'est
créé devient public de privé qu'il était, *quia impossibile est ut alveus fluminis publici non sit publicus* (3).
Si le fleuve, abandonnant le nouveau lit qu'il s'est
créé, revient au premier, le second devient à son tour la
propriété de ceux qui possèdent des héritages sur ses
bords (4) : quant à l'inondation, elle ne change pas la
nature du terrain inondé, qui appartient toujours au
même propriétaire (5).

Mais pour que les riverains aient droit au lit du fleuve,

____

(1) M. Ortolan, Inst. 2. 1. §§ 23 et 24.— Dig. 41. 1. 7. § 5.—(2) Inst.,
2. 1. § 23.—(3) Dig. 43. 12. 1. § 7.—(4) Inst. 2. 1. § 23.—(5) Ibid. 2.
1. § 21.

à l'île qui y naît et à l'alluvion, il faut une condition essentielle : que les champs du riverain ne soient pas limités. Sans cela, le terrain que le fleuve abandonne ou l'île qui naît dans son lit devient chose *nullius* et appartient au premier occupant. *In agris limitatis, jus alluvionis locum non habere constat, idque et divus Pius constituit* (1). *Illa enim insula occupantis est, si limitati agri fuerunt* (2). *Aut si limitatus sit ager, occupantis alveus fiet* (3).

Mais qu'entendait-on par *agri limitati?* On entendait par là, dans le principe, les champs qui avaient une étendue invariable spécialement déterminée par les actes de concession et de partage, lorsque les terrains conquis sur l'ennemi avaient été divisés à la mesure. Chaque lot comprenait un nombre déterminé de mesures (*modum*), qui devait rester invariable (4), afin que l'on pût savoir ce qui avait été donné, ce qui avait été vendu, ce qui restait au Trésor public (5). C'est du moins ce que nous dit Florentinus : *In agris limitatis, jus alluvionis locum non habere constat; idque et divus Pius constituit, et Trebatius ait, agrum qui, hostibus devictis, ea conditione concessus sit, ut in civitatem veniret, habere alluvionem, neque esse limitatum : agrum autem manucaptum, limitatum fuisse ut sciretur quid cuique datum esset, quid venisset, quid in publico relictum esset* (6).

Quant aux fonds de terre qui à leur origine n'avaient

---

(1) Dig. 41. 1. 16. — (2) Ibid. 43. 12. 1. § 6. — (3) Ibid. § 7. — (4) Ibid. 10. 1. 7. — (5) M. Ortolan, Inst. 2. 1. — (6) Dig. 41. 1. 16.

pas été attribués suivant le mode de répartition dont nous parlions plus haut ; ils n'étaient pas désignés sous le nom d'*agri limitati*, bien qu'ils eussent évidemment des limites et des bornes qui les distinguaient des champs voisins. Ceux-là qui n'étaient pas des *agri limitati* dans l'acception spéciale de ce mot jouissaient du droit d'acquérir le lit abandonné, ainsi que nous le disions plus haut. Ils profitaient aussi de l'alluvion, ainsi que des îles qui naissaient dans le fleuve, deux objets sur lesquels nous allons dire quelques mots.

III.—L'alluvion est défini par les Instituts, un accroissement insensible : *Est autem alluvio incrementum latens; per alluvionem autem id videtur adjici, quod ita paulatim adjicitur, ut intelligere non possis quantum quoque momento temporis adjiciatur* (1). Peu importe d'ailleurs la manière dont il s'opère, soit que le fleuve se retire insensiblement d'une rive vers l'autre, soit que les eaux déposent sur un des bords les terres qu'il charrie. Cette nouvelle partie de terrain sur laquelle personne ne peut justifier d'un droit de propriété est considérée comme l'accessoire des fonds auxquels elle s'ajoute insensiblement, et est attribuée aux propriétaires de ces fonds.

Mais il faut que l'alluvion ait lieu d'une manière insensible, de telle sorte que personne ne puisse revendiquer la propriété du nouveau terrain. Dans le cas contraire, si le fleuve, détachant une partie d'un champ, la

---

(1) Inst. 2. 1. § 20.

porte contre l'héritage du voisin, cette partie de champ continue d'appartenir à son premier propriétaire, pourvu toutefois qu'il la revendique dans un certain délai. Quel est ce délai? Il faut que la revendication ait eu lieu avant que les arbres n'aient poussé des racines dans le champ contre lequel ils ont été appliqués. Si le propriétaire laisse passer ce délai sans réclamation, il est censé en avoir abandonné la propriété ? *Quod si vis fluminis partem aliquam detraxerit ex tuo prædio, et vicini prædio attulerit, palam est eam tuam permanere, plane si longiore tempore fundi vicini tui hæserit, arboresque quos secum traxit in eum fundum radices egerint, ex eo tempore videntur vicini fundo acquisitæ esse* (1).

§ IV.—Passons maintenant aux iles qui peuvent se former au sein des fleuves, et commençons par écarter un genre d'iles qui, du reste, devait se présenter bien rarement; nous voulons parler des iles flottantes : ces iles participaient de la nature du fleuve qui les portait et étaient publiques comme lui. *Videamus*, nous dit Paul, *ne hoc falsum sit de ea insula quæ non ipso alveo fluminis cohæret, sed virgultis, aut alia qualibet levi materia ita sustinetur in flumine, ut solum ejus non tangat atque ipsa movetur; hoc enim propemodum publica, atque ipsius fluminis est insula* (2).

Ce premier genre d'ile excepté, Pomponius nous apprend qu'une ile peut se former de trois manières. *Tribus modis*, nous dit-il, *insula in flumine fit : uno, cum*

---

(1) Inst. 2. 1. § 21.—(2) Dig. 41. 1. 65. § 2.

agrum, qui alvei non fuit, amnis circumfluit; altero, cum locum qui alvei esset siccum relinquit, et circumfluere cœpit; tertio, cum paulatim colluendo locum eminentem supra alveum fecit, et eum alluendo auxit (1). Dans le premier cas, quand le fleuve, bifurquant ses eaux et les réunissant ensuite, entoure le champ d'un propriétaire, cette île ne change pas de maître (2). Dans les deux autres cas, lorsque le fleuve, laissant à sec une partie de son lit, coule tout autour, ou lorsque, par suite d'alluvions, une île s'élève du sein des eaux, ils sont attribués aux propriétaires riverains dont les champs ne sont pas limités (3).

Le mode de répartition entre les propriétaires riverains a lieu de la manière suivante : on tire une ligne par le milieu du fleuve; si l'île se trouve tout entière d'un côté, elle est attribuée en totalité aux propriétaires qui ont des héritages sur le bord dont elle le plus près, et cela proportionnellement à l'étendue de chacun de ces héritages le long de la rivière (4). Si la ligne tirée par le milieu du fleuve partage l'île, la partie de droite appartient aux riverains de droite, la partie de gauche aux riverains de gauche, et la division a lieu entre eux *pro modo latitudinis cujusque fundi, quæ latitudo prope ripam sit* (5). Nous avons vu plus haut que lorsqu'il y a déjà une île dans un fleuve et qu'il en naît une nouvelle, c'est de cette île qu'il faut tirer la ligne entre elle et la rive opposée, et non pas entre les deux rives (6).

---

(1) Dig. 41. 1. 30 § 2.—(2) Inst. 2. 1. § 22.—(3) Dig. 43. 12. 1. § 6.—
(4) Inst. 2, 1. § 22.—(5) Ibid. 2, 1. § 22.—(6) Ibid. 41. 1. 65. § 3.

Ce principe de l'attribution des îles aux propriétaires riverains n'aurait cependant pas été unanimement admis dans la législation romaine, si l'on s'en rapporte à un fragment de Labéon ainsi conçu : *Si id quod in publico innatum aut ædificatum est, publicum est, insula quæ in flumine publico nata est publica esse debet* (1). Ce texte, qui est le seul de son opinion et qui est contraire à tous les textes connus sur la matière, a fort préoccupé les commentateurs. Diverses explications ont été proposées. La première, à l'aide de laquelle les commentateurs se tirent le plus facilement d'embarras devant un texte contraire, est de dire que le texte a été altéré, et consiste tout simplement à mettre la négative en tête de la phrase : *non si id*, etc. D'autres ont entendu ce texte comme s'appliquant à l'usage de ces îles; c'est aussi l'opinion de Cujas, mais cela n'est vrai que pour l'usage des rives et non pour les îles elles-mêmes. D'autres ont proposé l'hypothèse suivante : une île naît dans un lieu public, par exemple, devant Rome. M. Ortolan pense que si l'on doit conserver ce paragraphe avec le sens positif qu'il annonce, il ne peut s'appliquer qu'au cas prévu par le paragraphe 2 de la même loi, c'est-à-dire aux îles flottantes (2).

Quoi qu'il en soit de ces diverses explications, ce qu'il y a de bien certain, c'est que dans le Droit romain, l'île qui naît dans le fleuve, ainsi que le lit abandonné, devient

---

(1) Dig. 41. 1. 65. § 4.—(2) M. Ortolan, Inst. 2. 1. § 22, note 3.

une chose privée, une chose *nullius*, dont la loi a disposé en faveur des riverains.

§ V. — En échange des avantages que nous venons d'énumérer, les propriétaires riverains sont soumis à une servitude légale en faveur du public : *Riparum quoque usus publicus est juris gentium, sicut ipsius fluminis; itaque naves ad eas appellere, funes arboribus ibi natis religare, onus aliquod ibi reponere cuilibet liberum est. Sicut per ipsum flumen navigare, sed proprietas earum illorum est, quorum prædiis hærent, qua de causa arbores quoque in iisdem natæ corumdem sunt* (1). Il en était de même des iles nées dans un fleuve. Les rives étaient soumises à une servitude en faveur du public (2).

Remarquons qu'il n'y a de public que l'usage du franc-bord, et que par suite celui qui bâtit sur la rive du fleuve n'acquiert pas la propriété des constructions : *Qui autem in ripa fluminis ædificat non suum facit* (3); le propriétaire de la rive ne peut y faire que les actes de propriété compatibles avec la navigation (4).

§ VI. — Les ouvrages exécutés sur les fleuves étaient faits par l'État où par des particuliers. Cette distinction est importante, car, dans le premier cas, les propriétaires lésés par les travaux n'avaient point de recours : *Cassius autem scribit, si qua opera, aquæ mittendæ causa, publica auctoritate facta sint, in aquæ pluviæ arcendæ actionem non venire* (5) ou d'une manière plus générale, *quod prin-*

---

(1) Inst. 2. 1. § 4.—(2) M. Ortolan, Inst. 2. 1. § 22, note 3.—Dig. 41. 1. 65. § 1.—(3) Ibid. 41. 1. 15.—(4) Ibid. 43. 12. 13.—(5) Ibid., 39, 2, § 3.

cipis aut senatus jussu, aut ab iis qui primi agros consti-
tuerunt, opus factum fuerit in hoc judicium non venit(1).
Nous verrons qu'il en était autrement dans le cas de
travaux exécutés par les propriétaires riverains.

Les grands travaux à exécuter sur les fleuves, cana-
lisation, curage du lit, construction de digues, etc.,
avaient lieu aux frais du Trésor public qui était indemnisé par la perception d'un impôt sur les marchandises
tant importées qu'exportées (*titulus navium*) (2). Ces
ouvrages étaient dans les attributions du préfet du prétoire et du préfet de la ville (3).

Les travaux étaient exécutés quelquefois par les soldats de terre et de mer; c'est ainsi qu'Octave employa ses
soldats à faire des travaux sur le Nil (4); de même, la
flotte de Séleucie fut employée à des travaux sur l'Oronte,
fleuve de Syrie (5). D'autres fois ils étaient faits par des
corporations affectées à des services publics qui, en
échange des indemnités qui leur étaient accordées,
étaient soumises à diverses charges : elles devaient veiller
à la garde des portes et des murs, et en outre aux autres
nécessités de la ville : *Ministeria necessitatibus urbis con-*
sulentia (6).

De tous les travaux exécutés sur les fleuves, les plus
importants, sans contredit, étaient ceux qui avaient lieu
en Égypte à l'occasion du Nil; c'est sur ceux-là qu'il

---

(1) Dig., 39, 3, 2, § 23.—(2) Cod. Théod., 11, 27, 2.—(3) Ibid.—
(4) Suet., *De Octavio*, cap. 18.—(5) Cod. Théod., 10, 23; Gothof., ibid.,
11, 27, 2.—(6) Cod. Théod., 14, 2; Novelle de Valent., Cod. Théod., 26.

nous est resté le plus de détails. Comme on le sait, le Nil, appelé *amnem in Ægypto fecunditatis parentem*, fertilisait le sol par le limon qu'y déposaient ses eaux dans des inondations périodiques. Mais pour que l'inondation couvrît la plus grande partie de terrain possible, le fleuve avait été entouré de digues qui forçaient les eaux à s'élever à une certaine hauteur d'où elles couvraient toute l'Égypte. Dès que les eaux avaient atteint la hauteur voulue, ce dont on s'assurait, soit au moyen des puits dont parle Pline, soit aux nilomètres qui existaient au temple de Serapis (1) et à Memphis (2), des courriers partaient dans toutes les directions annonçant partout que le Nil était parvenu à son plus haut développement; alors on ouvrait les digues et l'inondation avait lieu (3).

Il est facile de comprendre combien l'utilité publique était intéressée à ce que le Nil atteignît aux seize coudées, limite extrême; aussi les digues étaient-elles entourées de la plus grande vigilance : certains propriétaires riverains étaient chargés de leur inspection; ils étaient désignés sous le nom de *logographi chomatum* (4). Toutes les atteintes portées aux digues contre les lois et les coutumes étaient rigoureusement punies, et Ulpien nous apprend qu'elles étaient rangées parmi les *crimina extraordinaria* (5). *Flammis eo loco con-*

---

(1) Heliod., *Ethiopiæ Hist.* lib. 9. — (2) Diod. Sic., lib. 1, cap. 7.—
(3) Ibid., cap. 3.—(4) Cod. Théod.; 11, 21, 6.—(5) Dig. 47, 11, 10.

sumatur.... consciis, et consortibus deportationi constrin-gendis (1). Tels étaient les châtiments de ceux qui avaient commis les crimes dont nous parlons.

§ VII.—Si de ces ouvrages publics nous passons aux travaux faits par les particuliers sur les fleuves, nous devrons d'abord distinguer ceux qui se faisaient sur un fleuve public de ceux qui étaient faits sur un fleuve privé.

1.—A l'égard des premiers, l'autorisation de l'administration était indispensable pour tous les ouvrages, tels que barrages, digues, etc., car elle seule était compétente pour décider si ou non l'ouvrage projeté nuirait à l'usage du fleuve. Tout ce qui avait été fait sans autorisation devait être démoli; sans cela, le pouvoir du préteur, insuffisant à réprimer les entreprises nuisibles des particuliers, n'eût été qu'illusoire. *Ita qui adversus edictum prætoris ædificaverit, tollere ædificium debet; alioquin inane et lusorium prætoris imperium erit* (2).

Mais il y avait une grande différence entre les travaux faits par l'État dans un but d'utilité publique et ceux qui étaient faits par les particuliers avec l'autorisation de l'administration. Pour les premiers, les particuliers lésés n'avaient point de recours (3); pour les seconds, au contraire, tous les droits des tiers étaient réservés; ils avaient le droit de se faire donner caution. *De eo opere quod in flumine publico ripave ejus fiet, in annos decem*

---

(1) Cod. Théod., 9, 32, 1.—(2) Dig. 13 8, 7.—(3) ibid., 39, 3, 2, §3 ibid. 23.

satisdare jubebo, disait le préteur (1). Ce principe de la réserve des droits des tiers, qui domine toute la matière, était ainsi énoncé par Ulpien : *Nam quotiescumque aliquid in publico fieri permittitur, ita opportet permitti, ut sine injuria cujusquam fiat : et ita solet princeps, quotiens aliud novi operis instituendum petitur, permittere* (2). Nous en avons vu de nombreuses applications.

L'entretien des rives du fleuve n'était pas obligatoire pour les riverains, mais ceux-ci étaient fort intéressés à empêcher le fleuve de les détruire, ce qui eût diminué d'autant leur héritage. Aussi, le droit de les entretenir était formellement reconnu par les lois : *Quamvis fluminis naturalem cursum opere manufacto alio non liceat avertere, tamen ripam suam adversus rapidi amnis impetum munire prohibitum non est* (3). Ces ouvrages devaient avoir lieu de manière à ne pas nuire aux voisins et aux riverains, et celui qui usait de ce droit devait donner caution pendant dix ans à ses voisins de ne pas leur nuire : *Is autem, qui ripam vult munire, de damno futuro debet vel cavere, vel satisdare secundum qualitatem persónæ ; et hoc interdicto expressum est, ut damni infecti in annos decem boni viri arbitratu vel caveatur, vel satisdetur; dabitur autem satis vicinis et his qui trans flumen possidebunt* (4).

Les intéressés devaient exiger la caution avant l'achèvement des travaux, autrement ils n'auraient plus pu se servir de l'interdit pour l'obtenir, ils n'auraient eu que

---

(1) Dig., 39, 2, 15, § 2. — (2) Ibid., 43, 8, 2, § 10. — (3) Code, 7, 41, 1. — (4) Dig., 43, 15, 1, § 3 et 4.

la ressource de la loi Aquilia. *Etenim curandum fuit ut eis ante opus factum caveretur. Nam post opus factum, persequendi hoc interdicto nulla facultas superest, etiamsi quid damni postea datum fuerit : sed lege Aquilia experiendum est* (1).

L'interdit *de Ripa munienda*, qui protégeait le riverain constructeur et ses voisins, était ainsi conçu : *Prætor ait : Quominus illi in flumine publico ripave ejus opus facere, ripæ agrive, qui circa ripam est, tuendi causa, liceat : dum ne ob id navigatio deterior fiat, si tibi damni infecti in annos decem, viri boni arbitratu, vel cautum vel satisdatum est, aut per illum non stat, quominus viri boni arbitratu caveatur, vel satisdetur : vim fieri veto* (2).

2.—Que si, laissant de côté les fleuves publics, nous prenons un cours d'eau privé, un torrent, par exemple, les principes changent totalement. Le propriétaire riverain a le droit de construire une digue, et pourvu qu'il n'agisse pas par fraude, bien qu'il nuise à ses voisins, ils n'ont point de recours contre lui. *Si vicinus flumen, torrentem averterit, ne aqua ad eum perveniat, et hoc modo sit effectum ut vicino noceatur, agi cum eo aquæ pluviæ arcendæ non posse : aquam enim arcere, hoc esse, curare ne influat. Quæ sententia verior est, si modo non hoc animo fecit ut tibi noceat, sed ne sibi noceat* (3). La raison de cette différence est bien simple, c'est qu'aux bords du torrent le propriétaire construit sur un terrain qui lui appartient ; il ne fait qu'user de son droit. Or,

---

(1) Dig., 43, 15, 1, § 5.—(2) Ibid., princip.—(3) Ibid., 39, 3, 2, § 9.

nemo damnum facit, nisi qui id fecit, quod facere jus non habet (1).

Dans l'autre cas, au contraire, ce n'est pas sur son propre fonds qu'il bâtit, c'est sur un fonds qui appartient au public; il est alors responsable du dommage qu'il peut causer. Ce n'est plus, en effet, en vertu de son droit qu'il agit, mais en vertu d'une faveur de l'autorité qui ne lui est accordée qu'à la condition de ne pas nuire à autrui.

§ VIII.—Cette matière a donné lieu à plusieurs interdits.

Le premier était porté dans l'intérêt de la navigation : *Ait prætor : Ne quid in flumine publico ripave ejus facias, ne quid in flumine publico neve in ripa ejus immittas, quo statio iterve navigio deterior sit, fiat.* (2). Que devait-on entendre par *statio,* par *navigium?* Quand la navigation était-elle *deterior facta?* Là-dessus une foule de distinctions des plus subtiles, au moyen desquelles les jurisconsultes romains faisaient avec raison entrer tous les cas qui pouvaient lui porter atteinte (3). Cet interdit était prohibitoire.

L'interdit restitutoire était ainsi conçu : *Quod in flumine publico ripave ejus fiat, sive quid in id flumen ripamve ejus immissum habes, quo statio iterve navigio deterior sit, fiat : restituas* (4). Faisons ici la même remarque qu'au sujet des chemins. *Hæc verba factum habes,*

---

(1) Dig., 50, 17, 151. — (2) Ibid. 13, 12, 1. — Ibid., 1, § 13-18, — (4) Ibid. 1, § 19.

vel immissum habes, ostendunt non eum teneri qui fecit vel immisit : sed qui factum, immissum habet (1).

Le deuxième interdit ne se rapportait plus à la navigation, mais aux changements apportés dans le cours de l'eau. *Ait prætor : In flumine publico, inve ripa ejus facere, aut in id flumen, ripamve ejus immittere, quo aliter aqua fluat quam priore œstate fluxit, veto* (2).

Dans quel cas s'appliquait l'interdit, quelle entreprise prévoyait-il? quo devait-on entendre par *priore œstate?* nouvelles subtilités des jurisconsultes (3). (L'*œstas* était l'équinoxe d'automne) (4). Certains proposaient de faire une exception pour le cas où le changement du cours d'eau aurait eu lieu *causa ripæ muniendæ.* Mais en principe, l'exception n'était pas admise. *Sed ne hoc quibusdam placet, neque enim ripæ cum incommodo accolentium muniendæ sunt.* Toutefois, le préteur avait un pouvoir d'appréciation. *Hoc tamen jure utimur, ut prætor ex causa æstimet an hanc exceptionem dari debeat. Plerumque enim utilitas suadet exceptionem istam dari* (5).

L'interdit restitutoire était ainsi conçu : *Deinde ait prætor : Quod in flumine publico ripave ejus factum, sive quod in flumen ripamve ejus immissum habes, si ob id aliter aqua fluit, atque uti priore œstate fluxit, restituas* (6).

Nous avons déjà rapporté l'interdit qui avait trait aux travaux de défense, exécutés sur la rive (7).

---

(1) Dig., 43, 12, 1, § 22. — (2) Ibid., 43, 13, 1. — (3) Ibid., 1, § 1-8. — § 8. — (5) Ibid., 1, § 6-7. — (6) Ibid., 1, § 11. — (7) *Supro,* page 117.

Outre ces interdits qui prévoyaient le cas où des obstacles matériels étaient opposés à la navigation, il en était un autre conçu en ces termes : *Prætor ait : Quominus illi in flumine publico navem, ratem agere, quove minus per ripam onerare, exonerare liceat : vim fieri veto. Item, ut per lacum, fossam, stagnum publicum navigare liceat, interdicam.* Il s'appliquait dans le cas de contrainte exercée sur celui qui voulait naviguer. *Hoc interdicto, prospicitur ne quis in flumine publico navigare prohibeatur : Siculi enim ei, qui via publica uti prohibeatur, interdictum supra propositum est : ita hoc quoque proponendum prætor putavit* (1). On donnait l'interdit utile, par exemple, au fermier d'une pêcherie publique à qui l'on portait obstacle (2) ; de même à celui qui était empêché d'amener son troupeau sur les bords du fleuve (3).

Remarquons, au surplus, que tous ces interdits ne s'appliquaient qu'aux fleuves publics, navigables ou non (4) ; ils ne s'appliquaient pas aux cours d'eau privés qui étaient régis par les règles ordinaires de la propriété privée, dont nous n'avons pas à nous occuper ici : *Si autem flumen privatum sit, cessabit interdictum, nihil enim differt a cæteris locis privatis* (5).

---

(1) Dig., 43, 14, 1. — (2) Ibid., 1, § 7. — (3) Ibid., 1, § 8. — (4) Ibid., 43, 12, 1, § 12. — (5) Ibid., 1, § 1.

SECTION XI.—DES CANAUX.

Quant aux canaux creusés de main d'homme (*fossa manufacta*), s'ils ont été faits pour un cours d'eau public, ils font partie du Domaine public, et dès lors tout ce que nous venons de dire devra y être appliqué. *Si fossa manufacta sit, per quam fluit flumen publicum, nihilominus publica fit, et ideo si quid ibi fiat, in flumine publico factum videtur* (1). Ils ne pouvaient être faits qu'après expropriation. Quant aux canaux privés, ils étaient dans la classe des choses privées.

---

(1) Dig., 43, 12, 1, § 8.

APPENDICE

DE L'EXPROPRIATION POUR CAUSE D'UTILITÉ PUBLIQUE EN DROIT ROMAIN (1).

Dans toute association politique bien organisée, on a dû nécessairement admettre le principe de l'expropriation pour cause d'utilité publique.

Tout en reconnaissant combien la sécurité de la propriété privée est nécessaire à la tranquillité de l'État, tout en l'environnant de garanties, on a dû reconnaître qu'il existe quelque chose de supérieur à l'intérêt privé, l'intérêt général.

En même temps qu'ils établissaient la propriété sur des bases immuables, et qu'ils inscrivaient en tête de

---

(1) Nous rappelons que cette question aurait dû naturellement être traitée à la page 18, mais l'étendue que nous avons voulu lui donner nous a engagé à en faire l'objet d'une dissertation spéciale.

leurs constitutions ce grand principe : « Que nul ne peut
être dépouillé de sa propriété malgré lui, » les législateurs ont dû y ajouter ce correctif : « A moins que l'intérêt général ne l'exige. » Il a dû en être ainsi dans tous les
temps et dans tous les pays, même dans ceux où la propriété privée a été entourée de garanties exceptionnelles,
comme l'était en droit romain le *dominium ex jure Quiritium*.

Lorsque l'utilité publique, légalement constatée, ré-
clame l'héritage d'un individu, il ne faut pas que celui-ci
puisse le refuser; il doit être forcé de le céder. Seulement,
il doit obtenir une indemnité pour le préjudice qu'on
lui cause. Dans beaucoup de cas, il est vrai, à part l'intérêt matériel du propriétaire, se trouvera aussi un intérêt
d'affection qu'on ne pourra remplacer. Cette maison qu'on
va démolir, il lui en coûterait trop de la sacrifier : c'est là
que sont morts ses ancêtres, là que sont ses dieux. Cet
autre propriétaire, que ses immenses richesses rendent
indifférent aux offres même les plus élevées, ne voudra
se défaire de son héritage à aucun prix ; mais d'un autre
côté, cette route, qui a déjà plusieurs milles de long, va
se trouver arrêtée ; cet aqueduc, qui doit non-seulement
fournir de l'eau à toute la ville, mais encore fertiliser par des
irrigations toute la contrée, faudra-t-il y renoncer parce
que le propriétaire de ces collines, où doit passer forcément l'aqueduc pour que les eaux soient maintenues à la
hauteur nécessaire, ne voudra pas les céder ? Laissera-t-on
la ville privée de voies de communication, ou avec des
eaux insuffisantes, par respect pour la propriété privée ?

De même, quand pour la défense d'une place, des remparts devront être construits, laissera-t-on ces remparts ouverts sur une certaine étendue, parce qu'il s'y trouvera un champ que le propriétaire ne voudra céder à aucun prix? La chose n'est pas possible, et dans tous ces cas où soit par un intérêt d'affection, soit dans un but de spéculation, soit pour toute autre cause, le propriétaire ne voudrait pas vendre, la loi l'y contraindra.

Il devait en être ainsi, surtout chez les Romains, où les travaux d'utilité publique ont eu une si grande extension.

Toutefois, il importe de remarquer que, dans l'origine, l'expropriation pour cause d'utilité publique n'eut pas à Rome l'importance qu'on serait tenté de lui attribuer au premier abord. Il ne faut pas, en effet, oublier la différence juridique si importante qui existait entre le sol de l'Italie, celui des provinces et celui des pays conquis.

Comme on le sait, à son berceau, Rome, qui devait finir par ranger sous sa domination tout le monde connu, n'avait qu'un territoire de quelques lieues, qui s'agrandit par des victoires successives. Quand ses armées victorieuses venaient de soumettre un peuple et de reculer les limites de ses possessions, si l'on jugeait nécessaire d'y créer des *Viæ militares*, des *Turres*, des *Castella*, ou autres ouvrages militaires, il ne pouvait être question d'expropriation, ni d'indemnité, les vainqueurs n'avaient d'autres lois à suivre que leur bon plaisir, et une grande partie des travaux fut opérée dans les pays conquis au moment même de la conquête. Quant aux provinces, à part celles qui avaient obtenu le *jus italicum*, elles furent pendant très-longtemps considérées comme la propriété du peuple ou de César. Dès lors, il ne pouvait y être question d'expropriation, puisqu'il n'y avait plus de propriétaires, et quant aux indemnités, il ne pouvait en être dû qu'aux possesseurs du sol, à raison de la perte de cette possession.

L'expropriation ne pouvait donc s'appliquer que dans les pays où existait la propriété romaine, le *Dominium ex jure Quiritium*, c'est-à-dire dans l'Italie et dans les provinces qui avaient obtenu le *jus italicum*. Et cela dut être ainsi jusqu'à l'époque où il n'y eut plus de distinction entre les diverses provinces de l'empire, et où l'expropriation dut s'appliquer partout.

Telle n'est pas cependant l'opinion de la généralité des auteurs. Les uns nient formellement que l'expropriation ait existé en droit romain ; les autres s'abstiennent de se prononcer à cet égard ; aucun, à notre connaissance du moins, ne l'a proclamée.

Pour nous, nous sommes certains, et nous espérons le démontrer de la manière la plus claire, que l'expropriation pour cause d'utilité publique existait réellement en droit romain (1).

----

(1) Partant des idées générales énoncées plus haut, j'étais intimement convaincu que l'expropriation pour cause d'utilité publique avait dû exister en droit romain. Je n'étais nullement satisfait des raisons que donnaient les auteurs pour établir l'opinion contraire.—Je m'aperçus d'abord que le

Les auteurs qui, s'occupant de la question sont d'une opinion contraire à la nôtre, s'appuient sur les deux motifs suivants : le premier que si l'expropriation eût existé en droit romain, on trouverait des textes pour

---

seul texte que l'on opposait comme une autorité formelle et irréfutable me fournissait précisément un argument assez solide contre cette même opinion. Je continuai alors mes recherches. La première loi qui me donna l'éveil fut la loi 33 au Digeste *locati conducti*. La *publicatio*, dont il y est question, me parut devoir se traduire tout naturellement par expropriation pour cause d'utilité publique, puisque c'était comme un cas fortuit qu'y était présentée la *publicatio*, alors surtout que le § 21 de la loi 2, *Ne quid in publico loco*, qui m'annonçait un corps constitué ayant pour but de *publicare*, traitait des travaux d'utilité publique.

Evidemment dans l'espèce de cette loi il n'était pas possible de traduire *publicare* par *confisquer*, puisqu'il s'agissait de voie publique et que les Romains ne confondaient pas le Domaine public et le Domaine de l'État.

Je rapprochai dans mon esprit ceux qui avaient ce *jus publicandi* des *censitores*, dont le rôle ne nous est pas bien connu et sur le compte desquels Pomponius, en nous parlant des fleuves qui, en changeant de cours, changent la nature juridique du lit, nous dit dans la loi 30, § 3, *De acquirendo rerum dominio : Flumina enim censitorum vice funguntur, ut ex privato in publicum addicant, et ex publico in privatum.*

Un savant professeur de la Faculté de droit de Paris, M. Batbie, à qui j'avais fait part de mes idées à cet égard, et que je ne saurais trop remercier pour la bienveillance dont il m'a honoré, me disait que l'expropriation avait dû sans doute exister en Droit romain et qu'on pouvait l'affirmer en théorie : « Mais, ajoutait-il, comme vous luttez contre l'opinion généralement reçue, vos textes ne sont pas suffisants pour établir votre théorie. Ils ne nous apprennent du reste, même en les interprétant comme vous faites, rien ou peu de chose sur la manière dont l'expropriation était faite. »

N'espérant pas arriver à une solution satisfaisante, j'avais abandonné ce sujet intéressant, lorsque, faisant pour une autre question de ce travail des recherches dans le Code Théodosien, la première me revint à l'esprit, et j'entrepris d'étudier dans ce Code tous les textes dans lesquels je pensais qu'il pourrait se trouver quelque chose à cet égard. Après de longues recherches, je m'arrêtai à la démonstration que j'ai développée au texte, et j'eus la satisfaction de faire partager ma conviction au professeur dont les objections m'avaient forcé à creuser ce sujet.

l'établir dans le Digeste et dans le Code de Justinien. Le second est un passage de Suétone sur la vie d'Auguste, d'après lequel cet empereur ayant voulu agrandir le forum, aurait dû y renoncer devant la résistance d'un propriétaire dont il aurait fallu abattre la maison ; ces objections, spécieuses au premier abord, ne résistent pas à un examen un peu approfondi.

D'abord, pour ce qui consiste à dire que si l'expropriation eût existé, on devrait trouver au Digeste des textes pour l'établir, il faut remarquer que cette institution fait partie du Droit administratif et non du Droit civil. Il est bien vrai que l'on trouve au Digeste quelques fragments de Droit administratif, mais il ne faut pas oublier que cet ouvrage est essentiellement un recueil de lois civiles et que les jurisconsultes qui s'y ont occupés de matières administratives l'ont fait en traitant une question de Droit civil, à laquelle elles se rattachaient, mais ne se proposaient nullement de faire un traité de Droit administratif. Il ne serait donc pas étonnant que l'on ne trouvât rien dans le Digeste à ce sujet, quand même l'expropriation pour cause d'utilité publique eût existé en Droit romain. Nous verrons d'ailleurs plus tard, si l'objection est fondée et si, dans la loi 33, *Locati conducti*, le § 21 de la loi 2, *Ne quid in publico*, et le § 3 de la loi 30, *De acquirendo rerum dominio*, ne se trouvent pas des vestiges certains de l'expropriation.

Mais les Romains nous ont laissé d'autres ouvrages que le Digeste, et parmi ceux-là, il en est un, le Code

Théodosien, qui est surtout un traité de Droit public et administratif. C'était là que devaient se trouver les preuves de l'expropriation pour cause d'utilité publique, et c'est là que nous avons été assez heureux pour les découvrir.

Quant au passage de Suétone, les auteurs qui nous l'opposent ne nous semblent pas l'avoir bien compris, car, sainement entendu, ce passage fournit un argument tout contraire.

C'est le § 56 de la Vie d'Octave que nous reproduisons en note dans son entier, enfin qu'on soit à même de juger de l'exactitude des conséquences que nous allons en tirer (1).

Dans ce paragraphe, Suétone veut prouver combien

---

(1) Quoties magistratuum comitiis interesset, tribus cum candidatis suis circumibat, supplicabatque, more solemni. Ferebat et ipse suffragium in tribubus, ut unus e populo. Testem se in judiciis et interrogari, et refelli, æquissimo animo patiebatur. Forum angustius fecit, non ausus extorquere possessoribus proximas domos. Numquam filios suos populo commendavit, ut non adjiceret, « si merebuntur. » Eisdem, prætextatis adhuc, assurrectum ab universis in theatro et a stantibus plausum, gravissime questus est. Amicos ita magnos et potentes in civitate esse voluit, ut tamen pari jure essent quo cæteri, legibusque judiciariis æque tenerentur. Cum Asprenas Nonius, arctius ei junctus, causam veneficii, accusante Cassio Severo, diceret, consuluit senatum quid officii sui putaret : « cunctari enim se, ne, si superesset, eriperet legibus reum : sin deesset, destituere ac prædamnare amicum existimaretur. » Et, consentientibus universis, sedit in subselliis per aliquot horas ; verum tacitus, ac ne laudatione quidem judiciali data. Affuit et clientibus : sicut Scutario cuidam, evocato quondam suo, qui postulabatur injuriarum. Unum omnino e reorum numero, ac ne eum quidem, nisi precibus, eripuit, exorato coram judicibus accusatore, Castricium, per quem de conjuratione Murenæ cognoverat.

Auguste était un habile politique et cela résulte de ses propres expressions, quand il dit en tête du paragraphe qui suit : *Pro quibus meritis quantopere dilectus sit facile est æstimare, omitto senatusconsulta quæ possunt videri, vel necessitate expressa, vel verecundia; equites Romani natalem ejus sponte atque consensu biduo semper celebrarunt.* Mais si Suétone trouve qu'il a fait un acte de bonne politique en n'agrandissant pas le forum, c'est qu'évidemment Auguste avait le pouvoir de l'agrandir. S'il n'eût agi ainsi que parce qu'il ne pouvait agir autrement; s'il ne laissa subsister la maison, que parce que les lois ne lui donnaient pas le pouvoir de vaincre la résistance du propriétaire, il n'y eût certes pas eu de motif pour les chevaliers de célébrer pendant quarante-huit heures l'anniversaire de sa naissance, et ce n'est pas en cela que Suétone nous eût fait admirer sa profondeur. Ce texte donc, loin de détruire nos théories, vient au contraire les confirmer.

Les objections de nos adversaires ainsi écartées, citons nos autorités. A part Suétone, notre opinion, à l'appui de laquelle on trouve quelques arguments dans le Digeste et dans divers écrivains de l'antiquité, est établie de la manière la plus formelle par les constitutions du Code Théodosien et par l'autorité de Frontinus.

Le premier argument que nous puisons dans le Digeste est tiré du mot *publicatio*, qui se trouve dans la loi 33, *Locati conducti* (1), et que nous tra-

---

(1) Si fundus quem mihi locaveris, publicatus sit, teneri te actione ex

duisons par expropriation. Dans cette loi, le jurisconsulte africain, examinant la question des risques, considère la *publicatio* comme un cas fortuit : « Si le fonds « que vous m'avez loué, nous dit ce jurisconsulte, « est *publicatus*, vous n'en êtes pas moins tenu par « l'action *ex conducto*, quoiqu'il ne dépende pas de « vous de m'en procurer la jouissance (*quamvis per te* « *non stet*). » Comme exemple il cite d'abord un cas de louage d'industrie où le sol de la maison que vous m'avez chargé de bâtir s'effondre, *etiamsi corruisset*, et où vous n'en êtes pas moins tenu. Ensuite il prend le cas d'une vente. Le fonds que vous m'avez vendu est *publicatus* avant que vous m'en ayez opéré la tradition. Vous êtes tenu *ex empto;* mais votre obligation ne va que jusqu'à me rendre le prix et vous n'êtes pas tenu de m'indemniser de l'intérêt que je pouvais avoir à la tradition de ce fonds. Africanus applique alors ce principe à l'espèce qu'il a posée en commençant. Il doit en être

---

conducto, ut mihi frui liceat, quamvis per te non stet, quominus id præstes. Quemadmodum, inquit, si insulam ædificandam locasses, et solum corruisset, nihilominus teneberis : nam et si vendideris mihi fundum, ipse prius, quam vacuus traderetur, publicatus fuerit, tenearis ex empto : quod hactenus verum erit, ut pretium restituas, non ut etiam id præstes, si quid pluris mea intersit, cum vacuum mihi tradi. Similiter igitur et circa conductionem servandam puto, ut mercedem quam præstiterim restituas, ejus scilicet temporis, quo fruitus non fuerim : nec u'tra actione ex conducto præstare cogeris. Nam et si colonus tuus fundo frui a te aut ab eo prohibetur quem tu prohibere ne id faciat possis, tantum ei præstabis quanti ejus interfuerit frui : in quo etiam lucrum ejus continebitur : sin vero ob eo interpellabitur, quem tu prohibere propter vim majorem, aut potentiam ejus non poteris, nihil amplius et quam mercedem remittere aut reddere debebis.

de même du louage, dit-il, vous devez me rendre la fraction du prix correspondant au temps que j'avais encore à jouir, mais vous n'êtes pas tenu d'autre chose.

Pour faire mieux sentir la différence, il prend le cas contraire où l'empêchement vient du propriétaire. Si c'est par votre fait que votre locataire est privé de la jouissance, ou par le fait de quelqu'un que vous pouvez empêcher d'agir ainsi, vous devez l'indemniser de tout l'intérêt qu'il avait à jouir, et dans cet intérêt on doit faire entrer le gain qu'il pouvait faire. Si, au contraire, la privation de jouissance résulte du fait d'une personne que vous ne pouvez empêcher, soit par force majeure, soit à cause de sa puissance, vous devez rendre au locataire le prix de la location ou lui en donner quittance.

Nous disons que la *publicatio* dans ce texte est considérée comme cas fortuit ou de force majeure et doit par conséquent être traduite par le mot expropriation. C'est en effet son sens propre. *Publicare* signifie rendre public, déclarer public, donner au public. Ce n'est que par extension qu'il signifie confisquer. Cependant certains auteurs, dans l'espèce qui nous occupe, lui donnent cette dernière signification ; mais si c'était là le vrai sens qu'on doit donner à cette expression, on ne pourrait le prendre pour exemple de cas fortuit ou de force majeure. Vous êtes en faute puisque vous avez commis le crime qui entraîne la confiscation, et dès lors vous ne devez pas seulement rendre ce que vous avez reçu, mais vous devez indemniser *quanti ejus interfuerit frui.*

D'autres, prévoyant cette objection, et pour essayer

d'y répondre, donnent au mot *confisquer* le sens d'attribution au fisc, mais pris en bonne part, sans qu'il y ait
faute du vendeur. Cette explication n'en est pas une.
Car, en la pressant un peu, on arrive forcément à la
vente forcée, à l'expropriation.

En effet, de deux choses l'une : ou l'on suppose que
le propriétaire ne peut être contraint par l'État à céder
sa propriété, et alors cette attribution au fisc a eu lieu
bénévolement de sa part, de son libre consentement. Il
a vendu à l'Etat comme il eût vendu à un citoyen; mais
alors on ne pourra plus dire : *Quamvis per te non stet.*
C'est par son fait qu'il prive son locataire de sa jouissance. Il doit donc l'indemniser : *Quanti interfuerit frui.*
On ne peut donc pas admettre l'explication dans le sens
d'une attribution au fisc volontaire.

Ou bien on suppose que l'Etat pouvait contraindre le
propriétaire à vendre; que le propriétaire a résisté et qu'il
y a eu par suite attribution au fisc contre le gré du propriétaire, et sans idée défavorable à celui-ci. Comment
traduire cela si ce n'est par ce seul mot *expropriation?*

Ce qui prouve bien d'ailleurs qu'il s'agit ici véritable-
ment d'expropriation pour cause d'utilité publique,
c'est le paragraphe 21 de la loi 2, *Ne quid in publico loco,*
où nous trouvons le mot *publicare,* employé dans son
véritable sens. Ulpien, en parlant des routes et en examinant la différence qui existe entre les voies privées et
les voies publiques, s'exprime ainsi : *Viam publicam eam
dicimus, cujus etiam solum publicum est; non enim sicuti
in privata via, ita et in publica accipimus; viæ privatæ*

solum alienum est, jus tantum eundi et agendi nobis com-
petit. Viæ autem publicæ solum publicum est, relictum
ad directum certis finibus latitudinis ab eo QUI JUS PU-
BLICANDI HABUIT, *ut ea publice iretur, commearetur.*

Que signifient ces mots *ab eo qui jus publicandi ha-*
buit? Evidemment, dans ce texte où il est question de
Domaine public et de routes en particulier, impossible
de traduire par confiscation. Et qu'on ne vienne pas
dire non plus que celui qui avait le *jus publicandi* ne
le faisait que lorsque déjà l'Etat avait acquis à l'amiable
les biens qu'il voulait faire entrer dans le Domaine public. La loi 33, en effet, s'oppose à l'idée de vente
amiable. Il faut supposer une dépossession forcée, inévitable, peu importe d'ailleurs que l'indemnité ait été fixée
à l'amiable ou qu'on l'ait imposée au propriétaire. Tel
est le véritable sens de la *publicatio* dans les matières qui
nous occupent.

Arrivons au Code Théodosien.

L'opinion admise jusqu'à présent, dans la matière qui
nous occupe, consiste à dire que les acquisitions de fonds
destinés au Domaine public n'avaient lieu qu'à l'amiable,
que l'on ne pouvait forcer un particulier à vendre sa
chose, qu'il ne vendait qu'autant qu'il y trouvait un gain
suffisant. Voyons si cette théorie peut subsister en présence des textes du Code Théodosien.

Dans la constitution qui forme la loi 10, *De operibus*
publicis (1), l'empereur Théodose II, s'adressant à Isi-

---

(1) Opus cœptum extruatur, et porticus Thermas Honorianas præcurrat

doro, préfet de la ville, s'occupe des Thermes Honoriens et d'un portique dont il veut les entourer. Il faut une expropriation des propriétaires riverains,

Il commence par constituer l'utilité publique qui doit l'emporter sur l'intérêt privé, *cujus decus tantum est, ut privata juste negligeretur paulisper utilitas,* et continuant il ajoute : *Sed ne census sui quisquam intercepta lucra deploret, sed e contrario cum pulchritudine civitatis etiam fortunas suas auctas esse lœtetur.* Peut-on dire devant un texte aussi formel qu'il ne s'agit pas d'expropriation forcée ? Ce propriétaire, qui était libre de vendre quand rien ne l'obligeait à se dessaisir de son fonds, et qui n'a vendu que parce que le prix que lui offrait l'État lui a paru une excellente spéculation, viendra-t-il déplorer *intercepta lucra census sui !* Que signifieraient donc en pareil cas toutes ces phrases de la constitution dont nous nous occupons ?

Les propriétaires expropriés avaient demandé à l'empereur de leur céder en échange une vieille basilique, ou l'empereur la leur avait fait offrir à titre d'indemnité. Ceux-ci l'avaient acceptée avec empressement, car elle

---

acte columnarum : cujus decus tantum est, ut privata juste negligeretur paulisper utilitas : sed ne census sui, quisquam intercepta lucra deploret, sed e contrario cum pulchritudine civitatis etiam fortunas suas auctas esse lætetur, pro loco quod quisque possederat, superædificandi licentiam habeat : nam in locum privati ædificii, quod in usum publicum translatum est, occupationem basilicæ jubemus vetustæ succedere : ut contractus quidam et permutatio facta videatur, cum dominus, qui suum dederat civitati, pro ea habiturus sit ex publico, remota omni formidine, quod incoucusso robore et ipse habere, et quibus velit tradere, habebit liberam facultatem.

devait être d'une valeur supérieure à leurs propriétés, d'après ce qui résulte de la constitution ; et alors l'empereur avait rendu un décret à cet égard. Nous disons qu'ils avaient accepté volontairement ; car, ainsi que nous le démontrerons plus tard, on ne pouvait forcer un propriétaire à recevoir autre chose que de l'argent en échange de sa propriété, et c'est ce qui explique pourquoi l'empereur y parle de *contractus quidam* et de *permutatio*.

Peut-on croire que ces propriétaires aient pu refuser de vendre leurs propriétés, quand l'empereur ordonnait le construire un portique autour des Thermes Honoriens ? Peut-on se figurer ces rangées de colonnes (*actes columnarum*) interrompues à certains endroits par suite de la résistance d'un propriétaire ?

La loi 51 (1) est une autre constitution de Théodose le Jeune. Elle est adressée à Anthemius, préfet du prétoire. Dans cette constitution, il donne à ceux sur les fonds desquels est construit le mur l'usage des tours, à la charge par eux de les entretenir.

Dans la loi 53 (2), les empereurs Théodose et Valen-

---

(1) Turres novi muri, qui ad munitionem splendidissimæ urbis extructus est, completo opere, præcepimus eorum usui deputari, per quorum terras idem murus studio ac provisione tuæ magnitudinis ex nostræ serenitatis arbitrio celebratur. Eadem lege in perpetuum et conditione servanda ut annis singulis hi, vel ad quorum jura terrulæ demigraverint, proprio sumptu earum instaurationem sibimet intelligant procurandam, earumque usu publico beneficio potientes, curam reparationis ac sollicitudinem ad se non ambigant pertinere : ita enim et splendor operis et civitatis munitio cum privatorum usu et utilitate servabitur.

(2) Exsedras, quæ septemtrionali videntur adhærere porticui, in quibus

tinien, s'adressant à Constantin, préfet de la ville, décident que les *exsedræ* seront attribuées aux professeurs de Constantinople.

Et l'empereur ajoute que ceux qui prouveront que les cellules que la loi leur enlève leur appartiennent à juste titre, *vel imperatoria largitate, vel quacumque alia donatione aut emptione legitima*, en recevront la valeur, *competens pretium de publico jubebit accipere*.

Enfin, dans la loi 1 *De aquæductu* (1), l'empereur Constantin, s'adressant à Maximilien, consul des eaux, décide que les propriétaires des fonds sur lesquels passent les aqueducs devront les nettoyer; et pour les indemniser de cette servitude et de celle qui consiste à

---

tantum amplitudinis et decoris esse monstratur, ut publicis commodis possint, capacitatis ac pulchritudinis suæ admiratione sufficere, supradictorum concessibus deputabit. Eas vero, quæ tam orientali quam occidentali lateri copulantur, quas nulla a platea aditus, atque egressus patebit, ipsisque humiliores aliquanto atque angustiores putantur, vicinarum spatia cellularum ex utriusque lateris portione opportet adjungi : ne quid aut ministris eorumdem locorum desit, aut populis. Sane, si qui memoratus cellulas probabuntur, vel imperatoria largitate, vel quacumque alia donatione, aut emptione legitima, possidere, eos magnificentia tua competens pro hisdem de publico pretium jubebit accipere.

(1) Aquarum possessores, per quorum fines formarum meatus transeunt, ab extraordinariis oneribus volumus esse immunes : ut eorum opera aquarum ductus sordibus obpleti, mundentur : nec ad aliud superndictæ rei onus hisdem possessoribus adtinendis, ne circa res alias occupati repurgium formarum facere non occurrant. Quod si neglexerint, amissione possessionum mulctabuntur : nam fiscus ejus prædium obtinebit, cujus negligentia perniciem formæ congesserit. Præterea scire eos opportet, per quorum prædia ductus commeat, ut dextra lævaque de ipsis formis quindecim pedibus intermissis arbores habeant : observante tuo officio, ut si quo tempore pullulaverint, excidantur, nec earum radices fabricam formæ corrumpant.

ne pas planter d'arbres dans un espace de quinze pieds à droite et à gauche, il les décharge de tout impôt extraordinaire, et, s'ils négligent de remplir ces obligations, ils en seront punis par la perte de leurs biens. Dira-t-on qu'il s'agit d'une espèce de contrat entre le propriétaire et l'État, lorsque, devant le refus du propriétaire, ses biens sont attribués au fisc ; et quoiqu'il s'agisse ici d'une simple servitude relative aux aqueducs, ne voit-on pas là encore une nouvelle application du principe de la dépossession forcée (1) ?

(1) Le Code Théodosien, comme chacun sait, a été commenté par le savant Gothofredus, qui a fait des travaux si remarquables sur tous les récueils de lois que nous ont laissés les Romains. Veut-on savoir quelles sont les appréciations de ce savant jurisconsulte ? Sur la loi 50, il s'exprime ainsi :

« Privatorum silicet loca, ædificia, publici operis causa, sæpe olim jure occupabantur. Sed tamen compensato aliquo, triplici ratione : neque enim extorqueri possessoribus proxima operibus publicis mos fuit. Vel enim immunitas quædam invicem iis tribuebatur, vel pretium competens pro his de publico præstabatur. Vel denique permutatio quædam cum privatis instituebatur. Et hac quidem lege ad absolvendam porticum Thermarum Honorianarum Constantinopoli, pro possessionibus privatorum occupatis vetus basilica hac Theodosii junioris lege conceditur.

Sur la loi 51 :

« Privatorum scilicet terras publici operis causa quandoque occupari mos fuit, sic tamen ut permutatio quædam cum his institueretur, quod hæc quoque lex sicut et superior proxima lex 50, ubi dixi, testatur. » Plus loin il ajoute : « Cæterum etsi lex hæc proprie pertineat ad Constantinopolim et localis sit, potest tamen ad alias ea recte in usum accommodari, præter locum communem de occupandis privatorum locis publici operis gratia, deque permutatione et compensatione eo nomine tribuenda. »

Sur la loi 53 :

« Qui casus singularis addendus est iis, quibus ob publicam utilitatem privati domos, vel officinas suas prædiaque, cum aliis locis commutare ut in specie l. 50 et 51 supr, ubi dixi. Vel pensato privilegio aliquo (ut in

Une dernière objection peut encore être faite :

On peut prétendre que les constitutions dont nous parlons règlent seulement des cas particuliers; qu'il y est question de droits résultant de concessions, lesquels n'étaient pas dignes de protection comme la propriété légitime, et que d'ailleurs elles n'établissent pas nettement l'expropriation d'une manière générale, comme aurait dû l'être une pareille institution.

La réponse est facile.

Oui sans doute, ces constitutions des empereurs sont fondées chacune sur un motif spécial ; elles n'ont pas eu pour but d'établir en principe et d'une manière générale l'expropriation pour cause d'utilité publique : si elles avaient été édictées pour cet objet, elles seraient conçues en termes plus clairs et beaucoup plus généraux.

Elles n'établissent pas la règle, elles la supposent, et c'est précisément grâce à la spécialité des cas que renferment ces constitutions, que nous avons pu y trouver une preuve de l'expropriation en droit romain.

Et en effet, ce n'est pas dans une constitution particulière, qui ordonne l'ouverture de grands travaux déterminés qu'on trouvera exprimé le principe d'après lequel il sera dû une indemnité pour la dépossession. De nos jours, par exemple, quand une loi vient ordonner un

---

specie l. 1, *infr. De Aquæductu*), vel pretio accepto vendere coguntur. »
Sur la loi 1re, *De Aquæductu :*

« Antequam vero hanc legem illustro, illud ex ipsa præsupponendum est, privatorum fines, seu prædia occupata ad aquæductus publicos : qui casus addendus est aliis quibus privatorum loca occupari possunt reipublicæ. »

travail d'utilité publique, un chemin de fer, une route, elle ne dit pas que les propriétaires expropriés devront céder leurs propriétés moyennant préalable indemnité. Ce principe étant de droit dans notre législation, tous les décrets qui y ont trait le sous-entendent, ils n'ont pas besoin de le dire. Rien donc à conclure du silence des constitutions sur l'indemnité due en principe aux propriétaires.

L'expropriation à charge d'indemnité n'en existait pas moins, et la meilleure preuve, ce sont ces constitutions mêmes qui, à raison des indemnités spéciales qu'elles accordent dans certains cas particuliers, présupposent, sous-entendent et consacrent le principe général de l'expropriation avec indemnité.

Remarquons-le bien, les motifs qui, dans les constitutions qui nous occupent, ont obligé les empereurs à parler d'indemnité, sont qu'il s'agissait d'indemnités d'une nature particulière, qui ne pouvaient être accordées par ceux qui les réglaient habituellement.

Ainsi, dans la loi 50, si l'indemnité eût consisté dans une somme d'argent, la constitution ne parlerait pas de *contractus* et de *permutatio*. Il s'agissait de concéder à des particuliers une ancienne basilique ; elle faisait partie du Domaine public et ne pouvait être attribuée aux particuliers qu'autant qu'un acte émanant de l'autorité supérieure l'aurait déclassée et fait rentrer au nombre des choses susceptibles d'appropriation privée.

C'était l'unique but de cette constitution.

Dans la loi 51, il s'agissait d'accorder à titre d'indemnité le droit d'habiter dans les tours des remparts; or, pour cela, il fallait un décret du prince.

Enfin, dans la loi 1 *De Aquæductu*, il s'agit de l'établissement de servitudes onéreuses pour lesquelles il fallait une loi.

Mais dans les autres cas, que devait contenir une constitution qui ordonnait des travaux publics?

Elle devait constater uniquement l'utilité générale des travaux qu'elle ordonnait, et en prescrire l'exécution. Là se bornaient ses énonciations. C'est pour cela que toutes les autres constitutions qui parlent des travaux publics ne parlent pas d'indemnité. Ainsi, les lois 4, 9, 17, 18, 22, 25, 38, 39 et 40 supposent toutes l'expropriation admise, et ne disent pas un mot d'indemnité, se contentant d'énoncer les motifs d'utilité publique.

En résumé, l'expropriation pour cause d'utilité publique repose sur deux principes, la dépossession forcée du propriétaire et l'indemnité. Quant au premier, après les considérations générales auxquelles nous nous livrions plus haut, il ne peut plus raisonnablement subsister de doutes. A ceux qui n'en seraient pas encore tout à fait convaincus nous proposons le cas suivant, que nous choisissons parmi plusieurs autres comme l'un des plus caractéristiques. Une constitution dans la crainte d'incendie établit autour des greniers publics un espace vide de 100 pieds, et ordonne la destruction des édifices qui peuvent exister dans ce rayon Pourrait-on admettre qu'un propriétaire aurait le droit de refuser la cession de sa maison, alors que la même constitution menace celui qui bâtirait dans l'espace prohibé de lui confisquer, non pas seulement les constructions nouvelles, mais encore tous ses biens (1)?

Pour ce qui est du principe de l'indemnité, nous le voyons indiqué, même dans une foule de cas où il ne s'agissait pas d'une véritable propriété. Ainsi, dans l'une des lois agraires, la loi *Sempronia*, Sempronius Gracchus proposé d'enlever aux patriciens l'*ager romanus* qu'ils avaient usurpé, en leur en laissant toutefois une certaine partie, et en les indemnisant aux frais du Trésor public, pour la partie dont on les dépouillait (2).

De même Denys d'Halicarnasse nous apprend que pour les édifices des particuliers, construits sur un lieu public, ceux que l'on jugeait utile de démolir l'étaient après qu'on avait remboursé aux constructeurs leurs dépenses, et cela en vertu d'un ancien plébiscite (3).

De même Frontinus nous enseigne au sujet des servitudes de fouille, d'extraction de matériaux et de passage, qu'il était donné une indemnité, *viri boni arbitratu æstimata* (4).

Lorsqu'on accordait ainsi des indemnités pour de pareilles propriétés, essentiellement précaires, ou pour des occupations temporaires, serait-il possible d'admettre que l'on n'en accordait point lorsqu'il s'agissait de la propriété quiritaire?

---

(1) Code Théod., 18, 1, 4. — (2) M. Ortolan, *Histoire du Droit.* — (3) Denys d'Halicarnasse, lib. 10. — (4) Frontinus, *De Aquæductu*, p. 123.

Et qu'on ne dise pas que les principes qui résultent de ces constitutions ne s'appliquaient qu'à l'époque du Bas-Empire ; nous pouvons citer un texte qui date du 1er siècle de notre ère et qui montre par suite qu'ils existaient même pendant la République. Ce texte remarquable est d'autant plus précieux pour nous, qu'il suffirait à lui seul pour prouver l'existence de l'expropriation pour cause d'utilité publique en Droit romain. Le passage auquel nous faisons allusion est d'un auteur qui joua un rôle politique très-important, qui fut trois fois consul, préteur et proconsul. Nous voulons parler de Frontinus, que nous avons déjà cité plus haut.

Dans son ouvrage sur les aqueducs de Rome, il s'exprime en ces termes : *Posset hoc senatusconsultum æquissimum videri, etiamsi eo rei tantum publicæ utilitate ea spatia judicarentur, multo magis cum majores nostri admirabili æquitate, ne ea quidem eripuerunt privatis, quæ ad modum publicum pertinebant : sed cum aquas perducerent, si difficilior possessor in parte vendenda fuerat, pro toto agro pecuniam intulerunt : ac post determinata necessaria loca rursus eum agrum vendiderunt, ut in suis finibus proprium jus tam respublica quam privata haberet.* Après un langage si précis, si formel, pourrait-il encore rester le moindre doute ?

De tout ce qui précède, il résulte que l'expropriation pour cause d'utilité publique existait certainement en Droit romain. Mais quelles en étaient les formes ? Étaient-elles les mêmes que de nos jours ?

On ne peut que former des conjectures à cet égard.

Cependant quelques textes que nous avons pu recueillir çà et là peuvent nous donner une idée de la manière dont on procédait.

Quand il s'agissait d'un ouvrage public, on commençait par constater l'utilité générale. Comment procédait-on? Etait-ce par une enquête *de commodo et incommodo*, nous n'en savons rien, mais dans toutes les constitutions où il est question d'ordonner des travaux publics, l'empereur commence par déclarer l'utilité publique.

Ensuite, en exécution de ce décret, le préfet de la ville ou le préfet du prétoire, qui était sans doute celui qui avait le *jus publicandi*, dont parle le paragraphe 21 de la loi 2, *Ne quid in publico,* etc., appliquait le décret aux propriétés à exproprier. Ensuite les *censitores,* sans doute après le payement de l'indemnité au propriétaire, prononçaient l'expropriation, comme de nos jours les tribunaux civils. C'est ce qui nous explique ce paragraphe de Pomponius : *Flumina enim censitorum vice funguntur, ut ex privato in publicum addicant et ex publico in privatum* (1).

Comment l'indemnité était-elle fixée? Elle était comme de nos jours, réglée par des experts arbitres. Ce qui nous l'indique, c'est d'abord le passage de Denys d'Halicarnasse dont nous avons déjà parlé, et qui dans la traduction latine est ainsi conçu : *Restitutis ex arbitrorum sententia impensis* (2). Ensuite un passage de Frontinus sur les occupations temporaires, dans lequel il est dit :

---

(1) Dig. 44, 1, 30, § 3.—(2) Denys d'Halicarnasse, liv. 10.

Viri boni arbitratu æstimata (1); mais les détails nous manquent pour savoir qui nommait ces experts, comment ils fonctionnaient. Nous laissons à d'autres le soin de faire des recherches ou des conjectures à cet égard.

Nous trouvons encore en Droit romain, et c'est Frontinus qui nous la fait connaître, cette disposition remarquable qui existe aussi dans notre droit : Le propriétaire qui n'était exproprié que pour partie pouvait obliger l'Etat à lui acheter son fonds en totalité : *Si difficilior possessor*, nous dit-il, *in parte vendenda fuerat, pro toto agro pecuniam intulerunt : ac post determinata necessaria loca, rursus eum agrum vendiderunt, ut in suis finibus proprium jus, tam res publica quam privata haberet* (2).

Quand l'indemnité était réglée à l'amiable, le préfet de la ville ou du prétoire était compétent jusqu'à la somme de cinquante livres d'argent. Au-dessus de cette somme, il fallait l'autorisation de l'empereur (3). Si l'indemnité, au lieu d'être d'une somme d'argent, consistait, soit en immunité (4), soit dans certaines concessions sur un lieu public (5), soit dans l'abandon de la propriété d'un bien faisant partie du Domaine public (6), il fallait un décret de l'empereur, qui dans ce dernier cas prononçait le déclassement.

Enfin, les occupations temporaires, servitudes de fouille, d'extraction de matériaux et de passage avec

---

(1) Frontinus, *De Aquæductu*, p. 125.—(2) Ibidem, *in fine.* — (3) Code Théodos., l. 30, *De Operibus publicis.* — (4) Cod. Théodos., l. 1, *De Aquæductu.*—(5) Ibid., l. 51, *De Operibus publicis.*— (6) Ibid., l. 50.

indemnité, existaient également en Droit romain, ainsi que nous l'a appris Frontinus.

On voit par ce qui précède, qu'à part les détails que nous n'avons pu retrouver, nos recherches nous ont permis de constater que l'expropriation pour cause d'utilité publique, en Droit romain, était à peu près régie par les mêmes principes qu'elle l'est de nos jours.

IIe PARTIE

DU DOMAINE PUBLIC
DANS L'ANCIEN DROIT FRANÇAIS

CONSIDÉRATIONS GÉNÉRALES

Si des temps romains que nous venons d'étudier nous passons sans transition au xe siècle, et si nous recherchons ce que sont devenus en France, à cette époque, les principes qui réglaient en Droit romain le Domaine public, nous ne rencontrerons qu'obscurité et confusion. Les chemins, les rivières navigables et flottables sont aux mains des comtes ; les églises sont la propriété des évêques ou des seigneurs laïques ; le Domaine public municipal appartient au seigneur féodal ou justicier.

Plus de distinction entre les biens qui font partie de la propriété privée et ceux qui sont destinés à l'usage, à la défense ou à l'utilité de tous ; le Domaine public est tombé dans le Domaine privé. Quelles étaient les causes qui avaient pu amener un semblable état de choses? Comment se fait-il que durant de longs siècles l'existence d'un Domaine public ne soit point consacrée dans nos lois?

La réponse à ces questions, qui résultera de l'aperçu

historique qui va suivre, peut se résumer dans cette seule phrase : En France, depuis la conquête barbare et pendant tout le moyen âge, il n'y avait point d'égalité entre les citoyens : il n'y avait qu'un vainqueur d'un côté et un vaincu de l'autre. Le premier, ne cherchant qu'à augmenter son pouvoir et ses richesses par toutes les usurpations possibles, ne reculant pas même devant la violence pour s'emparer de tout ce qui pouvait accroître ses revenus; le second, chargé de toutes les redevances et soumis sans recours à toutes les exactions, se révoltant quand la mesure était comble, mais ne parvenant qu'à rendre son joug plus pesant.

Pendant toute cette période on voit d'une part les seigneurs féodaux et justiciers, et de l'autre les hommes de *poeste*, les vilains, les roturiers, les bourgeois, les esclaves, les serfs; dans l'abîme creusé par ces inégalités sociales il n'y a point de citoyens, pas d'intérêt public.

Ne serait-il pas puéril de rechercher quels droits pouvaient avoir des particuliers sur le Domaine public à une époque où la propriété elle-même n'était pas respectée, où le propriétaire ne pouvait cultiver son champ ni pêcher dans la rivière quand le comte y avait établi une garenne (1), où l'habitant ne devait ni cuire à son four, ni moudre à son moulin, etc., en présence des banalités établies par le seigneur justicier (2)?

Au xe siècle, les vainqueurs ont accompli leur œuvre. Les effets de la conquête sont les plus étendus. L'oc-

___

(1) Championnière, *De la Propriété des eaux courantes*, n°s 35 et 311. —(2) Ibid, n° 331.

cupation tempère ses rigueurs, mais les usurpations résultant d'abus et de violences sont légitimées, les seigneurs arrachent à la faiblesse de la royauté la consécration de leurs exactions.

A dater du xiie siècle, le pouvoir royal lutte contre la féodalité; il finit par la renverser et prend la place des seigneurs pour les biens qui font l'objet de notre étude. Cependant des idées d'égalité et de liberté se font jour peu à peu, les inégalités sociales diminuent successivement, et la révolution de 1789 qui les efface crée en même temps un domaine public.

Ces effets de la conquête barbare que nous venons de signaler rapidement sont surtout propres à l'époque du moyen âge.

Avant l'invasion des Francs, la Gaule était sans doute un peuple conquis. L'aspect du pays était aussi désolé et les exactions aussi nombreuses et aussi intolérables qu'elles le furent ensuite au moyen âge. Mais à Rome il y eut toujours une centralisation puissamment organisée qui s'étendait sur toutes les provinces et qui subsista jusqu'à la destruction de l'empire.

Le domaine public conserva toujours son caractère, malgré les abus des proconsuls, des gouverneurs des provinces et des *judices,* par la raison que ces exactions et ces usurpations ne furent jamais légitimées par les empereurs. Il n'y eut pas, pour ainsi dire, de démembrement de l'autorité souveraine. Chaque gouverneur, chaque *judex* ne put pas se rendre indépendant, et, quelle que fût leur puissance, la patrimonialité dans la justice ne fut jamais consacrée; les Codes de Théodose et de Justinien nous signalent d'énormes abus dans l'administration des provinces, mais en même temps ils les répriment, ou du moins cherchent à les réprimer. Les peines les plus sévères sont édictées : sans doute elles ne seront pas toujours appliquées, mais le principe reste, le gouvernement central est toujours à Rome et imprime à l'administration sa haute direction. Les usurpations ne sont jamais qu'individuelles, jamais érigées en fait légal, aussi le principe d'inaliénabilité et d'imprescriptibilité du Domaine public est-il toujours maintenu.

En France, au contraire, aux époques dont nous parlons, le pouvoir central faiblement organisé alla toujours en s'affaiblissant jusqu'au moment où la royauté succomba devant la féodalité, qui obtint d'elle la consécration de toutes ses usurpations et de tous ses abus. Alors l'empire de Charlemagne se trouva divisé en une foule de petits États indépendants qu'aucun lien ne rattachait entre eux ni à une autorité supérieure. Tous les efforts des seigneurs tendirent à isoler leur pouvoir et à séparer leur territoire des territoires voisins. Comment au milieu de ces divisions un Domaine public aurait-il pu s'établir ou subsister?

Les seigneurs qui, libres et égaux, auraient seuls pu en obtenir l'établissement, le rendaient eux-mêmes impossible en cherchant l'indépendance et l'isolement. Leur but fut atteint : la centralisation fut détruite, les communications cessèrent complétement, les populations s'isolèrent, le seigneur se trouva maître absolu et ne releva de personne ; entre lui et son vilain, il n'y eut de juge fors Dieu ; mais aussi la civilisation disparut et la barbarie s'étendit sur la France. Tel est le spectacle affligeant qu'elle nous présente au x° siècle.

Cet aperçu des effets de la conquête romaine et barbare ne saurait suffire pour nous faire bien apprécier les diverses phases qu'elle a fait subir au Domaine public. Il est nécessaire pour cela d'étudier avec détail les variations survenues dans nos institutions et dans nos mœurs depuis leur origine.

Dans ce but, nous allons examiner en premier lieu l'état de la Gaule sous la domination romaine. Nous verrons en deuxième lieu les effets de l'invasion franque.

Nous étudierons en troisième lieu les usurpations des seigneurs sur la royauté, amenant la transformation du Domaine public en Domaine privé.

Nous verrons ensuite la royauté ressaisir son empire et dépouiller les seigneurs de leurs usurpations, mais les vrais principes sur le Domaine public ayant disparu, les biens composant le Domaine public enlevés aux seigneurs ne deviendront pas Domaine public mais Domaine du roi.

Nous terminerons cette partie de notre travail en traçant un aperçu du dernier état du droit sur le Domaine public avant 1789.

CHAPITRE I

DE LA GAULE SOUS LA DOMINATION ROMAINE.

Sommaire.—§ I. Du sol et de la propriété. Des terres fiscales, Des terres privées. Du propriétaire, Du colon.—§ II, De la recommandation. Des terres immunes. Des *potentes*. — § III. Des *judices*. — § IV. Des *honorati*.—§ V. Du Domaine public,

§ I.—La Gaule, après la conquête de Jules-César, incorporée à l'empire romain, avait eu le sort de toutes les provinces conquises. Le territoire gaulois avait été divisé en deux parts, l'une attribuée au peuple romain sous le nom de terres fiscales, l'autre laissée aux propriétaires, moyennant une redevance à payer au Trésor. Les terres fiscales avaient été réservées pour l'empereur ou le peuple, ou partagées entre les particuliers militaires, citoyens ou colons. Parmi ces dernières, les unes étaient tributaires, c'est-à-dire que le propriétaire devait payer une redevance à l'État ; les autres en étaient affranchies et désignées sous le nom d'*immunes*.

Sur les terres qui avaient été laissées au propriétaire primitif se trouvaient deux sortes de possesseurs : le colon, qui cultivait la terre et qui avait sur le sol un droit particulier, lequel ne nous est pas bien connu, mais était plus qu'un simple droit de bail, et le propriétaire, qui avait droit de son côté à une certaine partie des produits du fonds.

Ces terres, nous l'avons dit, avaient été laissées à la propriété privée moyennant une redevance payée à l'État, sous le nom de *tributum, census*. La part laissée au propriétaire prit le nom de *reditus*. Cette double redevance était exigée du colon par les percepteurs publics, qui versaient la première dans les caisses du Trésor, et qui rendaient la deuxième au propriétaire. Les obligations du colon ne s'arrêtaient pas à cette double charge. Il devait encore d'autres prestations qui consistaient en services corporels et fournitures de travaux pour le service public.

La levée de ces impôts fut très-dure et les exactions nombreuses (1); les redevances furent successivement augmentées; de nouvelles furent créées; les obligations corporelles changèrent de destination, et les *judices* les employèrent à la culture de leurs terres, à l'entretien ou à l'érection de leurs édifices (2). Afin d'éviter les tortures qu'on employait pour les y contraindre, les malheureux possesseurs en étaient réduits à chercher un refuge dans l'esclavage chez les barbares; toutefois ils eurent d'autres moyens d'échapper aux exactions des officiers publics. Le principal de ces moyens, dont ils s'empressèrent de profiter, fut la recommandation dont nous allons parler.

---

(1) Cod. Théod., 11, 7, 7. — (2) Ibid., 10, 21, 1.

§ II, — Nous avons vu que dans le partage des terres, certaines avaient été affranchies de tout impôt, *immunes* ; d'autre part, à cause de leurs fonctions ou de leur naissance, des personnages illustres, militaires et sénateurs, étaient également affranchis de toute redevance et rendaient *immunes* leurs propriétés. La dignité dont résultait l'immunité était appelée *dignitas honoraria* (1). L'immunité dans ce cas était appelé *honor* et les immunistes portaient le nom de *honorati* (2). Dans le but de participer à leurs franchises, beaucoup de petits propriétaires leur vendaient leurs terres fictivement et étaient censés les détenir à titre de fermiers. C'était ce qu'on appelait recommandation.

Les grands propriétaires (*potentes*) s'efforcèrent aussi d'arriver à l'immunité ; les empereurs essayèrent de l'empêcher, et à cet effet les présidents des provinces, comme plus puissants, furent chargés de percevoir les redevances ; et même dans certains cas l'empereur dut les percevoir lui-même, quand la résistance était à craindre envers le président (3).

Mais bientôt les *potentes* atteignirent leur but, leurs franchises furent reconnues et les efforts des empereurs durent se borner à empêcher qu'ils ne prissent sous leur protection les petits propriétaires (4) ; on n'y réussit pas davantage et la recommandation s'étendit de jour en jour.

§ III, — La perception de toutes les redevances que

---

(1) Code Théod., 12, 1, 138. — (2) Ibid., 12, 1, 75. — (3) Champion., n° 59.—(4) Cod., 2, 15.

nous avons énumérées plus haut était confiée à une
foule d'officiers publics appelés *comites* (1), *vicarii, du-*
cenarii, cen tenarii, exactores (2); ils étaient connus
sous le nom générique de *judices* (3). Ces officiers rem-
plissaient aussi d'autres fonctions. Ils participaient à
l'administration de la province et de la justice. Une constitution de l'empereur Gratien les range en trois classes:
Potentiorum possessorum domus, officium provinciæ rec-
toris exigere debet. Decurio vero personas curialium
convenire. Minores autem possessores defensor civitatis
ad solutionem fiscalium pensitationum spectata fidelitate
compellere (4). Le traitement des *judices* consistait
dans une partie de l'impôt.

La part qui leur était attribuée n'était pas uniforme (5).

§ IV.—Notons qu'il existait encore d'autres délégations de tributs, qui n'avaient plus pour objet le traitement des *judices*, mais qui étaient faites par l'empereur
à des particuliers. *Annonas publicas non tam titulis di-*
gnitatum, quam singulorum meritis attributas divi
Constantini liberalitate sat claruit (6). La portion déléguée s'appelait *honor*, et le délégataire *honoratus*. Mais
celui-ci ne percevait pas directement les redevances
auxquelles il avait droit, il les recevait du *judex*. Il paraît
que ces concessions d'impôt étaient perpétuelles et héréditaires. *Ut quicumque*, ajoute la constitution de Théo-

---

(1) Cod. Théod , 8, 8, 9. — (2) Ibid., 11, 7, 1. — (3) Ibid., 8, —
(4) Ibid., 12. — (5) Laboulaye, *Lois criminelles de Rome*, p. 173. —
(6) Cod. Théod., 11, 17, 10.

dose, perceptarum annonarum emolumenta vel in heredes proprios jure sanguinis transfuderunt, vel in extraneos distractionis titulo transcripserunt, maneat quod gestum est, vel hereditatis merito, vel venditionis arbitrio (1).

§ V. — Quant au Domaine public, placé sous la protection de ces *judices* (2), il subsistait toujours; la jouissance en fut à la vérité plus ou moins restreinte devant l'abus des droits qui étaient perçus à son occasion, mais il n'en continuait pas moins d'exister.

Au moyen âge il disparut à cause de la patrimonialité des justices. Ce principe non-seulement n'était pas admis dans le Droit romain, mais il en était repoussé par toute sorte de moyens. C'est ainsi que les percepteurs devaient être changés chaque année. *Non perpetui exactores in continuata vexandorum provincialium potestate, veluti concussionum dominatione, teneantur, sed per annos singulos judiciaria sedulitate mutentur : nisi aut consuetudo civitatis, aut raritas ordinis eos per biennium esse compellat, quod nisi factum fuerit, scias te, et officium tuum, non minus multa quam gravi pœna esse compellendum* (3).

De même, il leur était interdit d'exercer leurs fonctions dans les provinces où ils étaient nés ou dans lesquelles ils avaient établi leur domicile, toujours dans le but d'éviter les conséquences fâcheuses d'une trop grande influence (4).

---

(1) Code Théod., 14, 17, 10.—(2) Ibid., 15, 1, 2 et 3.—(3) Ibid., 12, 6, 22; 11, 7, 16; 8, 8, 9.—(4) Ibid., 8, 8, 4.

CHAPITRE II

DES EFFETS DE L'INVASION EN FRANCE.

Après l'exposé qui précède, où nous avons vu l'état de la propriété dans la Gaule, et qui nous a donné une idée de l'administration du pays au moment de l'arrivée des barbares, étudions les effets de l'invasion. Les effets de la conquête barbare ne furent pas le résultat de mesures générales édictées par les vainqueurs, ils s'accomplirent d'une manière insensible, par la force même des choses et par suite du contact de mœurs et de civilisations différentes. Le maintien du *statu quo* fut le caractère général de la domination franque. *Franci, profli-*

*gatis Romanis, rerum facti domini in Gallia, statum
provinciarum a Romanis institutum non attigerunt, nec
duces comitesve a republica sustulerunt* (1).

Aussi allons-nous retrouver à peu près le même état
dans la propriété et l'administration.

§ I.—Les terres continuèrent à être divisées en deux
catégories : les terres fiscales et les terres de propriété
privée. Quelle fut l'étendue des terres laissées à la propriété privée? Les auteurs ne sont pas d'accord à cet
égard, mais nous partagerions volontiers l'opinion de
ceux qui pensent que l'arrivée des Francs n'opéra pas
de changement dans la délimitation des propriétés, et
que Clovis ne s'empara que des terres fiscales et de celles
qui avaient été abandonnées à la suite des désastres de
la guerre (2). Les rois se servirent de ces immenses domaines pour récompenser le dévouement de leurs fidèles,
comme nous allons le voir tout à l'heure.

Quant à la propriété privée laissée aux Gallo-Romains,
les revenus continuèrent à se diviser en deux parts :
l'une pour le Trésor, l'autre pour le propriétaire. Le
colon resta encore assujetti aux corvées et travaux pour
service public.

Les *comites* et les *vicarii* continuèrent à percevoir
toutes les redevances.

§ II.—Ces fonctions qui étaient très-lucratives furent

---

(1) Hauteserre, *De Ducibus*, cap. 3. — (2) Laferrière, *Hist. du Droit*,
tome IV.—Pardessus, *Loi salique.*—Laboulaye, *Traité du Droit de propriété*, etc.

fort ambitionnées des Francs, et ce fut aussi par ce moyen que le roi récompensa la fidélité de ses compagnons d'armes, ce qui entrait dans les mœurs de cette époque.

Les nations germaines, en effet, étaient constituées en bandes armées sous le commandement d'un chef. Celui-ci avait pour habitude de leur faire des dons manuels, car ces peuples nomades, chez qui la propriété foncière était indivise, n'avaient pour elle qu'un faible attachement et lui préféraient de beaucoup la propriété mobilière. Ils étaient surtout séduits par les redevances payées à titre de tribut. Ce fut avec ces redevances que le roi reconnut leurs services de deux manières. La première espèce de récompense fut la nomination aux fonctions de *comites* et de *vicarii*, fonctions très-étendues et très-lucratives, dont le traitement consistait, comme nous l'avons dit, en une partie de l'impôt. La deuxième fut la concession d'une partie des impôts, comme nous l'avons déjà vu en Droit romain ; par exemple, le cens d'une localité déterminée, le péage d'un pont, les droits perçus sur une rivière. Ces donations étaient entières, c'est-à-dire que la totalité de l'impôt perçu appartenait à l'*honoratus*, qui n'en rendait rien au Trésor ; toutefois, ce n'était pas lui qui le percevait directement ; du moins, dans les premiers temps, il le recevait des percepteurs. Ces délégations d'impôt s'appelaient *honores*, et les concessionnaires *honorati*.

§ III.—Mais les Francs, vivant au milieu d'un peuple

agriculteur, comprirent bientôt tout l'avantage de la propriété foncière : alors eurent lieu les concessions des terres fiscales que s'était réservées le roi, concessions faites soit à titre de bénéfice, soit à titre de part de conquête. Ces concessions qui, en Droit romain, étaient appelées *sortes* (de *sortiri*, partager), prirent le nom de *alode*, *alleu*, qui signifie également partager, lotir. Les concessions dont il s'agit furent exemptes du cens. Les terres qui en faisaient l'objet furent donc *immunes*, mais elles ne furent pas les seules dans ce cas.

§ IV.—Nous avons vu en Droit romain que les *potentes* étaient parvenus à ne plus payer de redevances à l'État. Nous avons vu pareillement que les petits propriétaires, pour échapper aux exactions des officiers publics et pouvoir résister aux pillages des *potentes* voisins, s'étaient créés des protecteurs parmi ceux-ci au moyen de la recommandation en leur livrant leurs propriétés, et les recevant ensuite à titre de bénéfice et moyennant certaines redevances et obligations qui étaient le prix de la protection. Ces immunités, inutilement interdites par les empereurs romains, se maintinrent dans la Gaule et devinrent plus considérables encore à cause de la faiblesse du pouvoir royal, à tel point que les *potentes* furent reconnus par l'autorité elle-même. Les capitulaires parlent des *potentes, episcopi vero vel potentes, si potentes*, etc., et Charlemagne, malgré toute sa puissance, ne put vaincre leur influence. *Ne comes palatii nostri*, dit un de ses capitulaires, *potentiores causas sine nostra jussione finire præsumat, sed tantum*

*ad pauperum et minus potentium justitias faciendas sibi
sciat esse vacandum* (1).

Ce sont ces terres qui forment la deuxième classe des
immunités. Le patrociniat et les recommandations qui
existaient déjà en Gaule, avant l'arrivée des Francs, furent singulièrement favorisés et développés par les mœurs
germaines ; ce fut de ces éléments que naquit la féodalité.

§ V.—Suivant les usages germains comme nous l'avons
déjà vu, le chef de bande récompensait par des présents
la fidélité de ses compagnons d'armes. Le propriétaire de
l'alleu ou le *potens* fit de son côté des concessions des
terres de son domaine moyennant la fidélité et le service,
et le concessionnaire fut soumis à certaines prestations,
et eut droit à la protection du grand.

Le seigneur ayant besoin pour conserver sa position de
richesses et de soldats, en fit la condition de ses donations : les unes eurent lieu moyennant une certaine redevance, *sub censu*, les autres moyennant le service militaire, *in feodo*, d'où les deux noms qui les distinguèrent
longtemps : les *censives* et les *fiefs*, les seconds bien supérieurs aux premiers.

Le seigneur féodal retenait la *directe* qui était considérée comme l'élément essentiel de la propriété. Le Domaine *utile* passait au vassal. Avec le temps ces idées
changèrent ; car, en 1780, ainsi que nous le verrons, la
propriété fut censée résider aux mains du vassal.

---

(1) Baluze, 1, 197.

Nous venons de voir la propriété divisée comme en Droit romain, certaines terres payant les tributs, les autres affranchies; le patrociniat se développant et donnant naissance à la féodalité.

§ VI.—Voyons maintenant comment s'exerçait l'administration : elle résidait dans les *comites* et au-dessous d'eux, dans les *vicarii*, les *centenarii*, fonctionnaires sédentaires, de même que les évêques et les abbés qui jouèren à cette époque, un grand rôle dans l'administration et la vie politique. Une deuxième classe d'officiers publics étaient chargés de parcourir les provinces pour surveiller l'administration des premiers, ce furent les *missi dominici*.

Les *comites* étaient chargés de la perception des impôts et des redevances; ces fonctions étaient très-lucratives et par là même très-recherchées, sans parler des exactions qui procuraient d'énormes bénéfices, le traitement légal, de même que celui des *judices* romains, consistait dans une partie de l'impôt. Cette partie n'était pas pàrtout la même, elle variait suivant les localités, elle était habituellement du tiers, les deux autres tiers devaient être versés au Trésor et formaient la *pars regia* (1).

Les redevances dont nous venons de parler, ainsi que celles qui consistaient en travaux et corvées, les amendes, les tailles, les droits de chasse, de pêche, de bac, de moulin, péage, etc., portaient le nom générique de *Justitiæ* (2) (droits de justice), qui se trouve employé

---

(1) Carol. Magn., *Leg. long.*, 128. — (2) Olim., 1, p. 31, n° 20.

dans ce sens dans une foule de monuments législatifs de cette époque et spécialement dans la loi suivante, qui est formelle sur ce point, *De omni justitiæ ad fiscum regium duas lucri partes reddant, tertia tantum comiti remaneat* (1). De ce nom de *justitiæ*, qui désignait les droits perçus, vint le nom de *seigneur justicier*, qui servit à distinguer des seigneurs féodaux, ceux à qui une partie de la puissance publique avait été déléguée.

Ces seigneurs justiciers, comtes, vicaires, etc., n'étaient pas seulement des percepteurs d'impôts; ils avaient la plénitude des fonctions qu'avaient leurs prédécesseurs sous la domination romaine; ensemble de fonctions désigné sous le nom de *gradus*.

Délégataires de la puissance publique, ils étaient chargés de l'administration de la province et de la police, ce qui comprenait toute l'autorité administrative de nos jours; le service militaire était aussi dans leurs attributions; c'était également eux qui veillaient à la police et aux travaux intéressant le Domaine public.

Enfin, comme les *judices* romains, ils étaient chargés de l'administration de la justice. Toutefois ce n'était pas eux qui rendaient les jugements, c'était dans le principe les *rachinbourgs*, les *scabini*, les *boni homines*, les hommes sages; le comte présidait et était chargé de la poursuite et de l'exécution des jugements. La justice du comte dérivant des Romains conserva le caractère qu'elle avait chez eux, ce fut un attribut de la puissance publique,

---

(1) Ducange, v° JUSTICIÆ.

une justice sociale imposée à tous ; la compétence étant réglée par le domicile, le comte eut juridiction sur les hommes « coukans et levans » dans sa justice.

Il y eut deux sortes de juges et de justice ; la haute justice comprenait les grands crimes. « Les murdres, « traïsons, omicides, efforcements de femmes, essilleurs « de biens », ainsi que les grands intérêts civils, étaient portés au tribunal du comte (1). Du tribunal du comte le fait était porté en appel devant le roi (2).

La basse justice, qui était celle du vicaire, se bornait aux *minores causæ*, affaires de moindre importance, délits, tutelles, solennités des transmissions immobilières, etc. Toutefois le vicaire avait le droit de faire pendre les voleurs.

Ces juridictions ne furent pas les seules, nous verrons bientôt que les Germains en avaient apporté d'autres qui avaient un caractère tout différent.

Tous les pouvoirs que nous venons d'énumérer étaient désignés sous le nom de *judiciaria potestas*, ou seulement de *potestas*, d'où vint le nom d'homme de poeste qui désigna primitivement l'homme soumis à la justice du comte, et qui prit plus tard le nom de vilain, de roturier, de bourgeois.

Ainsi, quant à l'administration, on vient de voir que des *judices* romains elle était passée aux comtes leurs successeurs, entre les mains desquels elle s'était concentrée. Tous les droits qui donnaient au comte une si

---

grande puissance conservèrent le nom de *justitiæ*, droits de justice.

§ VII. Cette origine romaine des droits de justice, qui est enseignée par M. Championnière, est contestée et rejetée par M. Laferrière (1).

D'après ce dernier auteur le fief et la justice auraient été réunis dans le principe, et la justice aurait été une dépendance du fief. « Le fief dans son état complet, dit-il en suivant la théorie de Montesquieu, comprenait réellement la terre et la justice. » D'après lui ce n'aurait été que devant la difficulté pour le seigneur de composer sa cour et par suite des défautes de droit, que les plus faibles d'entre eux auraient perdu leurs justices; et ce serait cet état particulier qu'aurait consacré la maxime : Fief et justice n'ont rien de commun (2).

Commençons par remarquer que M. Laferrière donne une signification trop restreinte au mot de justice. Justice, à cette époque, ainsi que nous l'avons clairement démontré par des textes formels, signifie l'ensemble de tous les droits qui faisaient partie des fonctions des comtes et toutes les redevances qui étaient perçues par eux ; la juridiction n'y était que pour la moindre part, et la théorie de M. Championnière serait-elle inexacte à cet égard, qu'elle resterait vraie pour tout le reste; mais il n'en est pas ainsi : loin d'être une conséquence l'un de l'autre, le fief et la justice ont été primitivement séparés; ils ont pu sans doute être réunis. Certaines concessions ont pu

---

(1) Laferrière, t. IV, page 96 et suiv.—(2) Ibid., page 99.

contenir à la fois le fief et la justice, mais cette condition n'a pas été essentielle ; bien loin de là, les deux choses étaient habituellement séparées.

Suivant M. Laferrière, M. Championnière n'aurait basé sa théorie que sur le sens équivoque du mot *honor*, dont il aurait forcé l'interprétion.

M. Laferrière s'exprime en ces termes : « Cet auteur « recommandable...... a cru reconnaître que le mot *honor* « comprenait la cession des tributs, du cens, des droits « et amendes ; que le mot *beneficium* s'appliquait seule- « ment à la terre. Il a cru pouvoir établir par des textes « que dans le droit féodal justice répond à *honor*, comme « fief répond à *beneficium;* que le droit de justice a été la « conséquence de l'exercice ou de la cession du droit de « tribut et de cens, et que l'officier chargé de percevoir « le tribut a exercé le droit de justice pour en assurer la « perception, etc. (1).

M. Championnière, il est vrai, s'est peut-être trop appesanti sur cet argument par cette prédilection qu'à tout créateur pour son œuvre, mais l'argument pourrait être supprimé que sa théorie ne perdrait rien de sa justesse, appuyée qu'elle est sur des preuves plus certaines. Au surplus la distinction entre l'*honor* et le *beneficium* n'est absolument pour rien dans la question. En effet, M. Championnière, dans cette partie de son ouvrage, s'occupe des droits de justice, mais non du droit de juridiction (2). Cela est si vrai que l'*honoratus*, concession-

---

(1) Laferrière, t. 1, p. 88.—(2) Champ., n° 90.

naire de tributs ou d'impôts, n'ayant reçu à aucun titre aucune puissance publique (les revenus alors étaient un élément de la fortune privée) doit s'adresser au comte possesseur du *gradus* (1), au *judex publicus*, comme cela avait lieu en droit romain (2).

Il est vrai que lorsque l'*honor* concédé fut considérable, le concessionnaire s'efforça d'obtenir la nomination du *judex privatus*, spécialement chargé de la perception. Il y parvint, mais le *judex privatus* dut encore recevoir le *bannum* du roi, *bannum* qui conférait une délégation de la puissance publique. Plus tard les *honorati* cherchaient à conférer eux-mêmes le *bannum* à leurs juges privés et finirent par y parvenir.

Mais quant à eux, ils eurent tellement peu le pouvoir justicier et ce fut tellement le *judex privatus* qui eut cette puissance, que lors du renversement de la royauté, les *immunités* et les *honorati* furent spoliés par leurs agents, et partout où le seigneur ne put résister, les *judices privati*, à l'exemple des *judices publici*, devinrent des seigneurs justiciers. Ils commencèrent par s'emparer de la justice, et ensuite en vertu de leurs pouvoirs (3) et de leur puissance d'autant plus grande qu'elle était usurpée, ils finirent par s'emparer de la propriété comme les autres justiciers (4). Enfin M. Championnière considère telle-

---

(1) Champ., n° 72. — (2) Cod., I, 40, 10. — (3) Ils étaient, en effet, chargés à la fois et de la perception du tribut et de l'administration des biens.—(4) Champ., n° 122.

ment peu le droit de justice en général comme la conséquence du droit de tribut et de cens que d'après lui, au
contraire, il aurait existé une juridiction toute particulière, ayant pour objet unique le recouvrement du cens
justicier, justice qu'il désigne sous le nom de justice
censuelle (1), dont nous dirons quelques mots en traitant
des juridictions (2). En résumé, l'*honor* ne dut-il s'entendre que des concessions de tributs, ou dut-il comprendre la concession de la terre, comme le prétend
M. Laferrière, que ce serait parfaitement indifférent pour
la question qui nous occupe, ainsi ce n'est pas là qu'il
faut chercher les juridictions.

§ VIII.—Voici la théorie qui, quoiqu'un peu con-
fuse, ressort du livre de M. Championnière, théorie qui
nous paraît bien préférable à celle de M. Laferrière, et
qui est appuyée sur des textes autrement probants que
ceux qu'invoque ce dernier.

Après nous avoir montré la juridiction aux mains des
comtes, juridiction dérivant du Droit romain et conservant son caractère d'universalité d'attribution et de délégation de la puissance publique, M. Championnière
examine les institutions des Germains avant leur entrée
en Gaule, et se demande comment la justice était admi-
nistrée chez eux et s'ils n'introduisirent pas avec eux en
France une justice nouvelle.

Il constate le caractère particulier de la justice chez les

---

(1) Champ., n° 216. — (2) Infr. page 178.

barbares, qui la considèrent comme un droit personnel
où la pénalité n'a pas pour objet l'intimidation des mé-
chants ni le maintien de l'ordre, mais l'appréciation du
mal commis, du dommage causé, une sorte d'évaluation
du droit de vengeance acquis à l'offensé.

Mais ce droit personnel pourra-t-il s'exercer indivi-
duellement ?—Non, ce n'est qu'à l'aide d'un pouvoir
central fortement constitué, que chaque individu pourra
compter pour quelque chose. Dans la vie barbare, l'individu n'a pas de droit, car le droit consiste dans la puissance et dans la force, et l'individu n'en a pas. Il ne vaut
quelque chose que par la puissance et le nombre de ceux
auxquels il est réuni.

C'est pour cela que dans l'enfance des peuples ou au
moment de la désorganisation du pouvoir central, on
voit les populations agglomérées par familles, tribus, corporations, clans, séniorats (1).

C'est alors, par confédération que s'exerce le droit de
justice privée; c'est la confédération qui est blessée quand
on blesse un de ses membres, c'est elle qui en poursuit
la vengeance, c'est elle qui recevra la réparation; c'est
pour elle un devoir, et la famille qui laisse impuni le
meurtre de l'un des siens est déclarée indigne dans
l'opinion de tous.

Par la même raison, nul autre qu'elle n'a le droit d'intervenir dans les querelles qui s'élèvent dans son sein,

---

(1) Champion., n° 225.

et qui dès lors ne peuvent être réglées que par les membres mêmes de l'association, par les pairs. De quel autre en effet le lésé pourrait-il attendre une réparation ?

Tel était le caractère de la justice chez les barbares, caractère tout particulier et tout différent de celui qu'elle avait chez les Romains, droit de justice privé, caractère conventionnel. Nul ne fut soumis à la justice de la confédération que parce qu'il en était membre, et son association à la confédération fut libre et indépendante.

Au contraire, en Droit romain, elle était sociale, imposée à tous, en qualité de citoyens à raison de leur domicile et indépendamment de toute convention qui d'ailleurs n'aurait pu les y soustraire. Tout citoyen d'un état accepte par ce fait même la constitution du pays, et ne peut s'y soustraire qu'en l'abandonnant et en allant s'établir ailleurs.

Ce dualisme de juridiction se maintint en France d'après M. Championnière.

La justice germaine se développa et s'étendit à mesure que les confédérations particulières se multiplièrent et se séparèrent du pouvoir central.

Chaque association, dès qu'elle eut une personnalité reconnue, eut par cela même sa juridiction : c'est ainsi que la plus importante, le séniorat, qui constitua le fief et la féodalité, eut sa juridiction; mais la chose ne fut pas particulière au fief, ce n'était pas en effet parce qu'il y avait des concessions de terre à terre qu'il y avait juridiction spéciale, c'était parce qu'il y avait association.

C'est ainsi qu'il y eut également la juridiction ecclésiastique. De même, quand les cités furent assez puissantes pour se défendre elles-mêmes et purent se soustraire à la protection dangereuse des seigneurs, et quand les communes se constituèrent, elles eurent leur juridiction propre.

Cette multiplicité de juridictions, ou plutôt ce dualisme entre la justice du comte et la justice germaine (car toutes celles que nous venons d'énoncer, et que M. Championnière appelle juridictions familières, dérivent du principe de confédération des Germains) se conserva, d'après M. Championnière, avec le caractère propre de chacune. La justice du comte fut toujours la justice sociale imposée à tous, à raison du domicile et s'appliquant à tous ceux qui n'étaient pas membres des associations ; l'autre justice, dérivant de l'association, s'appliquait seulement à ses membres. Voici dans quels termes M. Championnière résume sa théorie :

« Lors donc qu'un crime avait été commis, qu'un tort
« ou un dommage demandait réparation, en un mot
« toutes les fois qu'il y avait lieu à un procès, le deman
« deur ou le plaignant devait agir suivant la condition,
« *secundum legem* du défendeur ou de l'accusé. Si celui-
« ci était homme de poeste, il le traduisait directement
« devant le plaid du comte; s'il était vassal, il s'adres
« sait à son seigneur; s'il était clerc, il s'adressait
« à la justice ecclésiatisque ; s'il était membre d'une
« commune, il s'adressait à la commune : à défaut
« de justice de la part des juridictions familières,

« il revenait à celle du comte, qui dominait toutes les
« autres (1). »

On voit combien M. Championnière est loin des idées
que lui prête M. Laferrière. Il reconnait, comme ce savant
auteur, qu'une source de juridiction est venue des Germains, le jugement par les pairs, juridiction qui celle-là
n'a pas été séparée du fief; et il est tellement loin de
croire que *fief* et *justice* n'ont rien de commun en fait de
juridiction, qu'il dit lui-même en propres termes : « La
« maxime *fief et justice* n'a rien de commun, n'a jamais
« été ni vraie, ni possible à l'égard de la justice féodale,
« lequelle n'a jamais été séparée du fief, toute inféodation
« créant de droit une justice à laquelle était soumis le
« vassal (2).» Ainsi tombe la critique de M. Laferrière,
qui ne peut s'expliquer que par suite de la confusion
qui règne dans l'ouvrage, d'ailleurs si approfondi, de
M. Championnière.

Mais contestera-t-on ce dualisme, et dira-t-on que
la justice des comtes n'étaient pas une justice particulière, mais bien la justice du fief, qui, primitivement
réunie avec lui, en aurait été plus tard séparée pour une
cause quelconque ?

C'est là-dessus que M. Championnière diffère totalement de M. Laferrière, et sa théorie sur ce point est
appuyée sur des bases autrement certaines que celles de
la distinction entre l'*honor* et le *proprium*.

La justice, *justitia*, fut tellement peu une émanation

____

(1) Champ., n° 229.—Ibid., n° 210.

du fief, et elle était tellement peu liée à la propriété, que dans le principe, avant la consécration des abus de la féodalité et la chute du pouvoir royal, la justice et le fief n'avaient rien de commun

Le seigneur justicier était tellement peu propriétaire des terres de sa justice, que l'on ne cesse de signaler l'abus que faisaient de leur autorité les justiciers, comtes, évêques, centeniers, pour forcer leurs sujets à leur vendre ou à leur recommander leurs propriétés :—*Dicunt*, dit un Cap. de 811, *quod quicumque proprium suum episcopo, abbati vel comiti aut judici, vel centenario dare noluerit, occasiones quærunt super illum pauperem quomodo eum condemnare possint, et illum semper in hostem faciant ire, usque dum pauper factus volens nolens suum proprium tradat aut vendat; alii vero qui traditum habent, absque ullius inquietudine domi resideant* (1). Une foule d'actes de la même époque confirment celui-là.

Ainsi le pouvoir du justicier ne dérivait nullement de ses droits sur la terre, donc rien de commun entre la justice et le fief.

Originairement le fief était si bien séparé de la justice que le seigneur féodal n'avait droit à la justice qu'autant que la concession l'avait nommément comprise. « Dans « les premières concessions de fiefs, dit La Thaumas- « sière (2), ils étaient donnés sans justice, ce qui a « donné lieu à l'ordonnance de Philippe le Bel qu'aucun, « même l'Eglise, sous prétexte de concession de fief,

(1) Baluze, 1, 185.—(2) La Thaumassière, Cout. du Berry, art. 57.

« ne pourrait prétendre à la justice si elle n'y était com-
« prise nommément. »

L'ordonnance dont il est question est une réponse du roi à un de ses baillis sur la question de savoir si dans une concession royale la justice devait être sous-entendue. *Nos tibi*, dit le roi, *super hæc respondimus : quod in generali concessione quacumque, non intelligimus nec intelligi volumus, justitiam altam foragia feuda nobilium aut jura patronatus venire* (1).

A l'inverse, la justice était donnée sans la propriété des terres : c'est ainsi que le duché qui comprenait douze comtés (2) n'emportait évidemment pas la propriété, mais seulement la justice.

Enfin une autre preuve, et celle-ci sans réplique, est qu'on exigeait que les justiciers eussent des propriétés dans l'étendue de leur justice (3). Donc le périmètre dans lequel elle s'exerçait ne leur appartenait pas de droit.

On en trouverait encore un grand nombre de preuves dans le registre des *Olim*. Nous ne citerons que l'exemple suivant, où les contestations s'élèvent entre deux seigneurs et où ni l'un ni l'autre ne réclament la propriété. *Cum ex parte abbatis et conventus ad nos fuisset delata querimonia quod cum ipsi essent et diu fuissent in possessione justitiæ de Loviginald baillivus... dicta justitia spoliavit*

---

(1) Baquet, *Traité des droits de justice*, chap. VI, n° 1. — (2) Hévin, *Quæst. féodales*, 217 ; Champ., n° 186. — (3) Champ., n° 110 ; Cap. 615 ; Baluze, t. 1, p. 22.

eosdem... prononciatum fuit dictos abbatem et conventum in possessionem suam debere restitui, salvo jure proprietatis et salvo jure cujuslibet (1).

En deuxième lieu, les justices justicières et féodales, différentes dans leur principe, furent toujours essentiellement séparées. La justice justicière s'appliquait sur les couchants et levants dans le territoire de la justice, c'est-à-dire à raison du domicile.

La justice féodale, dérivant de la bande germaine et des idées d'association, était distincte de la juridiction territoriale du comte, à tel point qu'elle ne régissait que ceux qui étaient dans les liens de l'association, les autres restaient soumis à la puissance justicière. Cela est si vrai que le seigneur féodal n'eut pas de juridiction sur les domaines qu'il exploitait lui-même. *Nec enim dominus potest jurisdictionem exercere supra domanio suo,* dit d'Argentré dans son *Attiologie.*

De même s'il l'avait donnée à bail sans la constituer en fief. L'art. 184 de la très-ancienne coutume de Bretagne disait en effet : « Et pour ce ne devrait-il pas être « justicé par celui seigneur s'il n'était prince de la « terre qui eût justicement sur tous ceux du pays tout « généralement. » L'art. 43 de la nouvelle coutume avait conservé le même principe et était ainsi conçu : « Le seigneur n'a aucune justice sur son métaïer s'il n'a « autre seigneurie ou juridiction, » c'est-à-dire s'il n'est

____

(1) Olim., 2, 209, n° 19.

son seigneur féodal à raison de quelque autre concession en fief ou son seigneur justicier.

De même l'immuniste n'avait sur la terre aucune justice tant qu'il ne l'avait pas constituée en seigneurie (1). Il était libéré de l'impôt, mais il demeurait sous l'administration du justicier quant au service militaire, à la police et à la juridiction (2).

Enfin les deux justices, qui différaient si essentiellement quant à la compétence, ne différaient pas moins par le mode dont les jugements étaient rendus et la loi qui les régissait.

Dans la justice féodale, les jugements étaient rendus par les pairs. Les pairs qui ne pouvaient exister que dans la justice féodale signifiaient membres de l'association ; « les pairs, dit Ragueau, sont les vassaux du seigneur « féodal tenant de lui fief de pareille nature et condi- « tion. » *Pares*, dit Jacques de Saint-Georges, *curiæ seu curtis dicuntur convassalli, qui jurarunt fidelitatem eidem domino, pro aliis feudis, quæ tenent vel eo. Sed si essent vassali qui non præstitissent sacramentum fidelitatis eidem domino, non dicerentur esse de paribus curiæ.* Dans le fief, chaque vassal était jugé par les vassaux du même ordre. *Et est adcertendum*, ajoute le même auteur, *quod isti pares curiæ qui habent cognoscere de causa feudali, debent esse illius qualitatis, cujus sunt vassali litigantes. Et ideo si vassalus litigans cum domino, ut comes vel*

____

(1) Champ., n° 232.—(2) Hévin, *Quest. féod.*, 228 ; Gallon., *Traité du franc-alleu*, c. 4 ; Brodeau, *Sur Paris*, art. 68 ; Champ., n° 169.

— 177 —

*baro, certe pares curiæ, qui habent cognoscere de causa
feudali, debent esse comites vel barones* (1). La loi applicable était la loi du fief ou des gentilshommes.

Mais il ne pouvait exister de pairs dans la justice justicière, car il n'existait point de lien entre les individus qui étaient soumis à son empire, aussi étaient-ils jugés par le tribunal du comte. Ce tribunal se composa successivement des Rachinbourgs, Scabini, *boni homines*, bonnes gens, hommes sages, qui appliquaient la loi vilaine sous la présidence du comte. L'appel était porté au roi (2). Nous allons voir que lors de la dissolution du pouvoir royal, le pouvoir du comte n'eut plus de contrôle et se résuma dans la maxime : « Entre toi et ton vilain, il n'y a pas de juge fors Dieu. »

Telles sont les principales preuves qui militent en faveur de l'opinion de M. Championnière. C'est M. Championnière lui-même qui les donne, mais, éparses dans son ouvrage si profond, elles avaient besoin d'être réunies en faisceau pour justifier pleinement son opinion, que nous avons cru devoir adopter. On en trouverait encore d'autres dans le cours de son ouvrage, mais nous ne croyons pas devoir pousser plus avant cette discussion, qui finirait par nous entraîner trop loin de notre sujet.

§ IX. — Ajoutons toutefois, avant de quitter cette matière, et pour présenter le tableau complet des juridictions, que, d'après M. Champonnière, il y aurait

---

(1) Cité par Ducange, v° PAR. — (2) Champ., nos 237 et 238.

encore eu une justice foncière, issue de la justice féodale et toujours intimement unie au fief, par laquelle le
seigneur féodal pouvait contraindre le vassal à l'exécution de ses obligations féodales (1).

§ X. — Il y aurait eu enfin une justice censuelle, ayant
pour objet unique le recouvrement du cens, et reconnue
par plusieurs coutumes. La coutume de Meaux, art. 203,
dit, en effet : « Droit de censive n'attribue droit de
« justice, haute, moyenne et basse, mais censuelle seu-
« lement, qui est la poursuite et l'action des droits cen-
« suels (2). »

§ XI. — Revenons au Domaine public et hâtons-nous
de jeter sur lui un dernier regard, avant qu'il disparaisse
dans la nuit du x° siècle. Nous l'avons vu survivre à
l'invasion barbare. Lors de cette invasion, nous avons
vu la propriété privée respectée en général, puis les
terres fiscales dont la propriété attribuée au roi composa
le domaine de la couronne, et dont le roi se servit pour
faire des libéralités à ses vassaux ; nous avons vu enfin
le Domaine public conserver son caractère.

« Le fisc, dit M. Pardessus, avait l'administration des
« diverses portions de territoire que leur destination à
« des services publics avait fait exclure du partage : tels
« étaient les places, les routes, les ponts, les fleuves, les
« rivages de la mer. Le domaine utile, les revenus appar-
« tenaient au fisc, qui percevait des droits sous une mul-
« titude de dénominations que Ducange fait connaître

---

(1) Champ., n° 237 et 238. — (2) Id., n° 243.

« aux mots *anchoragium exclusaticum, passagium, pe-*
« *dagium, plateaticum,* etc. » Certains particuliers et des
établissements publics, ajoute ce savant auteur, étaient
exempts de ces droits. D'autres fois, des perceptions
étaient concédées à un particulier ou à une personne
morale (1), ce qui confirme le langage que nous avons
tenu plus haut avec M. Championnière en parlant des
honores.

Tous ces biens étaient placés sous la garde des justiciers, comtes, vicaires, centeniers, évêques et abbés, qui
étaient chargés tant de la direction des travaux qui pouvaient être utiles, que de la police et de la sécurité des
lieux publics.

Les travaux étaient ordonnés par un décret de l'empereur ou du roi (*ex imperiali præcepto*). L'entretien était
à la charge de l'État, qui avait le domaine utile, ou de
ceux à qui le roi avait concédé le droit de percevoir les
revenus : ainsi le pont devait être entretenu par celui qui
en avait le péage.

Quant à la création des voies publiques, tout le monde
devait y contribuer : *A majoribus autem et maxime noviter
extruendis nullus ducum, vel comitum, nullus episcoporum vel abbatum excusaretur aliquo modo* (1). Les travaux se divisaient de la manière suivante : *Convenien-
tibus autem undique populis per cognationes et familias
diviserunt viam illam, quam ædificare debuerant in partes*

---

(1) Pardessus, *Commentaire sur la loi salique,* 8e dissert., p. 841.—
(2) Hauteserre, *De Ducibus,* p. 11.

proprias, ut unaquaque cognatio et familia suam sibi cre-
ditam construxisset partem (1).

Quant aux chemins ruraux, ils étaient à la charge des riverains, qui devaient souffrir le passage sur le champ lorsque la voie publique était impraticable (2).

Outre les revenus provenant des droits établis sur les différents biens, il y avait les corvées et les travaux auxquels étaient soumis les habitants, et qui devaient être employés pour le domaine public, mais que nous verrons les comtes s'approprier et faire servir à leur propre usage.

(1) Ducange, v° via.—(2) Champ., n° 323.

CHAPITRE III

ENVAHISSEMENTS DES SEIGNEURS SUR LA ROYAUTÉ.

§ I. — L'état de choses dont nous venons de tracer le tableau à l'époque du moyen âge ne subsista pas longtemps. L'histoire juridique des deux premières races peut se résumer en ces mots : « Les seigneurs luttent contre la royauté. » Celle-ci, après des concessions successives, finit par succomber en reconnaissant la patrimonialité du fief et de la justice.

Les seigneurs justiciers, qui étaient révocables, tendirent d'abord à acquérir l'inamovibilité de leurs fonctions. Une fois inamovibles dans leurs charges, tous leurs soins s'attachèrent à changer leurs *gradus* en *honores*.

Nous avons vu que le comte était seulement chargé de percevoir l'impôt. Il en gardait, il est vrai, une partie, ordinairement le tiers ; mais il devait verser les deux autres tiers dans le Trésor. L'*honoratus*, au contraire, avait la totalité des impôts perçus, les justiciers de leur côté voulurent ne rien rendre au Trésor. La résistance de la royauté fut vive, elle le fut même plus que pour la perpétuité des fonctions; car la nouvelle prétention des justiciers admise lui enlevait tout d'un coup une énorme partie des revenus. Mais les justiciers finirent par y parvenir et ne s'arrêtèrent pas là ; ils voulurent encore convertir leurs charges en propriétés et en disposer comme bon leur semblait, l'affaiblissement de la royauté leur permit d'arriver à leurs fins.

Ce fut Charles le Chauve qui, par son édit de 877, consacra la patrimonialité des justices. L'art. 9 établit le droit d'hérédité ; le droit de disposition entre vifs fut reconnu par l'art. 10.

Cette ordonnance porta le dernier coup à la royauté. Dépouillée de ses revenus et du droit de disposer des charges, ne pouvant dès lors récompenser la fidélité de ses sujets, elle dut bientôt succomber.

Une fois les justices tombées de la sorte dans la propriété privée, les propriétaires les partagèrent, les vendirent, les concédèrent en fermage, les donnèrent. De même ils concédèrent en fiefs les produits qu'ils retiraient et se créèrent la puissance seigneuriale la plus recherchée et la plus avantageuse de toutes (1). Ces inféodations des justices différaient essentiellement des ventes et donations qui emportaient la pleine propriété ainsi que des délégations du comte au vicaire. Entre ceux-ci il existait seulement une relation hiérarchique,

---

(1) Hévin, *Questions féodales*, 1-17.

mais il n'y avait pas de lien féodal, à tel point que la révolution qui rendit le comte propriétaire de sa dignité rendit également le vicaire propriétaire de la sienne.

§ II. — La patrimonialité eut lieu également pour les bénéfices. Ce fut Hugues Capet qui les rendit patrimoniaux et héréditaires. Il ne fut proclamé roi par ses compétiteurs qu'à cette condition ; les bénéfices prirent alors le nom de fiefs.

Là ne s'arrêtèrent pas les envahissements des seigneurs. Si le fief et la justice étaient habituellement concédés séparément, d'autres concessions comprenaient l'un et l'autre. Mais les seigneurs justiciers non féodaux voulurent alors acquérir le domaine des terres sur lesquelles s'étendait leur justice, et de leur côté, les féodaux non justiciers s'efforcèrent d'acquérir la justice de leurs domaines. Les efforts des uns et des autres furent couronnés de succès.

§ III. — Peu contents de ces conquêtes, les seigneurs voulurent encore se rendre complétement indépendants de la royauté. Les seigneurs féodaux, qui tenaient leurs fiefs du roi, tendirent à rompre tous les liens de vassalité qui les rattachaient au pouvoir royal. Les seigneurs justiciers s'efforcèrent de se soustraire à la supériorité hiérarchique du roi. Dans ce but, chacun d'eux s'efforça d'isoler son territoire de celui de son voisin, rompant à cet effet les communications et rendant toutes les relations plus difficiles. C'est ainsi que les routes complétement négligées, les abus des péages et les exactions sur les marchands et les voyageurs rendirent les communications presque impossibles.

Charlemagne avait tenté autant qu'il l'avait pu de prévenir ces abus dont il prévoyait le but et la portée ; il s'était efforcé de faire revivre ce grand moyen de civilisation qui résulte de la viabilité des routes et de la facilité des relations ; aussi voyons-nous les Capitulaires édicter des dispositions pour faire cesser les entreprises des seigneurs sur les voies de communication. *Teloneus aut census non exigatur a quolibet, ubi nec aquam navigio, aut pontem transeundum non est* (1). *Ut nullus homo præsumat teloneum in ullo loco accipere, nisi ubi antiquitus pontes constructi sunt et ubi navigia præcurrunt ; et antiqua videtur esse consuetudo. Similiter nec rotaticum, nec pulveraticum ullus accipere præsumat ; quia qui hoc facere tentaverit, bannum dominicum omnibus componere debet* (2). *Ut nullus cogatur ad pontem ire ad fluvium transeundum propter telonei causas, quando in alio loco ille compendiosius illud flumen transire potest. Similiter in plano campo, ubi nec pons nec trajectus est, ibi omnimodis præcipimus ut teloneus non exigatur* (3).

Il en fut de même pour les poids et mesures, qui variaient d'un comté à l'autre. *Volumus*, dit un Capitulaire, *ut unusquisque judex in suo ministerio mensuram modiorum, sextariorum, et siculas per sextaria octo et corborum eo tenore habeat, sicut et in palatio habemus* (4).

---

(1) Baluze, 1, 393, 1. — (2) Ibid., 1, 102, 22. — (3) Ibid., 1, 171, 9. — (4) Ibid., 1, 331.

Ainsi arrêtées par Charlemagne, ces tendances se développèrent sous ses successeurs, comme nous l'avons déjà dit. Les seigneurs finirent par atteindre leur but; ils s'isolèrent complétement et leur puissance échappa à tout contrôle. L'appel n'eut plus lieu du tribunal du comte au roi pour le seigneur justicier; de même plus d'appel au roi comme suzerain de la part des vassaux dans l'association féodale.

Devant tous ces abus, qu'ils avaient pour objet de réprimer, les Capitulaires restèrent impuissants. Les tailles, les garennes, les banalités, les corvées et services illicites, les dons et cadeaux extorqués et les nouvelles redevances imposées chaque jour injustement par les seigneurs, ne furent que momentanément arrêtés. C'est en vain qu'un Capitulaire s'exprime de la sorte : *Ut ubicumque census novus impie additus est et a populo reclamatur, justa inquisitione misericorditer emundetur* (1). *De injustis occasionibus*, dit un autre Capitulaire de 813, *et consuetudinibus noviter institutis sicut sunt tributa et telonei.... ut auferantur* (2). Ces mesures n'arrêtèrent pas le mal. Sous Louis le Débonnaire, les exactions commencent à paraître légitimes. *Ut rapinæ et deprædaliones, quæ quasi jure legitimo hactenus factæ sunt, penitus interdicantur*, etc. (3). Enfin, Charles le Chauve en reconnût la légitimité dans son édit de 860, et dès lors l'usurpation fut complète.

A l'époque de la troisième race, lorsque les efforts de

---

(1) Baluze, 1, 23, a —(2) Ibid., 1, 618.—(3) Ibid., 2, 41.

la royauté nouvelle et les croisades eurent permis aux populations de compter avec leurs maitres, on les vit s'occuper de faire régler leurs obligations. On constata alors les exactions anciennes, qui furent déclarées légitimes. Les vilains se résignèrent à les payer, et de leur côté, les seigneurs s'engagèrent à ne pas en exiger de nouvelles. « On appelle coutume, disait Poullain au « XVIIIe siècle, les droits et impositions particulièrement « celles qui étaient mises par les seigneurs sur leurs hom- « mes, appelés pour cette raison hommes coutumiers. »

Si le fief n'eut pas en apparence ce caractère odieux d'abus et d'exactions et si le caractère de liberté des contractants fut toujours inscrit, dans la loi du fief, en réalité cette règle fut le plus souvent illusoire; la nécessité fut la cause de toutes les recommandations et le vassal fut soumis aux abus de la suprématie du seigneur, surtout lors de la chute de la royauté où l'appel au roi comme suzerain du fief ne pouvait avoir lieu. C'est ainsi que l'on retrouve dans la féodalité les mêmes abus que sous les justiciers. *Illi enim*, dit Poggius, en parlant de la noblesse, *sibi reges esse videntur, dum adorantur a suis villicis, et aliud id genus rusticis, quibus leges quas volunt, imponunt, præscribunt, jubent, vetant, quod videbitur* (1).

En un mot, le caprice du seigneur fut l'unique loi de cette époque où existait la maxime entre le seigneur et

----

(1) Delaroque, *Traité de la noblesse*, p. 239.

son vilain : « Il n'y a de juge fors Dieu, » maxime qui fut également vraie pour le seigneur féodal.

On se demande comment devant des exactions et des abus aussi patents, aussi universels et que les seigneurs reconnaissaient eux-mêmes avec cette qualité de *malæ consuetudines, injustæ exactiones, pravæ extorsiones* (1); on se demande, disons-nous, comment Montesquieu a pu écrire les paroles suivantes : « Dans l'état où était « l'Europe, on n'aurait pas cru qu'elle pût se rétablir, « surtout lorsque, sous Charlemagne, elle ne forma plus « qu'un vaste empire. Mais, par la nature du gouverne- « ment d'alors, elle se partagea en une infinité de petites « souverainetés; et comme un seigneur résidait dans son « village ou dans sa ville, qu'il n'était grand, riche et « puissant, que dis-je? qu'il n'était en sûreté que par le « nombre de ses habitants, chacun s'attacha avec une at- « tention singulière à faire fleurir leur petit pays (2). » On ne s'explique pas ce langage devant les jacqueries et les insurrections des paysans, on ne saurait l'expliquer sur- tout devant la déclaration de l'organe du tiers état au xv⁰ siècle, qui peignait de la sorte les misères et l'état déplorable des habitants. « Quand le povre labou- « reur, disait-il, a toute la journée travaillé à grand'peine « et sueur de son corps, et qu'il a cueilli le fruit de son « labeur, dont il s'attendoit à vivre, on vient lui oster « partie du fruit de son labeur pour bailler à tel qui peut-

---

(1) Champ., n⁰ 305.—(2) *Esprit des Lois*, liv. XXIII, ch. xxiv.

« être batera le povre laboureur avant la fin du mois,.....
« et quand le povre laboureur a payé à grand'peine la
« cote en quoi il étoit de sa taille pour la soulte des gen·
« darmes et qu'il se cuide conforter à ce qui lui est de-
« meuré, que ce sera pour vivre ou passer son année ou
« pour semer, vient une espasse de gendarmes qui man-
« gera et dégatera ce pou de bien que le povre homme
« aura reservé pour son vivre. Et encore y a peine. A la
« verité, se n'étoit Dieu qui conseille les povres et leur
« donne patience, ils cherroient en désespoir (1). »

§ IV.—Quant au Domaine public, dans une révolution si profonde, arrivée dans les mœurs et les institutions de cette époque, il perdit complétement son caractère, et les biens qui le composaint devinrent la
propriété des seigneurs. A la faveur des droits qu'ils
percevaient sur la plupart des lieux publics, ils s'en
firent reconnaître propriétaires, faisant considérer ces
droits comme redevance foncière ou bail d'héritage.
Quant aux autres biens du Domaine public, ils se les
approprièrent en vertu de la règle qui leur donnait les
biens vacants et sans maîtres.

Nous n'avons qu'à constater ce fait, résultat inévitable
des institutions de cette époque. Quel tableau tracer des
règles qui regissaient le Domaine public, quand l'arbitraire et le bon plaisir du seigneur étaient la seule loi?

---

(1) Rathery, *Hist. des Etats généraux*, p. 162.

CHAPITRE IV

LUTTE DE LA ROYAUTE CONTRE LES SEIGNEURS.

Sommaire. — § I. De la maxime : *Omnia sunt regis*. Toute justice émane du roi. Roi souverain fieffeux du royaume. Seigneurs dépouillés de tous les droits qui tiennent à la souveraineté. — § II. Des effets de ces réformes, par rapport au Domaine public.

§ I. La royauté, à l'aide des théories des légistes et des armes de ses soldats, parvint peu à peu à réduire sous son obéissance tous les alleux du royaume, grands et petits, féodaux ou justiciers. *Omnia sunt regis*, dirent les domanistes. A l'appui de cette maxime, qui fut vraie sous Louis XIV, on posa plusieurs principes, qui, quoique contestables en eux-mêmes, durent être admis devant la puissance toujours croissante de la royauté. Toute justice émane du roi. Tel fut le premier principe, que Beaumanoir explique de la sorte : « Toute laie jurisdiction du royaume est tenue du roi en fief ou arrière-fief (1). » Cette théorie ne pouvait évidemment se soutenir devant l'histoire de la justice justicière ; aussi les domanistes s'efforcèrent-ils de ranger la justice parmi les hiérarchies féodales dans lesquelles existait l'appel

---

(1) Beaumanoir, chap. 11, n° 12.

au suzerain. Ce qui n'avait lieu, comme nous l'avons vu, que dans des cas très-rares, fut posé par eux en principe, et n'a pas peu contribué à obscurcir l'histoire de cette époque.

Plus tard, quand la royauté ne fut plus seulement un pouvoir féodal et justicier, ce principe fut abandonné. On chercha à faire considérer la justice comme une émanation du pouvoir souverain, comme une délégation de la puissance publique. Ce nouveau système, qui était vrai pour ce qui avait eu lieu au commencement de la royauté, ne pouvait être admis en présence de la patrimonialité des justices, légitimée par le pouvoir royal. Il le fut cependant.

Le second principe, tout aussi contestable que le premier, consistait à faire considérer le roi comme souverain fieffeux du royaume. On n'osa pas soutenir toutefois que la directe, c'est-à-dire la propriété de tout le royaume, appartenait au roi ; on se borna à dire que le roi était propriétaire *non specialiter, sed in universo* ; qu'il était propriétaire non pas dans son intérêt particulier, mais pour le bien commun. Malgré de vives résistances, les domainistes parvinrent à faire admettre cette théorie. Elle était cependant contraire à l'histoire, car, dans le système le plus large, on ne pouvait considérer le roi que comme propriétaire de la directe des anciennes terres fiscales dont il avait concédé le domaine utile à ses compagnons d'armes, pour les récompenser de leur fidélité.

Toutefois, à l'aide de ces deux principes, la royauté retira de la patrimonialité tout ce qui pouvait être considéré comme un attribut de la puissance souveraine. Au XVII° siècle, les seigneurs se trouvèrent dépouillés de tout ce qui tenait au droit de juger, au droit de police et au droit de commandement. L'institution des offices judiciaires, celle des notaires, celle des employés de la police administrative leur furent enlevées; ils ne conservèrent que la faculté d'une simple désignation, les pouvoirs émanant du roi seul.

A cette époque, en un mot, les justices seigneuriales n'étaient plus un démembrement de la puissance publique. Le droit seigneurial ne se composait plus que de ce qui avait pu prendre les caractères de la propriété privée, tels que les éléments de l'impôt converti en propriété et les fruits de l'abus consacré par les coutumes (1).

§ II. Les effets de cette révolution se firent sentir sur les biens qui composaient le domaine public. Les seigneurs furent promptement dépouillés des péages et autres droits sur les chemins par la royauté aidée des parlements. On voulut les obliger à réparer les voies sur lesquelles leurs droits s'exerçaient (2) et les rendre responsables des délits qui s'y commettaient. Devant de telles obligations et une aussi grande responsabilité, les seigneurs ne résistèrent pas longtemps. Le roi fut bientôt déclaré souverain voyer de son royaume, et à l'aide de cette déclaration, les domainistes firent attribuer au roi la propriété des grandes routes et des voies publiques.

---

(1) Champ., n⁰ 327.—(2) Beaumanoir, chap. 25 n° 1.

Il en fut de même pour les grandes rivières, le roi en fut reconnu propriétaire. « Les grands fleuves et les rivières navigables appartiennent en pleine propriété au roi et aux souverains, par le seul titre de leur souveraineté; » ainsi s'exprimait le préambule de l'ordonnance de 1683. De même pour les rivages de la mer, ils appartenaient au pouvoir royal.

Enfin, quant aux biens composant le Domaine public municipal, les seigneurs, en vertu des droits qu'ils percevaient sous les noms de droits de marché, de halle, de vente, s'étaient fait considérer comme propriétaires des rues, places, marchés, champs de foire, etc. Ils furent expropriés de ces biens. Plusieurs ordonnances, entre autres celle de 1693, rendirent forcé le rachat des droits seigneuriaux dans les villes et bourgs fermés. Le prix était versé dans le Trésor royal, qui devait payer une indemnité aux seigneurs.

Ainsi furent enlevés aux seigneurs les biens composant le Domaine public. Mais dans l'obscur chaos du x⁰ siècle, les véritables théories sur la matière s'étaient perdues; ces biens faisaient alors partie du Domaine privé; enlevés aux seigneurs, on ne leur rendit pas pour cela leur caractère de Domaine public, qui n'était plus connu à cette époque; ils devinrent la propriété du roi ou des villes. Toutefois, l'étude du droit romain en France rappela les vrais principes et fit comprendre que les biens du Domaine public différaient de ceux du Domaine privé. C'est ainsi que l'on voit le parlement de Bordeaux constater parfaitement la nature du Domaine public dans

sa remontrance au roi du 30 juin 1766. « Il y a
« des biens, lit-on dans ce document, appartenant en
« commun à la nation, tels que les rivières, les rivages
« de la mer, etc., dont la garde et la conservation est
« l'attribut de la souveraineté. Il n'était pas besoin de
« loi pour déclarer ces biens inaliénables, parce qu'ils
« le sont par leur nature... Ce n'est pas une véritable
« propriété dans la main du souverain, mais plutôt un
« dépôt qui lui a été confié de la chose commune ou
« publique, pour la conserver, la protéger, pour la rendre
« plus utile à tous ses sujets. »

Ces principes incontestables ont été consacrés par la
révolution de 1789, qui a fait dans nos lois une classe
à part des biens dont se compose le Domaine public.

CHAPITRE V

APERÇU DU DERNIER ÉTAT DU DROIT CONCERNANT LE DOMAINE PUBLIC AVANT 1789.

§ I.—On distinguait trois sortes de chemins : les chemins royaux, les chemins publics et les chemins particuliers.

Les chemins royaux sont définis par Loiseau: « Ceux « qui conduisent d'une bonne ville à une bonne ville ; les « chemins publics sont ceux qui conduisent d'un village « à un autre village ; les chemins particuliers sont ceux « qui conduisent dans les héritages particuliers. Les « chemins publics, quoique ne portant pas le nom de « royaux, appartiennent au roi, sans le consentement de « qui le seigneur ayant voirie ne peut en disposer. »

Les chemins étaient imprescriptibles, et en vertu de ce principe, l'ordonnance de Blois put ordonner dans son article 356 que tout grand chemin serait rendu à son ancienne largeur, nonobstant toutes usurpations, par quelque laps de temps qu'elles pussent avoir été faites.

Un chemin perdait sa destination, soit par une ordonnance de l'autorité, soit par l'abandon qu'en avait fait le public. Dans ce cas, le terrain appartenait au seigneur haut-justicier du lieu de sa situation (1).

Mais si l'abandon d'un chemin lui faisait perdre son caractère, à l'inverse un chemin particulier devenait chemin public par la seule possession du public.

L'établissement des routes royales se faisait aux frais du Trésor. Les terrains nécessaires pour l'établissement ou le redressement du chemin étaient expropriés, et nous trouvons pour ce dernier cas un genre d'indemnité tout particulier dans un arrêt du 26 mai 1705, qui s'exprime de la sorte.... « Auquel effet ils feront passer « sans aucune distinction au travers des terres des par- « ticuliers, auxquels, pour le dédommagement, sera « laissé le terrain des anciens chemins qui seront aban- « donnés. Et en cas que le terrain desdits anciens che- « mins ne se trouve pas contigu aux héritages des parti- « culiers sur lesquels les nouveaux chemins passeront, « ou que la portion de leur héritage qui resterait fût « trop peu considérable pour pouvoir être exploitée sé- « parément, veut Sa Majesté que les particuliers dont les « héritages seront contigus, tant aux anciens chemins « qui auront été abandonnés qu'aux portions des héri- « tages qui se trouveront coupés par les nouveaux che-

---

(1) Jugement de la table de marbre du 2 août 1715.

« mins, soient tenus du dédommagement de ceux sur
« lesquels les nouveaux chemins passeront, sur l'estima-
« tion qui sera faite, par lesdits commissaires, de la valeur
« du terrain qui sera abandonné. Lequel dédommage-
« ment se fera en deniers lorsque le prix desdites por-
« tions d'héritage n'excédera pas 100 livres. » Ces travaux étaient exécutés sous la direction des trésoriers
de France, qui étaient chargés de la grande voirie.

La largeur des grandes routes était déterminée par un
arrêt du Conseil du 3 mai 1720. Pour les chemins royaux
elle était de 60 pieds avec fossés de 6 pieds en dehors
(art. 2). Les autres grands chemins devaient avoir
36 pieds de large et pareillement des fossés de 6 pieds
en dehors. Les frais qu'occasionnaient les travaux d'élargissement étaient à la charge du Trésor (art. 3).

Parmi les servitudes qu'entraînaient les grands chemins, remarquons l'essartement, prescrit par l'ordonnance
du mois d'août 1669; l'obligation de planter des arbres,
prescrite par l'art. 6 de l'arrêt de 1720; le curage des
fossés et le rejet des terres, imposés aux riverains par
l'art. 4 du même arrêt, et enfin la servitude de l'alignement, qui devait être demandé pour les matières de
grande voirie aux trésoriers de France, dont la compétence s'étendait à tout ce qui intéressait l'établissement,
les réparations et la voirie des grands chemins dans
chaque généralité. Remarquons toutefois que, dans certains pays d'États, c'étaient les États eux-mêmes qui
étaient chargés de pourvoir aux dépenses de construction, réparation et entretien des chemins, et que c'é-

taient eux aussi qui en avaient la direction. Il en était ainsi dans le Languedoc. Les trésoriers de France de Toulouse avaient voulu leur enlever ce droit, mais les diverses ordonnances qu'ils avaient rendues à ce sujet furent cassées par un arrêt du Conseil du 10 décembre 1726.

Quant aux autres chemins publics, leur largeur n'était pas uniforme et variait avec les coutumes; les réparations étaient à la charge des riverains. La petite voirie, dont ils faisaient partie, appartenait à chaque juge qui avait la police dans l'étendue de son territoire, à moins qu'il n'y eût de juge particulier pour la voirie (1).

Pour ce qui est des rues et places publiques, nous avons vu que les seigneurs en furent expropriés en vertu de plusieurs ordonnances, entre autres de celle de 1693. La police et la voirie appartenaient aux juges ordinaires de police, à l'exclusion des trésoriers de France. Ainsi c'était aux juges de police seuls que devaient être demandés les alignements des murs de face et d'encoignure donnant sur les grands chemins, même dans les villes murées (2). Toutefois, il faut excepter les villes dans lesquelles il y avait des bureaux de finances établis : dans celles-ci, c'étaient les trésoriers de France qui donnaient les alignements.

Remarquons que dans certaines villes la voirie municipale appartenait aux officiers municipaux. C'est ainsi qu'à Toulouse c'étaient les capitouls qui en étaient char-

---

(1) Merlin, *Répertoire*, v° Voirie. — (2) Arrêt du grand Conseil du 23 janvier 1743.

gés, et en leurs qualité de grands voyers de la ville, tout ce qui concernait les alignements, l'entretien et la liberté des rues, des places publiques et des grands chemins, leur appartenait; l'appel était porté à la grande chambre du Parlement. Notons même qu'une ordonnance générale sur la voirie fut délibérée et votée par les capitouls le 10 novembre 1769 (1). De même à Lyon, la grande et la petite voirie étaient attribuées aux prévôts et aux échevins.

Quant au droit de voirie, il était à peu près le même que de nos jours, et est resumé de la sorte par M. Le Clerc du Brillet dans son *Traité de la Police :* « Les autres « prérogatives du droit de voirie consistaient dans le « pouvoir de faire des ordonnances et des règlements « pour l'alignement, pour la hauteur et la régularité des « édifices; pour le pavé et le nettoyement des rues et « des places publiques ; pour tenir les chemins en bon « état, libres et commodes; pour faire cesser les périls et « les dangers qui peuvent s'y trouver; pour empêcher « toute nature d'entreprises contraires à la décoration « des villes, à la sûreté, à la commodité des citoyens et « à la facilité du commerce (3). »

§ II.—Parmi les églises, les unes devaient aux seigneurs des censives ou redevances seigneuriales; les autres étaient tenues en franche aumône et ne devaient dès lors qu'une déclaration sèche au seigneur, déclara-

---

(1) Soulages, *Coutume de Toulouse*, p. 121.—(2) Le Clerc du Brillet, *Traité de la Police*, t. IV.—(3) Denizart, v° VOYER.

tion qui avait pour but de fixer la consistance de ce qui était possédé librement, pour éviter toute confusion avec les autres terres soumises aux redevances seigneuriales. La possession immémoriale de franchise les faisait présumer tenues en franche aumône, même dans les coutumes où se trouvait inscrite la maxime « nulle terre « sans seigneur ».

Le presbytère était considéré comme un accessoire de l'église et suivait la même condition.

Quant aux nouvelles églises, les terrains acquis pour les construire étaient affranchis du droit d'amortissement (1). Pour les dépenses d'entretien et de reconstruction, il fallait distinguer entre les diverses parties des églises. L'entretien du chœur et du cancel des églises paroissiales était à la charge de ceux qui percevaient la dîme. Quant à la nef, elle était aussi originairement à la charge des décimateurs, assujettis en outre à toutes les réparations des églises; mais l'édit du mois d'avril 1695 restreignit leurs obligations à l'entretien du chœur et du cancel, la nef fut mis à la charge des habitants des paroisses.

A l'égard des cimetières, ils étaient, comme les églises, tenus en franche aumône ou soumis à des redevances seigneuriales. Les paroisses seules avaient droit aux cimetières. Les autres églises n'en pouvaient avoir qu'en vertu de priviléges particuliers (2). Ils devaient être clos de

---

(1) Déclaration de 1687 et du 9 mars 1700, art. 17. Édit du mois de mai 1708, art. 12.—(2) Denizart.

murs et la clôture était à la charge des habitants (1).

Relativement aux nouveaux cimetières, les terrains acquis ou donnés pour leur établissement étaient affranchis du droit d'amortissement. Les dépenses qu'occasionnait leur création étaient réglées par l'art. 13 du réglement du 21 mai 1765. « Les dépenses, y est-il dit, « doivent être supportées par chaque paroisse du même « arrondissement à proportion du nombre des sépultures « annuelles qu'elles peuvent avoir, et au marc la livre de la « somme totale qui aura été employée aux dépenses sus- « dites du cimetière de leur arrondissement. » L'art. 15 ordonne que pour supporter lesdites charges, « il sera « payé par les héritiers ou les représentants du défunt à « la fabrique de chaque paroisse un supplément de six « livres par chaque enterrement des grands ornements, « et de trois livres pour chacun des autres, sauf ceux de « charité, à raison desquels il ne sera rien perçu. » On destinait aussi à ces dépenses l'argent provenant des acquisitions de terrains pour tombes particulières, dont le prix était fixé à 300 livres.

Ces nouveaux cimetières appartenaient aux fabriques, qui percevaient, à l'exclusion du curé, les produits provenant des fruits, arbres et herbes qui pouvaient 's'y trouver, ainsi que les dons libres pour l'ouverture de la terre.

La translation d'un cimetière dans un autre lieu ne pouvait avoir lieu que du consentement du curé, de l'é-

---

(1) Édit du mois d'avril 1695, art. 22.

vêque et du juge royal, dont l'autorisation était aussi nécessaire pour exhumer les corps.

Quant aux autres mesures de police concernant les cimetières, elles se trouvent dans le règlement du 21 mai 1765.

§ III. Au xive siècle, la découverte de la poudre à canon avait opéré une révolution complète dans la tactique militaire; l'ancien système de fortification et de défense des places avait été abandonné. Une science nouvelle, dans laquelle devait s'illustrer Vauban, avait pris naissance et avait nécessité une législation spéciale. On avait compris la nécessité d'isoler les fortifications et d'interdire aux approches des places de guerre toutes constructions ou autres ouvrages qui auraient pu arrêter les feux de la place, ou protéger la marche de l'ennemi. Ces nouveaux besoins avaient nécessité l'établissement de servitudes militaires.

. Ces servitudes de même que toutes celles d'utilité publique, que M. Delalleau définit « des restrictions ap- « portées par des considérations d'utilité publique aux « droits de jouissance ordinairement inhérents à la pro- « priété foncière (1), » n'ouvraient pas de droit à indemnité en faveur des propriétaires qui y étaient soumis. « Il ne paraît pas, dit ce savant auteur, que dans notre « ancienne législation l'on ait jamais reconnu le droit à « une indemnité de la part des propriétaires de terrains « grevés de servitudes dans l'intérêt de la défense de

---

(1) Delalleau, *Traité des servitudes légales des places de guerre*, n° 8.

« l'État, ni même de la part de ceux qu'atteignaient les
« nombreuses servitudes établies pour cause d'utilité
« publique. L'on admettait sans doute alors que le pré-
« judice causé par l'établissement de ces servitudes était
« une charge sociale à laquelle chacun de ceux qui s'en
« trouvaient atteints était tenu de se résigner. Il est du
« moins certain que l'ordonnance de 1713 et celles qui
« l'ont suivie n'ont jamais parlé des indemnités aux-
« quelles l'établissement des servitudes aurait pu donner
« naissance (1). » Remarquons toutefois qu'il ne dut pas
en être ainsi à l'égard des constructions qui existaient
avant l'établissement des servitudes. Quand leur démolition était jugée nécessaire, le propriétaire devait sans
nul doute être dédommagé de la perte de son édifice. Ce
qui nous confirme dans cette opinion, c'est que l'ordonnance de 1713 n'en prescrivait pas la démolition d'une
manière générale ; le roi, au contraire, se réservait de
statuer sur chacune d'elles.

Arrivons maintenant à l'examen de la législation sur
les matières qui nous occupent. L'ordonnance du 16 juillet 1670 défendit à qui que ce fût de construire aucune
maison dans les faubourgs des places frontières avancées,
sans en avoir la permission du roi. Cette ordonnance, qui
ne déterminait ni les places de guerre auxquelles elle
s'appliquait, ni les constructions qu'elle interdisait, ni
le rayon dans lequel s'étendait la prohibition, était d'une
application fort difficile en pratique ; aussi des contra-

____

(1) Delalleau, n° 660.

ventions très-fréquentes furent-elles tolérées par les officiers des places de guerre. Une nouvelle ordonnance,
en date du 2 février 1675, parut dans le but de les faire
cesser; mais, aussi imparfaite que la première, elle ne
produisit pas de meilleurs résultats. On sentit alors la
nécessité de remanier la législation existante, et le 9 décembre 1713, parut une ordonnance qui combla, en
partie du moins, les lacunes des lois précédentes. Elle
établit que la prohibition ne s'appliquait qu'aux constructions de maçonnerie, et elle fit même une exception
« pour l'établissement à chacune des portes et des princi-
« pales avenues des places fortes, à 200 toises de dis-
« tance des palissades du chemin couvert, d'un cabaret
« pour la commodité des voyageurs qui arrivaient après
« la fermeture des portes. »

Elle fixa de plus le rayon dans lequel s'appliquait la
prohibition de construire à 250 toises, mesurées de la
palissade du chemin couvert. Mais elle omit de déterminer les places et postes militaires auxquels elle s'appliquait; le roi continua à les indiquer, et les particuliers
continuèrent à être dans l'incertitude à l'égard de celles
qui n'étaient plus entretenues, mais qui par suite d'événements imprévus pouvaient être classées parmi les places
utiles à la défense du royaume (1).

L'ordonnance du 7 février 1744 établit deux nouvelles
servitudes. La première, concernant les amas de matériaux, était réglée par l'art. 62, qui défendait, dans un

____

(1) Delalleau, n° 660.

rayon de 500 toises de la place, de transporter des décombres ailleurs que dans les lieux indiqués par l'ingénieur en chef de la place; la deuxième était imposée par l'art. 66, dans lequel Sa Majesté enjoignait aux ingénieurs de ne point souffrir qu'il fût fait aucun chemin, levée ou chaussée, ni creusé aucun fossé à 500 toises près d'une place de guerre, sans que l'alignement en eût été auparavant concerté avec l'ingénieur en chef de la place.

Enfin l'ordonnance du 31 décembre 1776, maintenant la prohibition de construire dans un rayon de 250 toises, ordonna, de plus, « que pour les maisons à élever jusqu'à « 500 toises, l'alignement en serait auparavant concerté « avec l'officier du corps employé dans la place. » Elle entreprit en outre de combler la lacune qu'avaient laissé subsister les ordonnances précédentes, en désignant les places auxquelles s'appliquent les servitudes militaires.

Mais la classification des places de guerre en douze directions et vingt-quatre brigades resta incomplète jusqu'à la loi du 10 juillet 1791. Les rédacteurs de cette loi firent cesser désormais tout arbitraire à cet égard, en déclarant qu'on ne réputerait places de guerre ou postes militaires que les lieux énoncés au tableau annexé à cette loi.

§ IV. —Les mers qui environnent le royaume et leurs rivages appartiennent au roi. « Le roi, dit Carondas, « est seigneur souverain des mers qui s'étendent à l'en- « tour de son royaume, par le moyen de ce qu'en sa « puissance est transféré tout le droit des choses com- « munes et universelles, par le droit naturel et des « gens. »

Les rivages de la mer comprennent tout ce qu'elle couvre et découvre pendant les nouvelles et pleines lunes et jusqu'où le grand flot de mars se peut étendre sur les grèves. Il est défendu à toute personne de bâtir sur le rivage de la mer et d'y rien faire qui puisse porter préjudice à la navigation (1).

La police en appartient au roi à l'exclusion des seigneurs hauts-justiciers qui ont leurs fiefs sur les bords. Ce droit leur fut enlevé par une ordonnance de François Ier du mois de février 1544.

De la souveraineté du roi sur la mer et sur ses rivages, il résulte que si la mer se retire, soit naturellement, soit par suite de travaux d'art, le terrain qu'elle abandonne appartient au roi par droit d'alluvion, et que lui seul peut en faire des concessions, etc.

Le droit aux épaves fut aussi attribué au roi à l'exclusion des justiciers. La législation en cette matière est résumée dans les termes suivants par le Bret, *Traité de la souveraineté :* « Comme il arrive souvent des naufrages « sur mer et que les choses naufragées viennent sur les « bords, les lois ont réglé un temps qu'elles accordent « aux maîtres pour les recouvrer ; et s'ils ne paraissent « dans ce temps, le prince y a ses droits comme sur les « autres espèces de biens vacants, et les officiers de mer « et ceux qui les ont trouvées y ont aussi le leur, ainsi « qu'il est réglé par les ordonnances. »

Remarquons toutefois qu'il n'en était pas de même

____

(1) Ordonnance de la marine, liv. IV, tit. 7, art. 1 et 2.

dans tout le royaume. Ainsi, en Normandie, le droit aux épaves, connu sous le nom droit de varech, était attribué aux seigneurs. L'art. 596 de la coutume de Normandie leur reconnaît en effet le droit de s'approprier « toutes « choses que l'eau jette à terre, par tourmente et fortune « de mer, ou qui arrive si près de la terre qu'un homme « à cheval y puisse toucher avec sa lance, » si personne ne les avait réclamées dans l'année. Les choses soumises au varech étaient de la compétence des officiers du roi, qui en ordonnaient le séquestre entre les mains du seigneur ou la vente provisoire (1).

Sous le nom de varech sont aussi désignées certaines herbes que la mer rejette sur les côtes et dont nous n'avons pas à nous occuper; disons seulement que cette matière est réglée par plusieurs ordonnances de 1731.

Quant aux mesures à prendre pour la défense des côtes et le service militaire, soit en temps de paix, soit en temps de guerre, elles sont contenues dans le règlement du 28 janvier 1716 précité.

§ V.—Gallon, dans son *Commentaire sur l'ordonnance des eaux et forêts*, divise les rivières en quatre classes : les rivières royales, les rivières banales, les rivières publiques et les rivières privées.

« Les rivières royales sont les fleuves et rivières navi-« gables.

« Les rivières banales sont celles qui appartiennent

---

(1) Ordonnance de février 1549. Coutume de Normandie, art. 597 et suivants.

« en propriété domaniale aux seigneurs hauts-justiciers,
« et sur lesquelles ils ont droit d'empêcher de faire
« des constructions, des saignées, des digues, de pê-
« cher, etc.

« Les rivières publiques sont celles sur lesquelles le
« roi, ni personne autre en particulier, ne prend aucun
« droit et qui appartiennent en général aux peuples
« voisins, comme sont celles qui passent à travers des
« marais, palus, padouans et terres inondées.

« Les rivières privées sont celles formées par des
« sources prenant naissance dans un héritage, et qui ap-
« partiennent au propriétaire dans l'étendue de ses
« propriétés (1). »

Ces divisions ouvriraient un large champ à la critique :
toutefois, nous ne nous y arrêterons pas; nous nous
contenterons de faire remarquer la vérité de ce que nous
écrivions plus haut, que les véritables idées sur le Domaine
public étaient perdues. Quelles sont en effet, au temps
de Gallon, les rivières publiques? Le croirait-on? ce sont
celles qui ne sont affectées à aucun service public.

Laissons-les de côté pour nous occuper seulement des
fleuves et des rivières navigables.

D'après le préambule de la déclaration du mois d'a-
vril 1683, les grands fleuves et les rivières navigables,
c'est-à-dire portant bateau de leur fond sans artifice et
ouvrage de main (2) appartiennent en pleine propriété

---

(1) Ancien Denizart, v° Rivière. — (2) Ordonnance des eaux et forêts
de 1669, art. 41, tit. 27.

au roi et aux souverains par le seul titre de leur souveraineté. Par suite, tout ce qui se trouve renfermé dans leur
lit, comme les iles qu'elles forment en diverses manières,
les accroissements et atterrissements, les péages, passages,
ponts, bacs, pêche, moulins et autres choses ou droits
qu'elles produisent appartiennent aussi au roi, et personne
n'y peut prétendre aucun droit sans un titre exprès et
une possession légitime.

La déclaration du mois d'avril 1683 détermine les
conditions que doivent réunir le titre et la possession.
En général, elle exige qu'ils soient antérieurs à l'année 1566 et impose diverses redevances aux propriétaires.

La servitude du chemin de halage était imposée aux
propriétaires riverains par l'art. 7 de l'ordonnance de 1669
ainsi conçu : « Les propriétaires des héritages aboutissant
« aux rivières navigables doivent laisser le long des bords
« vingt-quatre pieds de place au moins en largeur pour
« chemin royal et trait de chevaux, sans qu'ils puissent
« planter arbres ni tenir clôture ou haies plus près que de
« trente pieds, du côté que les bateaux se tirent, et dix
« pieds à l'autre bord, à peine de 500 livres d'amende
« contre les contrevenants. »

Nous ne pousserons pas plus loin nos observations sur
cette matière.

Nous ajouterons seulement que si le flottage n'avait
pas fait classer les cours d'eau flottables au même rang
que les fleuves navigables, il n'était pas pour cela dénué
de protection. L'art. 7 du chapitre 17 de l'ordonnance
de décembre 1672 avait imposé aux propriétaires des

héritages riverains l'obligation de laisser un chemin de quatre pieds pour le passage des ouvriers. L'art. 8 de ce chapitre autorise même les marchands à faire passer leurs bois par les étangs et fossés appartenant aux gentils-hommes et obligent ces derniers de faire, à cet effet, ouverture de leurs basses-cours et parcs aux ouvriers préposés par lesdits marchands à la charge de dédommager le cas échéant.

Ici se termine l'aperçu rapide que nous avons dû présenter de la dernière situation, dans notre ancien droit, des biens composant le Domaine public; aperçu qui suffira, nous l'espérons, pour faire apprécier les innovations qu'introduisit la Révolution de 1789 dans ces matières.

IIIme PARTIE

DU DOMAINE PUBLIC
DANS NOTRE DROIT MODERNE

CHAPITRE I
LÉGISLATION.

Sommaire.—§ I. **Critique des diverses dispositions législatives sur le domaine public. —§ II. Énumération des biens dont il se compose. § III.** *Quid des édifces publics ?*

§ I.—Les véritables idées sur le Domaine public qui, comme nous l'avons vu, s'étaient peu à peu fait jour avant la Révolution, n'avaient pénétré que d'une manière bien imparfaite dans la législation ancienne. Il était réservé à l'Assemblée constituante d'introduire dans nos lois les théories si justes et si philosophiques des jurisconsultes romains, et de créer, pour ainsi dire, le Domaine public dans notre Droit français.

Après la destruction de l'ancien édifice social, les biens composant le Domaine public se trouvèrent placés dans les attributions des administrations de département. C'est la disposition de la loi du 22 décembre 1789. Cette loi porte en effet : « Les administrations de département

« seront encore chargées, sous l'autorisation et l'inspec-
« tion du roi comme chef suprême de la nation et de
« l'administration générale du royaume, de toutes les
« parties de cette administration, notamment de celles
« qui sont relatives.... 6° à la conservation des forêts,
« rivières, chemins et autres choses communes; 7° à la
« direction et confection des travaux pour la confection
« des routes, canaux, et autres ouvrages publics, auto-
« risés dans le département; 8° à l'entretien, réparation
« et reconstruction des églises, presbytères et autres
« objets nécessaires au service du culte religieux (1). »

La classification de ces différents biens dans une espèce à part, et sous une dénomination spéciale, fut faite
d'abord par la loi du 22 novembre 1790. La loi du
8 juillet 1791 compléta celle de 1790 quant au Domaine militaire. Le décret du 6 octobre 1791 contenait
dans son art. 4 une disposition particulière pour les
cours d'eau, disposition plus tard abrogée par le Code
Napoléon. Enfin ce code définit aussi le Domaine public en énumérant les biens dont il se compose. Les énu-
mérations contenues dans ces différentes lois sont incom-
plètes et inexactes. C'est ce dont nous allons nous con-
vaincre après avoir parcouru les différents textes qui
composent la législation spéciale du Domaine public.

L'art. 2 de la loi du 22 novembre 1790 est ainsi conçu :
« Les chemins publics, les rues et places des villes, les
« fleuves et les rivières navigables, les rivages, lais et

---

(1) Loi du 22 décembre 1789, art. 2, sect. III.

« relais de la mer, les ports, les havres, les rades, etc.,
« et en général toutes les portions du territoire national
« qui ne sont pas susceptibles d'une propriété privée
« sont considérés comme des dépendances du Domaine
« public. » Cet article fait une confusion entre le Domaine de l'État et le Domaine public quand il place
dans le Domaine public les lais et relais de la mer. Que
sont en effet les lais et relais de la mer? Ce sont les terrains que la mer laisse à découvert en se retirant d'une
manière définitive. « Après avoir fait partie des rivages de
« la mer, dit M. Troplong, ils s'en éloignent progressive-
« ment et deviennent des terres distinctes, des terres d'al-
« luvion, souvent fertiles et de nature à être livrées à la
« culture (1). Il eût été plus juste, ajoute ce savant auteur,
« de dire qu'ils font partie du Domaine de l'État. » C'est
aussi l'opinion de presque tous les auteurs ainsi que celle
du législateur lui-même, comme nous le verrons dans la
loi du 16 septembre 1807. Cependant M. Proudhon est
d'un avis différent, mais par suite d'une confusion. Pour
lui, rivage de la mer, et lais et relais sont synonymes :
« Les lais et relais de la mer, dit-il, consistent dans les
« parties littorales de la terre ferme qui sont alternative-
« ment couvertes et délaissées par les flots (2). » Après en
avoir donné une pareille définition, il a sans doute raison
de les attribuer au Domaine public ; seulement les lais et
les relais ne doivent pas être définis à la manière de
M. Proudhon, ils sont tout autre chose.

____

(1) Troplong, *Prescription*, no 152.　(2) Proudh., no 704 et 706.

A ces inexactitudes de la loi de 1790, il faut en ajouter d'autres. Il est dit dans l'art. 5 : « Les murs et « fortifications des villes entretenues par l'État et utiles « à sa défense font partie des Domaines nationaux. Il en « est de même des anciens murs, fossés et remparts de « celles qui ne sont point des places fortes. Mais les « villes et communautés qui en ont la jouissance actuelle « y seront maintenues si elles sont fondées en titre, ou « si les possessions remontent à plus de dix ans et à l'é- « gard de celles dont la possession aurait été troublée ou « interrompue depuis quarante ans, elles y seront réta- « blies ; les particuliers qui justifieront de titres valables « ou d'une possession paisible et publique depuis quarante « ans seront également maintenus dans leur propriété « et jouissance. » Peut-on mettre ainsi sur le même rang ces deux classes de biens ? N'est-il pas évident que les anciens murs et remparts des villes qui ne sont pas places de guerre ne font plus partie du Domaine public ? Qu'ils cessent d'être imprescriptibles et inaliénables ? La loi elle-même le reconnaît, puisqu'elle les maintient dans certains cas comme propriétés privées. Ces objets ne sont donc pas dans le Domaine public ; ils sont dans le Do- maine de l'État.

L'art. 7 de la même loi renferme encore une plus grave erreur. Il est ainsi conçu : « Les acquisitions « faites par le roi à titre singulier, et non en vertu des « droits de la couronne, sont et demeurent pendant son « règne à sa libre disposition, et ledit temps passé, elles « se réunissent de plein droit et à l'instant même au

« Domaine public. » Bien évidemment, les biens dont il s'agit ici n'ont aucun des caractères de ceux qui composent le Domaine public; ces biens, loin d'être destinés à l'usage ou à la défense de tous, sont l'objet d'un véritable droit d'appropriation au profit de la nation, et conséquemment ils doivent être placés dans le Domaine de l'État ou de la couronne.

La loi du 8 juillet 1791 s'occupe du Domaine militaire, elle porte dans son art. 13 : « Tous terrains de forti-
« fications des places de guerre ou des postes militaires,
« tels que remparts, parapets, fossés, chemins couverts,
« esplanades, glacis, ouvrages avancés, terrains vides,
« canaux, flaques ou étangs dépendant des fortifications
« et tous autres objets faisant partie des moyens défen-
« sifs des frontières du royaume, tels que lignes, re-
« doutes, batteries, retranchements, digues, écluses,
« canaux et leurs francs-bords, lorsqu'ils accompa-
« gnent les lignes défensives, ou qu'ils en tiennent
« lieu; quelque part qu'ils soient situés, soit sur les
« frontières de la terre, soit sur les côtes et dans les
« îles qui les avoisinent, sont déclarés propriétés natio-
« nales; En cette qualité, leur conservation est attribuée
« au ministre de la guerre, et dans aucun cas les corps
« administratifs ne pourront en disposer ni s'immiscer
« dans leur manutention d'une autre manière que celle
« qui sera prescrite par la suite du présent décret, sans
« la participation dudit ministre, lequel, ainsi que ses
« agents, demeureront responsables en tout ce qui les
« concerne de la conservation desdites propriétés na-

« tionales, de même que de l'exécution des lois renfer-
« mées dans le présent décret. »

Dans l'art. 2, cette même loi fait cesser la confusion
qui existait dans la loi de 1790 ; elle détermine, en effet,
ce que l'on doit entendre par place de guerre et range
par cela même les anciennes forteresses dans le Domaine
de l'État. « Ne seront réputés, dit cet article, places de
« guerre et postes militaires que ceux énoncés au tableau
« annexé au présent décret. »

Quant aux véritables places de guerre actuelles, elles
font partie du Domaine public et leur suppression ne
pourra être ordonnée que d'après l'avis d'un conseil de
guerre, confirmé par un décret du corps législatif sanctionné par le roi, c'est-à-dire par une loi.

Le décret des 28 septembre et 6 octobre 1791 s'occupait des prises d'eau. Il portait dans son art. 4 : « Nul
« ne peut se prétendre propriétaire exclusif des eaux
« d'un fleuve ou d'une rivière navigable ou flottable ; en
« conséquence tout propriétaire riverain peut, en vertu
« du droit commun, y faire des prises d'eau, sans néan-
« moins en détourner ni embarrasser le cours de l'eau
« d'une manière nuisible au bien général de la naviga-
« tion établie. » Cet art. a été abrogé par le Code civil.

Nous arrivons à ce code. L'art. 538 est ainsi conçu :
« Les chemins, routes et rues à la charge de l'État, les
« fleuves et rivières navigables ou flottables, les rivages,
« lais et relais de la mer, les ports, les havres, les ra-
« des et généralement toutes les portions du territoire
« national qui ne sont pas susceptibles d'une propriété

« privée, sont considérés comme une dépendance du
« Domaine public. » Cet article, qui était la reproduction
de la loi de 1790, consacre la même erreur au sujet des
lais et relais de la mer ; de plus, l'adjonction malheureuse
des mots : *à la charge de l'État*, qui ne se trouvaient pas
dans la loi de 1790, peut induire en d'autres erreurs
plus grandes. Ne semble-t-il pas que l'on devrait en
conclure que les routes à la charge des départements et
des communes ne font pas partie du Domaine public? et
pourtant ce serait contraire à toutes les théories sur la matière. Peu importe, en effet, à la charge de qui sont les
routes : qu'il s'agisse de grandes routes ou de chemins
vicinaux, ce qui caractérise leur nature de Domaine public, c'est leur destination à l'usage de tous, destination
qui les rend incompatibles avec la propriété privée et les
place hors du commerce.

Cependant on a soutenu que les chemins vicinaux
étaient la propriété des communes et ne faisaient pas
partie du Domaine public. On s'est basé sur la loi du
10 juin 1793, dont l'art. 5, distinguant les biens communaux de ceux du Domaine public, les classe parmi
les premiers et sur le texte de l'art. 538 du Code civil qui,
par les mots à la charge de l'État, aurait conservé la distinction de la loi de 1793. Quoi qu'il en soit, tant de la loi
de 1793 que de l'interprétation de l'art. 538 du Code civil, la loi du 21 mai 1836 sur les chemins vicinaux
a consacré les vrais principes de la matière; dans son
art. 10 elle les a formellement rangés dans le Domaine
public en les déclarant imprescriptibles. Par là cesse

désormais toute controverse à cet égard. Lors de la discussion de cet article à la Chambre des pairs, M. le président Boyer soutenait qu'il y avait là dérogation aux principes du Code civil; mais MM. Girod et Roy ont nettement établi qu'au contraire l'article était conforme à tous les principes et spécialement à ceux du Code civil (1).

L'art. 540, qui complète la loi du 2 juillet 1791, s'occupe du Domaine militaire et le place dans le Domaine public. « Les portes, murs, fossés, remparts des places « de guerre et des forteresses, font aussi partie du Do- « maine public. » L'art. 541 ajoute : « Il en est de « même des terrains des fortifications et remparts des « places qui ne sont plus places de guerre ; ils appar- « tiennent à la nation, s'ils n'ont été valablement alié- « nés ou si la propriété n'en a pas été prescrite contre « elle. » Après avoir abrogé, par l'art. 540, l'art. 5 de la loi de 1790 qui plaçait ces biens au nombre des Domaines nationaux et les avoir classés dans le Domaine public, les rédacteurs du Code ont copié fort malencontreusement la suite de ce même art. 5 pour en former l'art. 541 du Code, l'article commençant par ces mots : *Il en est de même*. Il semble en résulter qu'on a voulu placer les anciennes places de guerre dans le Domaine public : or, tel n'était pas la pensée des législateurs, qui, appliquant les vrais principes, comprenaient que, du moment que les biens ne servent plus à la défense, ils ne font plus partie du Do-

---

(1) Macarel et Boulatignier, *Fortune publique*, t. I, n° 21.

maine public. Eux-mêmes l'ont d'ailleurs écrit dans la suite de l'article, qui porte que ces biens appartiennent à la nation et sont aliénables et prescriptibles. Il est à remarquer en outre, à ce sujet, que le Code a abrogé la prescription de quarante ans qu'exigeait la loi de 1790 : la prescription de trente ans suffit, aux termes de l'article 2227.

Remarquons enfin qu'une erreur matérielle s'est glissée dans l'art. 539, lors de la réimpression du Code civil, qui eut lieu en vertu de l'ordonnance du 30 août 1816, portant qu'à dater de cette époque il ne serait plus permis de citer ou d'employer d'autre texte du Code que celui transcrit à la suite. Cet art. 539 était ainsi conçu : « Tous les biens vacants et sans maître, et « ceux des personnes qui décèdent sans héritiers ou « dont les successions sont abandonnées, appartiennent « *à la nation.* » A la réimpression, on voulut changer le mot *nation*, mais au lieu de le remplacer par le mot *État*, qui était le véritable synonyme, on crut devoir mettre les mots *Domaine public*, expression qui, si on la prenait à la lettre, bouleverserait toutes les idées reçues en cette matière.

Le Code civil contient plusieurs autres dispositions que nous aurons à étudier en traitant des eaux. Il ne nous reste à citer ici que l'art. 644, qui s'occupe des rivières faisant partie du Domaine public, et abroge l'art. 4 du décret du 6 octobre 1791 ; il est ainsi conçu : « Celui « dont la propriété borde une eau courante autre que « celle qui est déclarée dépendance du Domaine public

« par l'art. 53, au titre *Distinction des biens*, peut
« s'en servir à son passage pour l'irrigation de ses pro-
« priétés. » D'où la conséquence que lorsqu'il s'agira de
rivière navigable ou flottable, il n'aura pas ce droit.

§ II. — Tels sont les divers textes de loi qui s'occupent du Domaine public. En résumé, nous voyons ce
domaine se composer des chemins, routes et rues, des
rivières navigables ou flottables, des rivages de la mer,
des ports, havres et rades, et des fortifications des places
de guerre ; mais cette énumération est loin d'être complète. L'art. 538 annonce lui-même qu'il n'est pas limi-
tatif, en ajoutant ces mots : « Et généralement toutes
« les portions du territoire national qui ne sont pas
« susceptibles d'une propriété privée. » Ces portions du
territoire, qui doivent être comprises en outre dans le
Domaine public, sont : les places publiques et promenades des villes, les fontaines et aqueducs, les canaux
de navigation, les cimetières, les églises et les édifices
affectés au culte, les monuments publics, et enfin les
chemins de fer.

§ III.—Mais que doit-on décider des édifices qualifiés
d'édifices publics, tels que les palais impériaux, les mu-
sées, les ministères, les établissements thermaux, les
théâtres, les hôtels de préfecture, etc.? Ces biens ne
font pas partie du Domaine public : ils sont une dépendance, soit du Domaine de la couronne, soit du Domaine
de l'État, soit du Domaine municipal, suivant qu'ils sont
à la charge de la liste civile, de l'État ou des communes.
Tous ces immeubles, même ceux qui ne produisent aucun

revenu effectif, n'en doivent pas moins être rangés au nombre des ressources de l'État; c'est en effet pour l'État et les villes une source de richesses : *Locupletior : quatenus suæ pecuniæ pepercit.* C'est une économie des sommes qu'il faudrait débourser en location d'immeubles (1). Dirait-on que les services auxquels ils sont affectés devraient les faire ranger dans le Domaine public ; cette objection ne serait pas sérieuse : plusieurs de ces édifices, en effet, sont des propriétés privées prises à bail par les villes ou par l'État, et qui n'en restent pas moins propriétés privées ; et, quant à ceux de ces biens qui leur appartiennent en propriété, l'État ou les villes ont un droit de propriété pleine et entière, la propriété d'un particulier sur sa chose : *plenam in re potestatem.*

Dans l'étude des diverses espèces de biens dont se compose le Domaine public, nous suivrons ici le même ordre que pour le Droit romain, ce qui aura l'avantage de rendre la comparaison des deux législations plus facile.

---

(1) Macarel et Boulatignier, t. I, nº 80.

CHAPITRE II

DES PRINCIPALES DIVISIONS DU DOMAINE PUBLIC.

§ I.—Les fonds dont se compose le Domaine public sont tous de même nature ; ils excluent toute idée d'appropriation ; et, destinés à l'usage de tous, ils sont à la disposition de quiconque se trouve à portée d'en jouir.

Mais s'il n'y a pas de distinction à faire quant à la nature juridique de ces divers biens, il n'en est pas de même relativement aux dépenses qu'entraîne, soit leur établissement, soit leur entretien ; alors des distinctions deviennent nécessaires, et l'on divise le Domaine public en Domaine public national, comprenant les fonds à la charge de l'État ; en Domaine public municipal, comprenant ceux à la charge des communes ; et enfin en Domaine public départemental, comprenant les chemins à la charge des départements. Cette division aura encore une autre utilité : en général, après la cessation du service public auquel est affecté un fonds, elle servira à reconnaître à quel domaine appartiendra ce fonds : au Domaine de l'État, s'il s'agit d'un fonds du domaine public national ; au Domaine municipal ou communal, s'il s'agit d'un fonds du Domaine public municipal ; enfin au Domaine du département, s'il s'agit d'une route départementale. A part ces différences, le Domaine public, en tant que domaine public, est un ; le domaine public municipal et le domaine public départemental ne peuvent être considérés que comme des fractions de ce domaine(1).

§ II. — Le Domaine public national comprend les routes impériales, les chemins de fer, les rivières navigables ou flottables, les canaux, les rivages de la mer, les ports, havres et rades, et les fortifications des places de guerre.

Le Domaine public départemental se compose des routes départementales.

Enfin, font partie du Domaine public municipal les chemins vicinaux, les rues, places et promenades publiques des villes, les églises et les cimetières, les monuments publics, les fontaines et les aqueducs.

Quant à la division en Domaine public maritime et militaire, ce sont des subdivisions du Domaine public national. Le premier comprend les rivages de la mer, les ports, havres et rades ; le deuxième, les fortifications des places de guerre.

---

(1) Proud., n° 201.

CHAPITRE III

DE L'EXPROPRIATION POUR CAUSE D'UTILITÉ PUBLIQUE.

§ I.—Parmi les biens dont se compose le Domaine public, les uns, avons-nous dit, s'y trouvent classés par leur nature : ce sont les rivages de la mer, les fleuves et rivières navigables ou flottables. Quant aux autres biens, tels que canaux, chemins, rues, églises, etc., par leur nature ils feraient essentiellement partie de la propriété privée, mais ils en ont été enlevés pour être destinés à un usage public. Cette faculté, attribuée à l'autorité, d'enlever à un citoyen sa propriété est subordonnée à une double condition : il faut d'abord que l'intérêt public l'exige, et ensuite qu'il soit accordé au propriétaire une juste et préalable indemnité. Telles sont les deux conditions de l'expropriation pour cause d'utilité publique, en droit français. Règles fondamentales, gravées en tête de nos lois par l'Assemblée constituante, dans l'art. 17 de la Déclaration des droits de l'homme, ainsi conçu : « La propriété étant un droit inviolable et sacré,

« nul ne peut en être privé, si ce n'est lorsque la néces-
« sité publique, légalement constatée, l'exige évidem-
« ment, et sous la condition d'une juste et préalable
« indemnité. »

Avant d'entrer dans l'étude des principales règles de
la matière, nous croyons devoir dire quelques mots sur
cette institution, qui reçoit de nos jours une si fréquente
application.

L'expropriation pour cause d'utilité publique existait
en Droit romain, nous l'avons démontré dans la première
partie de ce travail (1). Au moyen âge on en sentit également la nécessité. C'est en effet une de ces institutions
qui doit exister chez tous les peuples qui veulent jouir
des avantages de la civilisation. « L'État, dit Grotius, a
« un droit éminent de propriété sur les biens des sujets,
« en sorte que l'État, ou ceux qui le représentent,
« peuvent se servir de ces biens, les distraire même et
« les aliéner, non-seulement dans le cas d'une extrême
« nécessité, mais encore pour l'utilité publique, à la-
« quelle l'utilité particulière doit céder, selon l'intention
« raisonnablement présumée de ceux qui ont formé les
« sociétés (2). » Aussi dut-elle exister en France lors
du réveil de la civilisation, après les siècles de barbarie
qui enveloppèrent notre pays au moyen-âge.

Une ordonnance de Philippe le Bel de l'an 1303 en
constatait l'existence. *Possessores, possessionum,* dit
cette ordonnance, *quas pro ecclesiis aut domibus eccle-*

---

(1) Supra, page 123.—(2) Grotius, liv. 3, chap. 20, § 7, n° 2.

15

siarum parochialium de novo fundandis aut ampliandis infra villas, non ad superfluitatem, sed ad convenientem necessitatem acquiri contingit, ad eas dimittendas pro justo pretio compelli debent (1).

Elle fut consacrée plus tard par les parlements et les cours de justice sous le nom de retrait d'utilité publique. Un arrêt du conseil d'État l'autorisait pour chaque cas spécial et en déterminait le mode d'application ainsi que les conditions (2). Une ordonnance des trésoriers de France du 29 mars 1754 fixait le mode de constatation de l'utilité des travaux, qui nécessitaient l'expropriation. (Elle a servi de modèle à nos enquêtes de *commodo* et *incommodo.*)

§ II.—La loi du 3-14 septembre 1791 classe, ainsi que nous le disions plus haut, l'inviolabilité de la propriété au nombre des droits de l'homme et du citoyen, et l'art. 17 déclare que la propriété, étant un droit inviolable et sacré, nul ne peut en être privé, si ce n'est lorsque la nécessité publique légalement constatée l'exige, et sous la condition d'une juste et préalable indemnité.

La loi du 24 juin 1793 conserva ce principe dans son art. 19; mais sous son empire, c'était le pouvoir administratif qui ordonnait les travaux de nécessité publique, dépossédait les citoyens, fixait les indemnités et statuait sur les contestations qui pouvaient naître. L'ad-

---

(1) *Anc en style du parlement de Paris*, partie III, titre 18, § 47.—
(2) Arrêts du conseil d'État du 27 juin 1678, 1er juin 1680, et surtout
lui du 26 mai 1705.

ministration étant ainsi en quelque sorte juge et partie, les garanties qui entouraient la propriété n'étaient qu'illusoires.

L'art. 545 du Code Napoléon remplaça avec raison les mots nécessité publique par ceux d'utilité publique. « Pour que l'État, disait le comte de Portalis dans « l'exposé des motifs, soit autorisé à disposer des do- « maines des particuliers, on ne requiert pas cette né- « cessité rigoureuse et absolue qui donne aux particu- « liers mêmes quelques droits sur le bien d'autrui. Des « motifs graves d'utilité publique suffisent, parce que, « dans l'intention raisonnablement présumée de ceux « qui vivent dans une société civile, il est certain que « chacun s'est engagé à rendre possible par quelque « sacrifice personnel ce qui est utile à tous. »

En 1807 les corps administratifs électifs furent remplacés par les sous-préfets, préfets, conseils de préfecture et conseils d'État entièrement sous la dépendance du chef de l'État. Il ne fut plus même besoin d'une loi pour déclarer l'utilité publique (1).

La loi du 16 septembre 1807 étendit encore les pouvoirs du gouvernement; c'était de lui qu'émanait la déclaration de l'utilité publique, et cette déclaration dessaisissait, *de plano*, les propriétaires qui n'avaient plus qu'une simple créance, réglée soit par le conseil de préfecture, soit par une commission spéciale sur le rapport de trois experts. La propriété privée était sacrifiée.

____

(1) Avis du conseil d'État du 18 août 1807.

Mais des plaintes s'élevèrent alors de tous côtés; pour faire cesser ces réclamations légitimes, on promulgua la loi du 8 mars 1810 qui posa en principe que l'expropriation ne serait plus prononcée que par les tribunaux civils et l'indemnité fixée par eux. C'était tomber d'un excès dans un autre et subordonner l'intérêt général aux intérêts privés. Survint la loi du 7 juillet 1833 qui apporta à la législation de 1810 les modifications suivantes : Elle exigea l'intervention du pouvoir législatif ou exécutif, suivant la nature des travaux, pour la déclaration de l'utilité publique, et elle créa le jury d'expropriation pour le règlement des indemnités. Cette institution paraissait réunir toutes les garanties, car les jurés sont à la fois propriétaires et contribuables; dès lors si, dans la crainte d'être expropriés à leur tour, ils ont intérêt à donner une grande valeur à la propriété; d'un autre côté, en leur qualité de contribuables, ils sont intéressés à ne pas exagérer la valeur des indemnités.

Mais, sous l'empire de cette loi, les formalités étaient d'une complication et les délais d'une longueur qu'il importait d'abréger. Ce fut le but de la loi des 3-6 mai 1841, qui forme aujourd'hui, en cette matière, la loi fondamentale. Nous allons donner un aperçu des formalités nécessaires pour arriver à la dépossession du propriétaire : Une loi ou une ordonnance rendue après une enquête administrative autorise l'exécution des travaux pour lesquels l'expropriation est requise (art. 2 et 3). Un arrêté du préfet désigne les localités ou territoires sur lesquels les travaux doivent avoir lieu, lorsque cette désignation ne résulte pas de la loi ou de l'ordonnance royale. Un arrêté ultérieur détermine les propriétés particulières auxquelles l'expropriation est applicable (art. 2). Les particuliers sont alors admis à présenter leurs observations suivant les formes et dans les délais prescrits au titre 2. Ensuite un arrêté motivé détermine les propriétés qui doivent être cédées et indique l'époque à laquelle il sera nécessaire d'en prendre possession.

Après l'accomplissement des formalités sus-énoncées, le tribunal civil, s'étant assuré de leur exécution, prononce l'expropriation pour cause d'utilité publique, des terrains ou bâtisses indiqués dans l'arrêté du préfet (art. 14.)

Les parties sont ensuite renvoyées devant le jury d'expropriation pour le règlement des indemnités qui n'ont pu être fixées à l'amiable entre l'administration et les intéressés. Ce n'est qu'après le payement de l'indemnité ainsi déterminée que l'administration peut se mettre en possession des fonds expropriés. (Art. 53.)

Toutefois, la loi de 1841 contient, dans le titre VII, chap. 1er, une innovation importante qui a trait au cas où l'occupation immédiate des terrains est nécessaire.

Lorsqu'il y a urgence, aux termes de l'art. 65, l'administration est autorisée, après l'accomplissement de certaines formalités et la consignation d'une somme fixée par le tribunal, à prendre possession des terrains non bâtis qui sont soumis à l'expropriation. L'urgence est spécialement déclarée par un décret.

Le sénatus-consulte des 25-30 décembre 1852 a modifié l'art. 3 de la loi du 3 mai 1841. Aux termes de l'art. 4, toutes les entreprises d'intérêt général sont ordonnées ou autorisées par décrets de l'Empereur rendus dans les formes prescrites pour les règlements d'administration publique.

Néanmoins, si ces travaux ou entreprises ont pour condition des engagements ou des subsides du Trésor, le crédit devra être accordé ou l'engagement ratifié par une loi avant la mise à exécution.

Quant aux crédits ouverts extraordinairement en cas d'urgence, ils doivent être soumis au Corps législatif dans sa plus prochaine session.

Avant de quitter cette matière, notons quelques règles importantes ayant trait aux terrains dont les travaux projetés ne prennent qu'une partie.

Nous trouvons d'abord cette disposition remarquable, que nous avons déjà signalée en Droit romain, et qui est ainsi énoncée dans l'art. 50 de la loi du 3 mai 1841 :

« Les bâtiments dont il est nécessaire d'acquérir une
« portion pour cause d'utilité publique seront achetés
« en entier, si les propriétaires le requièrent par une
« déclaration formelle adressée au magistrat directeur
« du jury, dans les délais énoncés aux art. 24 et 27. Il
« en sera de même de toute parcelle de terrain qui, par
« suite du morcellement, se trouvera réduite au quart
« de la contenance totale, si toutefois le propriétaire ne
« possède aucun terrain immédiatement contigu et si la
« parcelle ainsi réduite est inférieure à dix ares. »

Le décret des 26 mars-6 avril 1852, relatif aux rues de Paris, contient des dispositions qui étendent considérablement les pouvoirs de l'administration à cet égard. L'art. 2 lui donne le pouvoir de comprendre dans le projet d'expropriation « la totalité des immeu- « bles atteints, lorsqu'elle jugera que les parties restantes « ne sont pas d'une étendue ou d'une forme qui per- « mette d'y élever des constructions salubres. Elle « pourra pareillement comprendre dans l'expropriation, « des immeubles en dehors des alignements, lorsque « leur acquisition sera nécessaire pour la suppression « d'anciennes voies publiques jugées inutiles. Les par- « celles de terrain acquises en dehors des alignements et « non susceptibles de recevoir des constructions salu- « bres, seront réunies aux propriétés contiguës, soit à « l'amiable, soit par l'expropriation de ces propriétés, « conformément à l'art. 53 de la loi du 16 septembre « 1807. »

Ce décret n'a pas seulement une grande importance locale ; son art. 9 déclare, en effet, qu'il pourra être rendu applicable à toutes les villes qui en feront la demande, par des décrets spéciaux rendus dans la forme des règlements d'administration publique.

CHAPITRE IV

INALIÉNABILITÉ ET IMPRESCRIPTIBILITÉ.

SECTION Ire.—HISTORIQUE.

SOMMAIRE,—§ I. Du Domaine de la couronne et du Domaine public sous l'ancien droit.—§ II. De la prescriptibilité et de l'aliénabilité du Domaine de l'Etat et du Domaine public sous la législation intermédiaire.—§ III. De l'inaliénabilité et de l'imprescriptibilité du Domaine public sous le Code Napoléon.

§ I.—En France, au xive siècle, le Domaine de la couronne fut déclaré inaliénable et imprescriptible ; les rois s'imposèrent eux-mêmes ce frein pour mettre un terme aux prodigalités ruineuses et aux concessions multipliées qui avaient eu lieu sous les deux premières races et qui n'avaient pas peu contribué, ainsi que nous l'avons vu, à la perte des deux dynasties. Avant 1789, le Domaine public, confondu avec le Domaine de l'État dans le Domaine de la Couronne, était comme celui-ci inaliénable.

§ II.—La loi des 22 novembre-1er décembre 1790 qui distingua, comme nous l'avons vu, le Domaine de l'État du Domaine public, reconnut combien l'inaliénabilité du Domaine de l'État était désavantageuse. « Le « Domaine de la couronne, disait M. Enjubault dans son

« Rapport sur la loi de 1790, a été jusqu'ici vraiment
« inaliénable, en ce sens que nos rois n'ont pu disposer
« de ce dont ils n'ont que la simple administration ; mais
« la nation réunie par ses représentants a la propriété
« pleine et entière du Domaine public; cette propriété
« serait imparfaite si elle ne pouvait la transférer quand
« les besoins de l'État l'exigent; il en résulterait même
« qu'elle ne pourrait l'affecter à la dette publique, ce qui
« serait absurde. »

La loi de 1790 établit l'aliénabilité du Domaine de la
couronne et sa prescriptibilité par une possession de
quarante ans. Mais par suite d'une erreur grave, on
confondit avec le Domaine de l'État, le Domaine public
qui devint aussi aliénable et prescriptible aux termes de
cette même loi de 1790.

§ III.—Cependant on ne tarda pas à comprendre que
si l'aliénabilité était nécessaire pour le Domaine de l'État,
elle ne pouvait s'appliquer aux biens du Domaine public, lesquels ne sauraient devenir la propriété exclusive
d'un particulier tant que tout le monde a le droit d'en
user.

Le Code civil fit cesser cette anomalie, d'autant plus
frappante que cette même loi de 1790 qualifiait les biens
composant le Domaine public : « Les portions du terri-
« toire national qui ne sont pas susceptibles de pro-
« priété privée. » Après avoir déclaré, comme la loi de
1790, que le Domaine public n'est pas susceptible de
propriété privée (art. 538), et par conséquent est chose
hors du commerce, le Code, au titre de la *prescription*,

établit en termes formels la distinction entre le Domaine de l'État et le Domaine public : le premier, aliénable suivant certaines formalités et prescriptible comme les autres propriétés, par conséquent par trente ans ; le Domaine public au contraire inaliénable et imprescriptible. « On ne peut prescrire le Domaine des choses qui « ne sont pas dans le commerce, » dit l'art. 2226, et l'art. 2227 ajoute : « La nation, les établissements pu- « blics et les communes sont soumis aux mêmes pres- « criptions que les particuliers et peuvent également les « opposer. » Mais la chose hors du commerce n'ayant ce caractère que par suite de sa destination à un service public, dès que cette affectation cessera, elle reprendra son premier caractère et deviendra chose privée, c'est-à-dire aliénable et prescriptible.

SECTION II.—DE L'INALIÉNABILITÉ.

SOMMAIRE.—§ I. De ses effets.—§ II. Canaux. —§ III. Des concessions sur les bords de la mer et sur les rivières navigables et flottables.— § IV. Des prises d'eau sur les aqueducs.

§ I.—Etudions quelques-uns des principaux effets du caractère de chose hors du commerce ; et d'abord, du principe de l'inaliénabilité il résulte que si le gouvernement aliénait un fonds du Domaine public en lui conservant toutefois cette qualité, l'aliénation n'opérerait pas une translation de propriété irrévocable ; ce ne serait jamais qu'un acte de concession précaire essentiellement révocable au gré du Gouvernement, sauf bien entendu les indemnités suivant les circonstances. La révocation qui en serait opérée ne serait qu'un retrait de concession et non une expropriation pour cause d'utilité publique avec toutes ses formalités.

§ II.—Ces conséquences du principe d'inaliénabilité du Domaine public n'avaient pas échappé au législateur; on les trouve même spécialement consacrées dans le préambule de la loi du 21 vendémiaire, an V, qui, s'occupant des canaux de navigation, s'exprime de la sorte : « Le conseil des Cinq-Cents considérant que les grands « canaux de navigation à l'usage public font essentielle- « ment partie du Domaine public, que les concessions « qui peuvent en avoir été faites ne peuvent faire ob- « stacle aux mesures à prendre pour leur conservation, « amélioration et agrandissement, sauf le droit des con- « cessionnaires, aux remboursements et indemnités qui « peuvent leur être dus et la continuation de leur jouis- « sance jusqu'à l'acquittement entier et effectif, etc. » Une autre conséquence du même principe est que, dans le cas d'aliénation, le fonds conserverait son affectation au service public, et le public pourrait continuer à y exercer tous les droits qu'il a sur les fonds de cette nature. Ainsi, si l'on suppose la concession d'un canal de navigation faite par l'Etat à un particulier, le canal conservera son caractère de voie publique et ne continuera pas moins à être comme tel, soumis aux servitudes de passage, de vue, d'égout sur les francs-bords, etc. (1).

---

(1) Proudh., n° 211 et suiv.

§ III. — De même les autorisations données par l'État d'établir des pêcheries, de construire des usines, de prendre des prises d'eau sur le rivage de la mer, sont des concessions essentiellement révocables, impuissantes à détacher à jamais du Domaine public quelques-unes de ses dépendances (1).

Telle n'est pas cependant l'opinion de M. Toullier. D'après lui, les concessions de pêcherie ou de prise d'eau sur les rivages de la mer constituent un droit irrévocable en faveur du concessionnaire, et non pas seulement des possessions précaires et de pure tolérance (2). Mais comment concilier cette opinion avec l'art. 538 du Code civil, qui dit formellement que les rivages de la mer ne sont pas susceptibles d'une propriété privée?

M. Toullier s'appuie, il est vrai, sur cette considération, que les habitants de certaines communautés voisines de l'Océan ont le droit exclusif de cueillir les plantes maritimes appelées *varech*, au pied des rochers qui se trouvent sur leur territoire; mais ce n'est là qu'une exception basée sur des considérations d'équité, qui ne doit pas être étendue à d'autres cas. Ce privilége leur fut même enlevé par un arrêté du 12 vendémiaire an II, pour être attribué au premier occupant. Cette décision était conforme aux vrais principes; elle fut cependant cassée par un arrêté du gouvernement du 12 ventôse an X. Dans cette circonstance, le gouvernement, comme le fait remarquer M. Troplong, abandonna les principes

---

(1) Duffour, n° 1125.—(2) Toullier, 3, n° 179.

du droit strict en faveur des considérations particulières que faisaient valoir les communes, et rendit l'arrêté tout d'équité du 12 ventôse an X (1).

Les principes que nous venons de poser, relativement aux rivages de la mer, s'appliquent aux prises d'eau sur les cours d'eau navigables et flottables. Les autorisations données par le gouvernement sont toujours révocables.

§ IV.—Que doit-on décider des concessions d'eau faites sur les aqueducs et fontaines des villes?

Nous avons vu, en Droit romain, de pareilles concessions ; doit-on les déclarer irrévocables? Oui, répond M. Troplong en s'appuyant sur la constitution 4, au Code *De Aquæductu* : mais cette constitution n'a pas la portée que lui donne ce savant auteur; elle fait partie de ces lois nombreuses sur les aqueducs, qui avaient pour but d'empêcher les usurpations d'eau dont nous avons longuement parlé en traitant cette matière en Droit romain ; elle dit de ne pas troubler ceux qui ont obtenu des concessions légitimes et qui n'en ont pas abusé. Est-ce là résoudre la question qui nous occupe ?

Tout ce qu'on pourrait en conclure, c'est que, dans le cas de la constitution, l'aqueduc était suffisant et au-delà ; qu'il s'agissait de l'*aqua superflua* dont parlent d'autres constitutions; ou mieux encore, qu'il ne s'agissait que d'aqueducs spécialement destinés à l'irrigation. Cela est si vrai que nous trouvons une foule de constitutions contraires, et entre autres une de Zénon, qui posant les vrais

____

(1) Troplong, n° 150.

principes en cette matière, s'exprime de la sorte : *Sacris oraculis vel pragmaticis sanctionibus adversus commoditatem urbis quibusdam impertitis, jure cassandis, nec longi temporis præscriptione ad circumscribenda civitatis jura profutura* (1).

A l'appui de son opinion, M. Troplong présente l'argumentation suivante : « L'eau d'une fontaine n'est « publique que par sa destination ; si la destination aux « usages publics est changée, l'eau rentre dans le do- « maine privé ; elle subit le niveau du droit commun ; « or, dès l'instant que l'autorité légale a fait une répar- « tition entre l'intérêt public et l'intérêt privé, et que, « par une division qui était dans ses attributions, elle a « assigné à un citoyen une partie d'eau retranchée de la « masse commune, cette portion est sortie du domaine « public ; par cette destination nouvelle, l'autorité a fait « pour la portion ce qu'elle aurait pu faire pour le tout : « elle a rendu une fraction d'eau au commerce, elle l'a « dégagée de ses entraves ; il y a eu possibilité de l'alié- « ner, et ceux qui l'ont acquise ont pour eux un titre et « une bonne foi qui doivent être respectés (2). » Ce raisonnement n'est-il pas plus spécieux que solide ? n'est-on pas fondé à dire qu'il résout la question par la question ? ne s'agit-il pas en effet précisément de savoir si, en accordant un droit de prise d'eau, l'autorité fait sortir cette eau définitivement et irrévocablement du domaine public ?

---

(1) Code, 11, 42, 9.—(2) Troplong, n° 168.

Quant à nous, nous ne saurions l'admettre ; ces concessions sont toujours faites sous la condition que l'eau réservée au public sera suffisante. Au cas où elle ne le serait pas, la concession serait retirée. Nous ne voyons pas, en effet, que l'on doive faire de distinction entre ce cas et les différentes concessions dont le domaine public peut être l'objet ; on doit donc décider que les concessions d'eau sur aqueducs et fontaines publiques, de même que les concessions d'usines et de prises d'eau sur les rivières navigables et flottables sont révocables, dès que l'intérêt public ou la navigation en exigent la suppression.

SECTION III.—DE L'IMPRESCRIPTIBILITÉ.

SOMMAIRE.—§ I. Des conséquences qu'elle entraîne.—§ II. Du déclassement.—§ III. Des canaux, des rivages de la mer, des chemins.—§ IV. Des fontaines.—§ V. Des églises.—§ VI. Des places de guerre.—§ VII. Des monuments publics.

§ I.—Le Domaine public est imprescriptible ; c'est un point incontestable. Qu'est-ce, en effet, que la prescription, sinon la présomption légale d'une ancienne acquisition dont le titre ne se retrouve plus ? Évidemment, une semblable présomption ne saurait s'appliquer en cette matière, où les aliénations, même directes et certaines, ne peuvent que revêtir le caractère de concessions révocables. Il en est de même des servitudes incompatibles avec l'intérêt public et contraires à la destination du lieu sur lequel elles s'exercent. La prescription ne peut que suppléer le titre, et le titre ne serait pas valable en pareil cas. Mais, comme on le sait, les choses du Domaine public n'ont ce caractère que par suite de leur affectation à un service public; dès que cette affectation cesse, elles cessent elles-mêmes d'en faire partie pour entrer dans le Domaine de l'État ou dans le domaine communal, suivant qu'elles faisaient partie du Domaine public national ou municipal. Dès ce moment, le caractère de chose hors du commerce disparaît; ces biens deviennent aliénables et prescriptibles.

§ II.—Cette affectation à un service public peut être changée expressément par une déclaration de l'autorité. Dans ce cas, nul doute possible; mais ce résultat peut-il se produire tacitement et sans déclaration formelle? Une route depuis longtemps abandonnée, une église tombée en ruines sont-elles, par cela seul, devenues prescriptibles, ou faudra-t-il attendre une déclaration de l'autorité? La question est controversée : entre les deux systèmes absolus se place une troisième opinion dans laquelle on se livre à des distinctions plus ou moins arbitraires.

De ces diverses opinions, voici celle que nous croyons la plus conforme aux principes.

Il n'est pas nécessaire d'un acte exprès de l'autorité, il suffit d'un changement de destination tacite. Mais ce qu'il faut bien remarquer, c'est que les fonds dont il s'agit doivent avoir perdu totalement leur caractère de biens du Domaine public. Il faut, s'il s'agit d'une route, que le tracé ne soit plus distinct; d'une forteresse, qu'elle ait été détruite; d'une église, qu'elle soit tombée en ruines;

en un mot, que ce ne soit plus ni une route, ni une forteresse, ni une église. Quel que fût d'ailleurs leur mauvais
état, ces biens n'en conserveraient pas moins leur caractère. En effet, tant que le chemin subsistera comme chemin public, quoiqu'une partie seulement dans sa largeur,
la moitié par exemple, soit occupée par le public, l'autre
moitié n'en sera pas moins imprescriptible ; car c'est
toujours un fonds du Domaine public, imprescriptible dès
lors dans toutes ses parties, puisque sa destination est
restée la même, qu'elle n'a été abolie ni en droit, ni en
fait, et que la partie qui n'est pas nécessaire pour le
moment présent pourra l'être dans l'avenir. « Le public,
« dont l'existence n'a pas de fin, dit M. Troplong, doit
« être considéré non-seulement dans ses besoins pré-
« sents, mais encore dans ses besoins éventuels, et il se-
« rait contraire à ses intérêts d'engager son avenir. *Et-
« enim*, dit la loi romaine, *quædam sunt talia ut statim
« facto suo noceant, quædam talia ut in præsenti quidem
« nihil noceant in futurum autem nocere debeant* (1). »
C'est ainsi que l'ordonnance de Blois, dans l'art. 366,
déclarait la largeur des routes imprescriptible en ordon-
nant que tous grands chemins fussent remis à leur
ancienne largeur, nonobstant toutes usurpations par
quelque laps de temps quelles pussent avoir été faites (2).

Dans le cas contraire, quand le service public aura
entièrement cessé, on devra décider que le fonds est

---

(1) Troplong, n° 156, Dig., 43, 8, 2, § 31.—(2) Garnier, *Des chemins*,
p. 29.

devenu prescriptible et aliénable comme les autres biens du Domaine de l'Etat ou de la commune.

Mais de ce que le public ne se sera pas servi d'un chemin pendant un très-long temps, s'en suivra-t-il qu'il aura perdu le droit de s'en servir? Non, car son droit n'est pas une simple servitude susceptible de s'éteindre par le non-usage, mais bien un droit de propriété : *viam publicam populus non utendo amittere non potest* (1), dit la loi romaine.

Pour qu'il perde son droit, il faut qu'un autre ait possédé le sol pendant le temps requis pour la prescription, possession qui ne pourra utilement commencer que lorsque le chemin aura perdu son caractère de voie publique. Quand l'aura-t-il perdu? à quel signe le reconnaître? Ce sont là des questions d'appréciation laissées à la sagesse des tribunaux.

L'opinion que nous venons de développer est aussi celle de M. Proudhon qui la résume en ces termes : « Les « fonds du Domaine public deviennent prescriptibles par « le seul fait de leur dégradation accidentelle après l'a-« néantissement du service dont ils étaient affectés, sans « qu'il soit nécessaire qu'il y ait eu un décret de l'auto-« rité compétente pour ordonner la suppression de l'é-« tablissement et la rentrée du sol dans le commerce. » Ce savant auteur s'appuie sur ces deux raisons principales qui nous paraissent péremptoires, la première que du moment qu'il est constant que le service public a été

---

(1) Loi 2, Dig., *De via publica.*

anéanti depuis longtemps sans qu'il y ait aucun signe de retour, l'imprescriptibilité qui n'était que la conséquence de ce service a dû cesser aussi pour l'avenir, sans quoi il faudrait admettre un effet sans cause. La deuxième, qu'il n'y a rien immuable dans nos constitutions civiles et que, la loi elle-même pouvant être tacitement abrogée par un usage contraire, il faut reconnaître *a fortiori* que l'usage, contraire à la destination exceptionnellement imprimée au sol par l'un des pouvoirs publics, doit être assez puissant pour faire rentrer le fonds sous l'empire du droit commun qui est celui de la prescriptibilité (1).

§ III.—M. Troplong, examinant les différents biens du Domaine public, n'est pas pour tous du même avis. Ainsi pour la concession d'un canal, il croit que le concessionnaire acquiert la propriété de ce canal sauf l'usage du public (2). Quant aux rivages de la mer, son opinion est conforme à celle que nous avons précédemment émise, suivant laquelle, quand la mer s'est retirée, ils deviennent prescriptibles et aliénables, et constituent les lais et relais de la mer; lais et relais que M. Proudhon, dont nous avons relevé l'erreur, confond avec les rivages eux-mêmes. En ce qui concerne les grands chemins et les chemins vicinaux, M. Troplong est de l'avis de M. Proudhon quant à la prescriptibilité et pour le moment où elle commence, sans distinguer, comme M. Isambert, si le chemin a été ou non classé, par la raison que le classement d'un chemin n'est pas nécessaire pour le

---

(1) Proudh., n° 218.—(2) Troplong., n° 155.

faire entrer dans le Domaine public. Nous verrons, en effet, que plus d'un chemin non classé en fait partie. La cessation absolue de leur destination à l'usage public amène pareillement, d'après M. Troplong, la prescriptibilité des promenades publiques.

§ IV.— Quant aux fontaines, nous avons combattu l'opinion de M. Troplong sur leur aliénabilité ; mais il n'admet pas que la prescription puisse en faire acquérir la propriété. Il se base sur ce que dans les cas d'aliénation la concession fait sortir l'eau du Domaine public pour l'attribuer au Domaine privé, tandis que dans le cas de la simple possession, il n'y a pas eu de concession : l'eau a conservé son caractère d'imprescriptibilité. Nous avons vu ce que ce raisonnement avait de spécieux dans sa première partie. La seconde est un retour aux vrais principes.

§ V.—Il en est de même pour les églises et cimetières qui font partie du Domaine public (car il est des églises et des chapelles qui font partie de la propriété privée, bien qu'on y célèbre le culte divin) ; cependant M. Troplong admet que lorsque l'édifice n'est pas une œuvre d'art, on pourrait le grever de servitudes qui ne seraient pas incompatibles avec sa destination. Ainsi, s'il n'y a rien de monumental, la partie qui touche aux maisons pourrait être grevée de la servitude *oneris ferendi*. Dans le cas contraire, il ne l'admet pas, car il dit avec d'Argentré : *Publicorum usus non solum ex commodo, sed ex ornatu etiam et facie æstimatur.* Pour nous, nous ne croyons pas que l'on puisse établir une semblable distinction.

Une église n'est pas faite pour supporter les maisons voisines qui, d'ailleurs, avec le temps, pourraient nuire à sa solidité. Nous dirons donc avec Domat, qu'on doit proscrire de pareilles servitudes dans tous les cas (1).

§ VI. — En fait de places de guerre, M. Troplong n'admet pas de prescription possible sans déclassement ; il se fonde sur l'art. 4 de la loi de 1791, qui déclare que l'on ne pourra démolir les forteresses qu'en vertu d'une loi. Cette opinion ne nous paraît pas devoir être adoptée, et nous croyons que la prescription peut avoir lieu sans déclassement préalable, quand la place de guerre aura perdu son caractère. Ainsi, par exemple, si une forteresse saute et n'est pas relevée, ses ruines, quand elles auront perdu le caractère de forteresse, seront susceptibles d'être acquises par la prescription. Cette opinion, conforme aux principes généraux de la matière, repose sur les termes mêmes de l'art. 541 du Code civil, qui porte que les terrains des fortifications et remparts des places qui ne sont plus places de guerre appartiennent à la nation, s'ils n'ont été valablement aliénés, ou si la propriété n'en a pas été prescrite contre elle, Comme le fait remarquer M. Proudhon, le Code ne se base que sur le fait, l'état actuel du sol, et non sur un déclassement de l'autorité. S'il eût voulu un déclassement, il l'aurait nécessairement exprimé (2).

§ VII. — En terminant cette matière, faisons une

---

(2) Domat, *lois civiles*, 1, p. 15. Pardessus, *Servitudes*, n° 43.
(1) Proudh., n° 222. Troplong, n° 174.

remarque importante au sujet des monuments publics qui forment de nos jours partie du Domaine public, et sont cependant quelquefois entourés de constructions plus ou moins ignobles ; ces constructions sont une propriété légitime, propriété qui doit être respectée par l'État. En effet, ce n'est pas ici un droit de prescription qu'un particulier invoque sur un fonds du domaine public. Ces constructions ont été élevées à une époque où le Domaine public, tel que nous l'entendons aujourd'hui, n'existait pas dans notre droit, et dans laquelle, d'après le droit public alors existant, tout ce qui était dans le Domaine public pouvait tomber dans le domaine privé. Ce sont des droits acquis que l'on doit respecter comme légitimes, que l'on ne saurait considérer comme usurpation sur le domaine public, puisqu'il n'existait pas alors, et que l'on ne pourrait anéantir aujourd'hui que par l'expropriation pour cause d'utilité publique (1).

______

(1) Troplong, n° 169.

CHAPITRE V

REGLES GÉNÉRALES DE COMPÉTENCE.

§ I.—Quoi que ce sujet ne fasse pas rigoureusement partie de notre travail , nous allons donner les principes généraux de la matière, mais sans les approfondir, ce qui nous entraînerait trop loin. Et d'abord remarquons que tous les faits qui auraient pour objet d'intéresser le service public, sont de la compétence des conseils de préfecture. Si les faits donnent lieu à une peine, il faut faire une distinction : ou il s'agit d'une amende, ou de l'emprisonnement. Dans le premier cas le conseil de préfecture est compétent, il ne l'est pas dans le second ; les coupables doivent être renvoyés devant les tribunaux correctionnels qui seuls peuvent prononcer la peine de l'emprisonnement. Dans le cas où le même acte fait encourir les deux peines, le conseil de préfecture, s'il a été saisi le premier, ne pourra condamner qu'à l'amende, et devra renvoyer devant les tribunaux pour l'emprisonnement ; si, au contraire, ceux-ci ont été les premiers saisis, ils pourront prononcer les deux peines réunies.

Les conseils de préfecture, de même qu'en Droit ro-

main, le préteur avec les interdits, sont des tribunaux
d'exception, institués dans le but de réprimer les entreprises nuisibles aux fonds du Domaine public faisant
partie de la grande voirie, qui attaquent la partie matérielle de la route ou de la rue. Mais lorsqu'il ne s'agit
que des désordres commis sur une route ou dans une
rue, qui n'en attaquent point le matériel, ou n'en para-
lysent pas l'usage par des obstacles physiques, ces faits
rentrent dans la compétence exclusive des tribunaux de
police (1). « Les contraventions en matière de grande
« voirie, dit l'art. 1er de la loi du 29 floréal an X, telles
« qu'anticipation, dépôts de fumier et autres objets et
« toutes espèces de détériorations, commises sur les
« grandes routes, sur les arbres qui les bordent, sur les
« fossés, ouvrages d'art et matériaux destinés à leur en-
« tretien, sur les canaux et rivières navigables, leurs che-
« mins de halage, francs-bords, fossés et ouvrages d'art,
« seront constatés, réprimés et poursuivis par voie admi-
« nistrative ». L'art. 114 du décret du 16 décembre 1811
s'exprime ainsi : « Seront en outre renvoyés à la connaissance des tribunaux les violences, vols de matériaux,
voies de fait ou réparation de dommages réclamés par
des particuliers. » On comprend la portée de la distinction.
Le conseil de préfecture est établi dans un but d'utilité
publique en vue du service public, afin d'en mieux assurer la prompte exécution. Toutes les entreprises qui
pourraient l'entraver sont dès lors de sa compétence,

---

(1) Proudh., n° 283.

mais les faits individuels ne le concernent pas et sont laissés à la justice ordinaire. « On doit regarder comme « une vérité de principe incontestable, dit M. Proudhon, « que, soit dans l'action, soit dans l'intérêt, tout doit « être public, autrement le conseil de préfecture est in- « compétent pour y faire droit (1). »

§ II.—Quant aux contraventions en matière de petite voirie, elles sont portées devant les tribunaux de police municipale.

§ III.—Toutes les questions de propriété, même pour les arbres plantés au bord des routes (2), sont de la compétence des tribunaux civils et s'il s'élève une question de propriété devant les conseils de préfecture ils doivent renvoyer l'affaire devant les tribunaux et attendre leur décision.

Les tribunaux civils connaissent en outre de tous débats entre particuliers, les conseils de préfecture ne statuant que sur des intérêts publics.

De même les demandes en dommages-intérêts, même dans le cas où ils ont été occasionnés par des entreprises matérielles sont de la compétence des tribunaux civils. Les conseils de préfecture doivent, il est vrai, faire cesser les faits dommageables et ordonner les réparations nécessaires; car l'intérêt général y est intéressé; mais dans les dommages-intérêts il s'agit d'intérêts privés, qui n'entrent pas dans la compétence de ces tribunaux d'exception.

____

(1) Proudh., n° 302.—(2) Loi du 12 mai 1825, art. 1.

CHAPITRE VI

DES DIFFÉRENTS BIENS DONT SE COMPOSE LE DOMAINE PUBLIC.

SECTION I.—DES CHEMINS EN GÉNÉRAL.

§ I.—Au point de vue de notre travail, les chemins se divisent en deux grandes classes, les chemins publics et les chemins privés ; les premiers dont le sol appartient au public, les seconds étant la propriété des particuliers ou des communes, suivant la juste distinction de la loi romaine : *Viam publicam eam dicimus, cujus etiam solum publicum est.... viæ privatæ solum alienum est et jus tantum eundi et agendi nobis competit* (1). Ce ne sont pas, en effet, seulement les chemins classés, grandes routes et chemins vicinaux, qui dépendent du Domaine public ; on doit encore y faire entrer les voies de communication qui sont désignées sous le nom de chemins ruraux dans la circulaire ministérielle du 16 novembre 1839, car il importe peu que les chemins soient classés

---

(1) Dig., 43, 8, 2, § 21.

ou non, le classement ne changeant rien à leur nature juridique. « L'arrêté de l'administration, dit M. Tro-« plong, ne crée pas la publicité, il la déclare comme « un fait préexistant; la publicité résulte des actes par « lesquels le public se constitue un droit à lui-même par « sa possession plus que séculaire. Ce sont ces actes qui « donnent à la chose son vrai caractère, qui l'arrachent « au Domaine privé et lui impriment le sceau de l'usage « public (1). » Dans un chemin public, le sol est public; ce n'est pas, remarquons-le bien, un simple droit de servitude qu'acquiert le public, c'est un droit de pro-priété. Par sa possession pendant plus de trente ans, il a acquis, non pas seulement la servitude de passage, mais le sol du chemin. C'est de cette manière, par la possession immémoriale, que se sont formés la plupart d'entre eux, à l'exception des routes impériales, qui, en général, ont été créées par des actes du gouvernement à la suite desquels a eu lieu l'expropriation du sol de la route et des fossés latéraux qui en font partie.

Ce serait donc une grande erreur que de s'en rap-porter uniquement au classement d'une route, pour savoir si elle fait ou non partie du Domaine public. Les routes-classées en font toutes partie, mais ce ne sont pas les seules; une simple distraction de la part d'une auto-rité municipale peu vigilante, une erreur de l'administra-tion, peuvent être la cause du défaut de classement. Pourra-t-il en résulter la moindre atteinte aux droits que

---

(1) Troplong, n° 163.

le public a acquis par des siècles de possession? Bien plus, l'omission souvent pourra être volontaire, même légitime : ainsi, dans certaines communes pauvres qui n'ont point ou presque point d'exportation de produits à faire, les habitants ne se seront point souciés qu'on établit à leurs dépens un grand chemin de luxe, quand les petits chemins ruraux suffisent à leurs besoins (1); déclarera-t-on pour cela ces chemins privés? La chose n'est pas possible; la loi elle-même les reconnait publics, puisque, aux termes de l'art. 1er de la loi du 28 juillet 1824, un simple arrêté du préfet suffit pour les faire passer au nombre des chemins classés; tandis que s'ils étaient chemins privés, il faudrait suivre les règles de l'expropriation pour cause d'utilité publique.

§ II.—Il ne faut pas cependant attribuer à tous les chemins le caractère de publicité. Il y a aussi les chemins privés, qui comprennent les chemins de servitude et les chemins communaux. Les chemins publics, destinés au libre usage de tous ceux qui sont à portée d'en jouir, se reconnaissent à ce qu'ils sont établis pour faire communiquer des lieux habités ou des routes ensemble; ils se sont établis par l'effet de la coutume, *inveterata consuetudo pro lege non immerito habetur* (2). Ce n'est pas une servitude, un simple droit de passage dont serait grevée la propriété d'autrui. La propriété du sol appartient au public qui l'a acquise par la possession à titre de maître

---

(1) Proudh., n° 605.—(2) Dig., 1, 3, 32, § 1.

pendant le temps requis pour la prescription : *Viæ publicæ solum publicum est.* Les voies privées, au contraire, appartiennent propriétairement à un individu ou à une corporation ; elles se distinguent des premières en ce que certaines personnes déterminées ont seules le droit d'en user. Ainsi, pour les chemins de servitude, ceux-là seuls peuvent y passer, qui sont propriétaires des fonds dominants. Il en est de même pour les chemins communaux, qui appartiennent propriétairement à la commune, et qui conduisent les habitants soit à la forêt communale, soit à la fontaine ou à l'abreuvoir communs. Ces chemins, quand ils sont communaux, c'est-à-dire quand ils ne se confondent pas avec un chemin public traversant la commune, et qu'ils ne sont pas de simples servitudes établies en faveur de la commune, sont la propriété même de cette dernière et à l'usage seul des habitants. L'étranger que l'on empêcherait de passer sur un chemin communal n'aurait point d'action en justice, suivant M. Proudhon, pour demander réparation du tort à lui fait ; l'action ne lui compéterait que s'il s'agissait d'un chemin public, où le droit d'aller et de venir appartient également à tout le monde (1).

Le chemin rural doit être aussi distingué (et la chose est facile) d'une avenue qui d'un chemin conduit à une propriété particulière.

Il y a encore, parmi les chemins privés, les voies agraires, destinées à l'exploitation des terres ; ces voies

____

(1) Proudh , nº 637.

n'ont rien de public, elles sont tantôt la propriété d'un seul, grevée d'une charge réelle au profit de ceux auxquels elles sont utiles, tantôt une copropriété entre tous ceux auxquels elles servent (1). Distinctions d'où résultent des conséquences importantes, mais qui n'entrent pas dans le plan de notre travail. Le caractère tout privé de ces chemins les distingue suffisamment des chemins ruraux asservis à l'usage du public.

Mais, s'il n'y a pas à distinguer entre les chemins publics quant à leur nature juridique, il n'en est plus ainsi du moment qu'il s'agit de l'établissement, de l'entretien ou de la police de ces chemins. Il faut alors en étudier les différentes classes qui les divisent en routes impériales, routes départementales, chemins vicinaux et chemins ruraux.

SECTION II.—Des routes impériales.

Sommaire.— § I. Des frais d'établissement et d'entretien.— § II. Des servitudes ; 1° alignement; 2° essartement; 3° passage lorsque la route est impraticable; 4° rejet des terres provenant du curage des fossés ; 5° Servitudes de fouille et d'extraction de matériaux; 6° de la distance à observer pour les carrières.— § III. Des arbres plantés au bord des routes.— § IV. Déclassement.

Le décret du 16 décembre 1811 divise les routes impériales en trois classes : la première comprend les

---

(1) Proudh., n° 652 et note α.

routes qui, partant de Paris, vont jusqu'aux extrémités les plus éloignées de l'empire pour communiquer avec l'étranger. Dans la deuxième se trouvent celles qui, partant également de Paris, vont aboutir à des ports de mer ou à des villes importantes. La troisième se compose de celles qui, partant des plus importantes villes de province, conduisent dans d'autres villes du même ordre sans passer par la capitale. Cette distinction était importante sous la législation de 1811, car les routes de la troisième classe devaient être construites et entretenues concurremment par l'État et par les départements qu'elles traversaient ; mais depuis les lois de finances de 1817 à 1818, qui ont établi la spécialité des budgets de l'État, des départements et des communes, toutes les routes impériales ont été mises à la charge du trésor.

§ I. En Droit romain nous avons vu la corvée en nature imposée aux propriétaires suivant l'étendue de leurs possessions, *pro modo jugerum*. Ce système fut maintenu dans la Gaule par les Francs. Sous la féodalité, les seigneurs en changèrent la nature, et au lieu de la laisser charge foncière, ils firent de la corvée une charge personnelle. Cette innovation amenait d'iniques résultats : d'abord la charge retombait sur la classe pauvre, tandis que ce sont les propriétaires fonciers qui profitent spécialement des routes pour l'exploitation de leurs terres et l'exportation de leurs produits ; en outre, cette charge était inégalement répartie. En effet, les paroisses seules y étaient soumises qui étaient voisines des routes. Par le fait, les autres en étaient affranchies, car on ne pouvait obliger les habitants à aller travailler à plusieurs lieues de leur domicile (1).

Une troisième injustice consistait en ce que la noblesse et le clergé étaient affranchis de ces corvées, qui étaient considérées comme serviles.

Louis XVI, sur les instigations du contrôleur général des finances Turgot (2), entreprit d'établir ces charges sur des bases uniformes, et, par son édit de 1776, il remplaça la corvée en nature par un impôt sur la généralité des habitants.

Plus tard la loi du 9 vendémiaire an VI, titre 8, établit, pour servir aux réparations des chemins, l'impôt des barrières sur les voitures et animaux à raison des distances parcourues; mais les inconvénients et les abus firent abandonner cet impôt si légitime et si rationnel, qui mettait les réparations à la charge de ceux qui dégradent les chemins. Il fut remplacé par l'impôt sur le sel (titre 7 de la loi du 24 avril 1806). Aujourd'hui les frais d'établissement sont votés par une loi. Les frais d'entretien et de réparation sont inscrits chaque année, comme toutes les autres charges courantes, au budget annuel de l'État.

---

(1) De nos jours, si les prestations en nature ont encore leurs inconvénients, celui-là a disparu, du moins en partie, car la corvée n'a lieu que pour les chemins vicinaux.

(2) Déjà, alors qu'il n'était qu'intendant du Limousin, ce profond économiste avait opéré une répartition plus équitable de la corvée, en la remplaçant par un impôt qui s'ajoutait aux tailles. Mais cette innovation ne remédiait pas à tous les inconvénients, car ceux qui étaient affranchis des tailles étaient, par suite, affranchis de la corvée.

§ II.—Nous avons maintenant à examiner les servitudes auxquelles sont assujettis les héritages qui bordent les routes; elles sont au nombre de six.

1° La première consiste dans l'obligation pour le riverain qui veut bâtir, de demander l'alignement et de s'y conformer. Toutes les routes doivent avoir un alignement légal fixé et déterminé par les plans de leur ouverture ou de leur tracé primitif, ou par les plans de rectification postérieurement arrêtés par l'administration, ou, à défaut, résultant des lieux ou de la possession. Ces alignements, qui ont pour objet d'empêcher les empiétements sur le sol du Domaine public, sont donnés dans tout le département par le préfet, même pour les rues des villes et villages qui servent de grande route (1).

Ces alignements sont surtout nécessaires pour éviter les anticipations des riverains; aussi est-il expressément défendu de bâtir sans avoir obtenu l'alignement, c'est-à-dire sans avoir fait reconnaître l'état des lieux et déterminé la ligne suivant laquelle aura lieu la construction. C'est une obligation à laquelle on ne peut se soustraire. Il ne suffirait pas d'avoir connu l'alignement et de s'y être conformé: on doit toujours le demander, sinon l'on est en faute, et dès lors punissable. La peine est établie de la manière suivante par l'arrêt du conseil du 27 février 1765 qui règle toute la matière, arrêt maintenu par la loi du 22 juillet 1791 qui a confirmé tous les règle-

____

(1) Loi du 14 octobre 1790, art. 1er, et loi du 28 pluviôse an VIII, art. 3.

ments concernant la voirie : « Fait Sa Majesté défense
« à tous particuliers propriétaires ou autres, de construire,
« reconstruire ou réparer aucun édifice, poser échoppes
« ou choses saillantes le long desdites routes, sans en avoir
« obtenu les alignement ou permission desdits (préfets),
« à peine de démolition desdits ouvrages, confiscation
« des matériaux, et trois cents livres d'amende, et contre
« les maçons, charpentiers, ouvriers, de pareille amende,
« et même de plus grandes peines, en cas de récidive. »

Toutefois, de nos jours, il faut distinguer s'il y a eu
anticipation sur la voie publique, ou si la reconstruction
faite sur les anciens fondements était dans une partie sujette à reculement; dans ce cas, toute la peine doit être
appliquée : démolition, confiscation, amende. Mais si,
au contraire, la maison a été construite sur l'alignement
même qui aurait été donné, alors on ne doit pas condamner à démolir, ni confisquer les matériaux; il y a
seulement lieu de condamner à l'amende. Aujourd'hui,
en effet, avec les lois qui garantissent la propriété privée,
on ne comprendrait pas qu'on obligeât à démolir pour
faire reconstruire sur la même ligne (1).

Notons en outre que l'alignement n'est exigé que pour
celui qui veut construire *le long et au joignant des routes*,
car si le propriétaire construit en arrière sur son terrain,
en laissant une partie libre entre sa construction et le
chemin, il n'est passible d'aucune peine. Seulement,
dans ce cas, d'après la jurisprudence du Conseil d'État,

----

(1) Proudh., nᵒ 219.

le propriétaire pourrait être tenu de se clore dans les limites de l'alignement, pour faire disparaître les angles et enfoncements dangereux pour la sûreté publique (1).

Les contraventions en matière d'alignement sont portées devant le conseil de préfecture, sauf recours au conseil d'État.

2° La deuxième servitude, celle de l'essartement, a été établie par l'ordonnance de 1669, dans l'art. 3 du titre 28, ainsi conçu : « Ordonnons que dans six mois « du jour de la publication des présentes, tous bois, « épines et broussailles qui se trouveront dans l'espace de « soixante pieds ès grands chemins servant au passage « des coches et des carrosses publics, seront essartés et « coupés, en sorte que le chemin soit libre et plus sûr ; » et ce sous peine d'amende arbitraire, dit l'art. 4. Remarquons que cette servitude n'est pas exécutée dans un très-grand nombre de localités ; dès lors si on venait à l'exiger dans un lieu où l'ordonnance n'aurait pas encore reçu d'exécution, le propriétaire aurait, pour s'y conformer, un délai de six mois à partir du jour de la notification qui lui serait faite par l'autorité.

3° La troisième servitude est celle de passage, quand la route est impraticable. Cette servitude, dont la source se trouve dans le Droit romain (2), a été consacrée par la loi du 6 octobre 1791, dont l'art. 41, tit. 8, porte que tout voyageur qui déclorra un champ pour se faire un passage dans sa route, payera le dommage fait au propriétaire,

---

(1) Arrêt du 4 février 1824. — (2) Dig., 8, 6, 14, § 1.

et de plus une amende de la valeur de trois journées de travail, à moins que le juge de paix du canton ne décide que le chemin public était impraticable, et alors les dommages et les frais de clôture seront à la charge de la communauté. D'où il suit que lorsque le chemin public est réellement impraticable, le voyageur a le droit de passer sur les fonds voisins sans encourir aucune condamnation. S'il s'agit d'un chemin vicinal, le dommage sera à la charge de la commune; si c'est une route impériale ou départementale, ce sera l'État ou le département qui sera responsable. Dans tous les cas, le dommage causé aux riverains devra être réparé, non-seulement lorsqu'il y aura eu bris de clôture, mais encore pour l'indemnité résultant du simple passage; car la loi, en parlant de déclore une propriété, a voulu montrer jusqu'où pouvait aller le droit du voyageur, mais n'a pas entendu restreindre à cette seule espèce de dommages l'action du propriétaire (1).

4°—Une autre servitude consiste dans l'obligation pour les riverains de supporter le rejet des terres provenant du curage des fossés des grandes routes. Un arrêt du Conseil, du 2 mai 1720, mettait même le curage à leur charge. Maintenu, par la loi du 16 décembre 1811, dans les art. 32 et 109, cet arrêt a été abrogé en ce qui concerne le curage, par la loi du 12 mai 1825, qui, en déclarant que les fossés font partie des routes, a mis le curage à la charge de l'État; mais elle a laissé subsister

---

(1) Contra Proudhon, n° 264, 3.

la servitude, quant au rejet. Toutefois, l'administration
paraît l'abandonner, car elle ne la maintient que lorsqu'il
n'y a pas d'opposition de la part des riverains (1).

5°—La cinquième servitude, qui existait aussi en
Droit romain, est la servitude de fouille et d'extraction
des matériaux nécessaires à l'établissement ou à l'entretien des chemins. Elle est consacrée par la loi du 6 octobre 1791 (art. 1er, sect. 6), qui l'établit aussi pour tous
les autres ouvrages publics.

L'indemnité est réglée à l'amiable entre les propriétaires et l'administration. A défaut, les contestations qui
s'élèvent à ce sujet sont portées au conseil de préfecture,
sauf recours au Conseil d'État, en vertu de l'art. 4 de la
loi du 28 pluviôse an VIII (2).

6°—Enfin, la sixième servitude consiste dans la défense faite aux propriétaires riverains, d'ouvrir des carrières, de faire aucune fouille, ni de pousser des galeries
souterraines à plus de trente toises de distance de la
route; c'est la disposition d'un arrêt du conseil du
8 avril 1770.

§ III.—Plusieurs lois et ordonnances ont ordonné les
plantations d'arbres au bord des grandes routes. Celle
qui règle plus spécialement le sujet qui nous occupe, est
le décret du 16 décembre 1811. L'art. 88 porte que
« toutes les routes impériales non plantées, et qui sont
« susceptibles de l'être sans inconvénient, seront plan-

---

(1) Proudh., n° 240.—(2) Voir sur cette matière deux dissertations de
M. Batbie : *Lettres à un administré sur quelques matières usuelles du droit
administratif.* (*Journal du droit administratif*, année 1853, p. 88 et 180.)

« tées par les particuliers ou communes propriétaires ri-
« verains de ces routes, dans la traversée de leurs pro-
« priétés respectives » sur les terrains privés à la distance d'au moins un mètre du bord extérieur du fossé
du grand chemin, et sur la ligne déterminée par l'administration.

1° Les arbres sont alors la propriété des propriétaires
sur les fonds desquels ils sont plantés; mais ils ne peuvent les couper, arracher ni élaguer sans l'autorisation
du préfet;

2° Les contraventions sont punies d'une amende et
portées devant les conseils de préfecture;

Notons qu'aux termes d'une circulaire ministérielle du
9 août 1850, les propriétaires riverains ne sont obligés
de planter qu'autant que l'État ne planterait pas lui-
même (1).

A qui appartiennent les arbres plantés sur le sol des
grandes routes? Il y a eu à ce sujet plusieurs lois con-
tradictoires (2) : d'après le dernier état de la législation
(loi du 12 mars 1825), on doit reconnaître comme propriétaires des arbres, les particuliers qui les ont plantés
à leurs frais en vertu des anciens règlements, ou qui jus-
tifient les avoir légitimement acquis à titre onéreux. Toutefois, ils ne peuvent les abattre ou les élaguer, que
sur une permission de l'administration. Enfin, aux termes de la même loi, les contestations qui peuvent s'éle-

______

(1) Proudhon, n° 272. — (2) Voir sur cette question un article de
M. Batbie, *Journal du droit administratif*, année 1853, page 311.

ver sur la propriété de ces arbres, entre l'administration et les particuliers, doivent être portées devant les tribunaux ordinaires, et les droits de l'État défendus à la diligence de l'administration des domaines.

§ IV. — Le déclassement en matière de grandes routes est réglé par la loi du 24 mai 1842. « Les portions de
« routes royales, dit l'art. 1, délaissées par suite de chan-
« gement de tracé ou d'ouverture d'une nouvelle route,
« pourront, sur la demande ou avec l'assentiment des
« conseils généraux du département, ou des conseils
« municipaux des communes intéressées, être classées
« par ordonnance royale, soit parmi les routes départe-
« mentales, soit parmi les chemins vicinaux de grande
« communication, soit parmi les simples chemins vici-
« naux. »

Quand il n'y a pas de classement nouveau, ces biens, cessant d'être affectés à l'usage du public, entrent dans le domaine de l'État ; l'administration des Domaines est autorisée à les aliéner ; mais il doit être réservé, aux termes de l'art. 2, quand la situation des propriétés riveraines l'exige, un chemin d'exploitation dont la largeur ne peut excéder cinq mètres.

L'art. 3 contient une disposition particulière basée sur des considérations de justice et de convenance qu'il importe de noter. C'est la faculté donnée au propriétaire riverain, préférablement à tout autre, de reprendre la propriété d'un chemin supprimé, en en payant la valeur.

« Il serait intolérable, disait M. le comte Roy en faisant
« son rapport à la Chambre des Pairs, lors de la discus-

« sion d'un article analogue, l'art. 10 de la loi du
« 20 mai 1836, sur les chemins vicinaux, que par la
« suppression du chemin, des étrangers pussent venir
« s'établir au milieu de sa propriété, et quelquefois même
« au milieu de sa cour. »

Les propriétaires sont mis en demeure d'acquérir, et
ce n'est que sur leur refus d'acheter, que le sol de l'ancien
chemin est vendu à des étrangers.

Il en est de même pour les parcelles qui, par suite du
classement de la route impériale dans un rang inférieur,
route départementale, chemin vicinal, ne font plus partie du chemin. Les propriétaires riverains doivent être
appelés de préférence aux autres.

SECTION III.—DES ROUTES DÉPARTEMENTALES.

SOMMAIRE.—§ I. De leur établissement. — § II. Des fonds qui y sont affectés.

§ I.—Les routes départementales sont les grands
chemins de traverse qui servent à la communication des
chefs-lieux des départements et des arrondissements, ou
même à celle des départements entre eux, sans être principalement dirigés vers la capitale (1). Ces grands chemins sont établis sur la demande des conseils généraux
du département. Un décret en ordonne la création et en
fixe le classement. Il en était déjà ainsi avant le sénatus-
consulte de 1852. L'art. 3 de la loi précitée du

____

(1) Proudh., n° 211.

3 mai 1842 disait, en effet : « Une ordonnance royale
« suffira pour autoriser l'exécution des routes départe-
« mentales, celle des canaux et chemins de fer, d'em-
« branchements de moins de 20,000 mètres de lon-
« gueur, des ports, et de tous autres travaux d'une
« moindre importance. Cette ordonnance devra égale-
« ment être précédée d'une enquête. »

§ II.—L'art. 17 du décret du 16 décembre 1811 met
les frais de construction, reconstruction et entretien, à
la charge des départements, arrondissements et communes, dans la proportion des avantages qui en résultent
pour chacun. Mais cette répartition, très-bonne en théorie, a été reconnue impossible en pratique. Aussi les
centimes additionnels, répartis sur le département pour
les dépenses départementales, dont une partie est affectée aux frais des routes, sont-ils levés sur la généralité
du département, sans distinguer entre les divers arrondissements et communes qui peuvent en profiter plus ou
moins (1).

Ces routes étant à la charge des départements, deviennent, lors de leur déclassement, une partie du
domaine départemental, et sont aliénées à son profit.
Nous n'avons pas à nous étendre davantage sur ce
sujet. Toutes les autres questions auxquelles les routes
départementales peuvent donner lieu doivent être résolues à l'aide des principes que nous avons exposés en
traitant des grandes routes. Ajoutons seulement que les

____

(1) Proud., nº 258.

routes impériales, ainsi que les routes départementales, font partie de la grande voirie.

SECTION IV.—DES CHEMINS VICINAUX (1).

§ I. — « Les chemins vicinaux, dit M. Proudhon, « sont les chemins de communication publique établis « entre les bourgs ou villages principaux, ou entre les « paroisses, pour faciliter dans les campagnes la fré- « quentation des foires et marchés, ainsi que l'accès des « grandes routes (2). »

Quand un chemin public établit une communication très-utile et que son entretien doit par suite être surveillé avec soin, on déclare la vicinalité de ce chemin. Cette déclaration de vicinalité, ainsi que nous l'avons vu, ne touche en rien à la qualité de chemin public, elle n'a pour effet que de rendre l'entretien obligatoire de la part

---

(1) Quoique classés après les routes impériales et les routes départementales, les chemins vicinaux n'en forment pas moins une des branches les plus importantes du Domaine public. — D'après le rapport à S. M. l'Empereur les chemins vicinaux ont un développement de 557,118 kilomètres, dont 74,810 appartiennent aux chemins vicinaux de grande communication, 37,118 aux chemins d'intérêt commun et 445,830 à la petite vicinalité. Les routes impériales et départementales n'ont qu'un développement de 81,000 kilomètres. (*Moniteur* du 28 août 1858.) — (2) Proudh., n° 171.

de la commune à laquelle il sert. Le chemin était public
auparavant, sans cela une déclaration de vicinalité ne
suffirait pas : il faudrait une expropriation pour cause
d'utilité publique. Chemin public avant la déclaration, il
conserve ce caractère; et de plus, par l'effet du classement, il devra être entretenu régulièrement par les communes, faute de quoi le préfet les y contraindra. Tel est
le seul effet de la déclaration de vicinalité.

Ne disons donc pas, comme le fait M. Dumay dans
son commentaire sur la loi du 21 mai 1836, que la déclaration de vicinalité a pour effet de rendre le sol du chemin imprescriptible. Il l'était avant que le chemin
fût déclaré vicinal (1). L'art. 10 de la loi ne fait que
constater le fait d'imprescriptibilité, mais il n'a rien
innové (2).

§ II.—Aux termes de la loi du 21 mai 1836, qui est
la loi fondamentale en cette matière, les chemins vicinaux
se divisent en trois classes : 1° les chemins vicinaux
ordinaires qui ne servent qu'aux habitants d'une commune; 2° les chemins vicinaux qui servent à plusieurs
communes ou qui les relient entre elles, appelés par
certains auteurs chemins de moyenne communication,
désignés dans le rapport à l'Empereur sous le nom de
chemins d'intérêt commun (3); 3° les chemins qui, formant une longue ligne de communication, desservent,

---

(1) Dumay, Commentaire de la loi du 21 mai 1836. Proudh. n° 173.—
(2) Voir sur l'imprescriptibilité des chemins vicinaux, M. Batbie, *Journal
du droit administratif*, année 1853, p. 813.—(3) *Moniteur* du 28 août 1858.

dans leur parcours, un grand nombre de communes, et ont reçu par suite le nom de chemins de grande communication.

La distinction entre les chemins vicinaux ordinaires et ceux d'intérêt commun n'est pas bien importante au point de vue de notre travail; l'art. 6 qui en parle est ainsi conçu : « Lorsqu'un chemin vicinal intéressera plu-« sieurs communes, le préfet, sur l'avis des conseils mu-« nicipaux, désignera les communes qui devront concou-« rir à sa construction ou à son entretien, et fixera la pro-« portion dans laquelle chacune d'elles y contribuera. » On conçoit aisément le but de cet article : comme les communes n'ont pas un intérêt égal à un chemin qui intéresse plusieurs d'entre elles, les conseils municipaux pouvaient ne pas s'accorder entre eux sur la part contributive de chacune d'elles ; il pouvait même arriver que certains ne votassent aucune somme : faute de fonds, le chemin dépérissait. C'est pour porter remède à ce mal qu'a été édictée la disposition de la loi de 1836 que nous venons de citer.

La distinction entre les chemins vicinaux ordinaires et ceux de grande communication a une tout autre importance. D'abord, le classement ne s'opère pas de la même manière. Les chemins vicinaux ordinaires sont classés par le préfet seul, sur l'avis des conseils municipaux. (Notons que l'avis des conseils municipaux ne lie pas le préfet (1), dont la décision ne peut être attaquée par

---

(1) Discussion à la Chambre des pairs, *Moniteur* du 1er mai 1836, supplément.

voie contentieuse.) C'est également le préfet qui fixe la largeur et les limites du chemin.

Mais, pour les chemins vicinaux de grande communication, c'est le conseil général qui les classe, sur l'avis des conseils municipaux, des conseils d'arrondissement, et sur la proposition du préfet. Ce dernier a seul le droit d'initiative. Son initiative est absolue ; le conseil général ne peut modifier le plan qui lui est présenté, que de son consentement : sans quoi, sous prétexte de modifier, on renverserait la proposition du préfet elle-même (1). Sur les mêmes avis et propositions, ajoute l'art. 7, le conseil général détermine la direction de chaque chemin vicinal de grande communication et désigne les communes qui doivent contribuer à sa construction ou à son entretien ; mais c'est au préfet seul de fixer la largeur et les limites du chemin et de déterminer annuellement la proportion dans laquelle chaque commune doit concourir à la ligne vicinale dont elle dépend.

La distinction entre les chemins vicinaux ordinaires et de grande communication a encore un autre intérêt. C'est que les chemins vicinaux, quand ils arrivent dans un bourg ou un village, cessent d'être chemins, et, devenant rues, ne sont plus dès lors régis par les dispositions de la loi qui nous occupe. Les questions d'alignement changent avec la compétence, car ces rues font partie de la petite voirie (2).

---

(1) *Moniteur* du 2 mai 1836.—(2) Ordonnances des 30 juillet 1817, 23 janvier et 21 février 1820, 27 août 1823; Circulaire minist. du 24 juin 1836.

Il n'en est pas ainsi lorsqu'il s'agit de chemins de grande communication : dans ce cas, les rues n'en sont que le prolongement et font dès lors partie de la grande voirie. C'est au préfet à donner les alignements, et les contraventions sont portées au conseil de préfecture (1). La raison en est sensible : plusieurs communes sont traversées par ce chemin ; ces communes ont des intérêts divers, le plus souvent opposés; ce qui, sans la haute tutelle administrative, pourrait occasionner autant de lacunes qu'il se trouverait de communes intermédiaires.

§ III. — Quels sont les effets des arrêtés du préfet?

Un chemin est reconnu nécessaire, il faut le créer, ou bien il s'agit de le redresser dans une partie; ou bien encore c'est un chemin privé que l'on veut transformer en chemin vicinal. Dans ces divers cas, avant la loi de 1836, quand un arrêté du préfet avait ordonné l'ouverture ou le redressement du chemin, il fallait recourir à l'expropriation pour cause d'utilité publique, et l'arrêté du préfet ne pouva't être exécuté qu'après que l'expropriation avait été prononcée par le tribunal civil et que l'indemnité avait été payée. L'art. 16, qui s'occupe de notre hypothèse, a apporté quelques modifications à la loi du 7 juillet 1833 sur l'expropriation qu'il importe de noter. D'abord, l'arrêté du préfet suffit pour déclarer l'utilité publique, condition préalable à l'expropriation ; tandis qu'en thèse générale il faut un décret. En second lieu, aux douze jurés dont

---

se compose le jury d'expropriation, la loi nouvelle a substitué un jury composé de quatre membres seulement. En outre, l'arrêté du préfet ne doit être précédé d'aucune enquête; le vote des conseils municipaux et généraux en tient lieu (1). Enfin, l'ordonnance du roi qui était nécessaire, aux termes de l'art. 10 de la loi du 28 juillet 1824, pour les acquisitions, aliénations et échange de terrains d'une valeur au-dessus de trois mille francs, se trouve abrogée. L'arrêté du préfet suffit, quelle que soit la somme (2). La raison en est simple : « Le préfet, dit M. Dumay, ayant, aux termes de la « loi, le droit d'autoriser seul, et sans le concours de « l'autorité supérieure, l'établissement et le rélargisse- « ment de ces sortes de voies, il devait avoir aussi le « pouvoir de faire tout ce qui était indispensable pour « atteindre à ce but. »

L'art. 15 contient une dérogation encore plus remarquable à la loi du 7 juillet 1833. Lorsqu'il s'agit de classer un chemin public au nombre des chemins vicinaux et d'en fixer la largeur, il n'y a plus lieu à expropriation pour les parties des propriétés riveraines qui sont ajoutées au chemin. « Les arrêts des préfets, dit cet « article, portant reconnaissance et fixation de la largeur « d'un chemin vicinal, attribuent définitivement au che- « min le sol compris dans les limites qu'il détermine. Le « droit des propriétaires riverains se résout en une « indemnité qui se règle à l'amiable ou par le juge de

---

(1) Circulaire ministérielle.—(2) Dumay, p. 323.

« paix du canton, sur le rapport d'experts nommés con-
« formément à l'art. 17. » C'est-à-dire l'un par le propriétaire, l'autre par le sous-préfet; et, en cas de désaccord, un tiers expert par le conseil de préfecture. S'il
s'élevait des contestations sur la qualité du chemin que
les propriétaires prétendraient privé et l'administration
public, la question de propriété devrait être préalable-
ment jugée par les tribunaux civils.

§ IV.—Examinons maintenant à la charge de qui sont
les frais de construction et de réparation des chemins
vicinaux. L'établissement et l'entretien sont à la charge
des communes. Voyons d'abord, en ce qui concerne les
chemins vicinaux ordinaires, quelles ressources peuvent
voter les conseils municipaux. « En cas d'insuffisance
« des ressources ordinaires des communes, dit l'art. 2,
« il est pourvu à l'entretien des chemins vicinaux à l'aide,
« soit de prestations en nature dont le maximum est fixé
« à trois journées de travail, soit de centimes spéciaux
« en addition au principal des quatre contributions
« directes et dont le maximum est fixé à cinq. » La
prestation en nature est appréciée en argent, et le contri-
buable a le choix de l'acquitter en argent ou en nature
(art. 3 et 4).

Avant la loi de 1836, si les conseils municipaux ne
votaient pas les fonds, l'autorité supérieure n'avait aucun
moyen de vaincre la résistance des administrations communales; et les réparations ne s'effectuant pas, les chemins vicinaux restaient dans un état de dégradation
déplorable. La loi de 1836 a entrepris de porter remède

à ce mal : dans son art. 5, qui est le plus important, elle donne au préfet le droit d'imposer d'office la commune, quand, après avoir fait constater le mauvais état des chemins et avoir par un arrêté mis en demeure le conseil municipal de pourvoir aux réparations qu'ils exigent, celui-ci n'y a pas obtempéré. Cet article est ainsi conçu : « Si le conseil municipal mis en demeure « n'a pas voté, dans la session désignée à cet effet, les « prestations et centimes nécessaires, ou si la commune « n'en a pas fait l'emploi dans les délais prescrits, le « préfet pourra d'office soit imposer la commune dans « les limites du maximum, soit faire exécuter les travaux. « Chaque année, le préfet communiquera au conseil « général l'état des impositions établi d'office en vertu du « présent article (1). » Enfin, dans les cas extraordinaires, il y est pourvu par des subventions sur les fonds départementaux (art. 8), et même au moyen de contributions extraordinaires, votées par le conseil municipal et autorisées par un décret, aux termes des art. 40 et suivants de la loi du 18 juillet 1837, mais qui ne pourraient être imposées d'office par le préfet, l'art. 8 ne lui en donnant pas le droit.

Il en est de même pour les chemins de grande com-

---

(1) L'utilité de l'article 8 est démontrée de la manière la plus évidente par le rapport du 28 août 1838. D'après ce rapport les prestations en nature ont dû être imposées d'office à quatre-vingt-deux départements, et la valeur de ces journées de prestations imposées d'office s'est élevée à peu près à la somme de 3,600,000 fr. par an. Quatre-vingts départements ont été imposés d'office de centimes additionnels, dont la valeur s'élève en moyenne à 1,100,000 par an.

18

munication. On y pourvoit d'abord avec les revenus ordinaires des communes à la charge desquelles ils sont; en cas d'insuffisance, avec deux journées de prestation sur les trois autorisées par l'art. 2, et les deux tiers des centimes, votés par le conseil municipal en vertu du même article, et enfin, encore en cas d'insuffisance, avec les fonds départementaux. Il est pourvu à ces subventions au moyen des centimes facultatifs ordinaires du département et des centimes spéciaux votés annuellement par le conseil général (art. 8), dont le maximum est déterminé annuellement par la loi de finances (art. 12). La distribution des subventions est faite, en ayant égard aux ressources, aux sacrifices et aux besoins des communes, par le préfet, qui en rend compte, chaque année, au conseil général (art. 8). Enfin, dans le cas de travaux indispensables, il peut y avoir lieu à une contribution extraordinaire votée par le conseil municipal, avec le concours des plus imposés, et autorisée par un décret, conformément aux art. 40 et suivants de la loi du 18 juillet 1837.

§ V. — Mais s'il survient des dégradations extraordinaires causées par des exploitations, l'article 14 la met à la charge de ceux qui les ont occasionnées. « Toutes « les fois, dit cet article, qu'un chemin vicinal, entretenu « à l'état de viabilité par une commune, sera habituelle- « ment ou temporairement dégradé par des exploitations « de mines, de carrières, de forêts ou de toute autre entre- « prise industrielle appartenant à des particuliers, à des « établissements publics, à la commune ou à l'État; il

« pourra avoir lieu à imposer aux entrepreneurs ou pro-
« priétaires, suivant que l'exploitation ou les transports
« auront eu lieu pour les uns ou pour les autres, des sub-
« ventions spéciales dont la quotité sera proportionnée
« à la dégradation extraordinaire qui devra être attribuée
« aux exploitations. »

§ VI — Quant à la compétence, toutes les questions
de propriété doivent être portées devant les tribunaux
ordinaires ; les réclamations contre la déclaration de vicinalité doivent être adressées au préfet et au ministre par
voie gracieuse, car cette opération étant un acte d'administration pure ne peut ouvrir de recours conten-
tieux.

Enfin les contraventions et les délits sont portés suivant les cas, soit devant les tribunaux de police ordinaire,
soit devant les conseils de préfecture, mais ces divers
cas ne peuvent être résumés dans des règles assez brèves
et assez fixes pour trouver place dans notre travail.

§ VII. — Les servitudes imposées aux propriétaires
riverains des chemins vicinaux sont les mêmes que celles
imposées aux riverains des grandes routes, à l'exception
de celle de l'essartement. Quant aux alignements, il faut
remarquer que lorsque le chemin vicinal ordinaire traverse un bourg ou village, l'alignement est donné par le
maire, tandis que lorsque c'est un chemin de grande
communication, c'est au préfet qu'il doit être demandé
comme pour les grandes routes.

Pour ce qui est du droit de fouille et d'extraction de
matériaux, le préfet détermine les lieux. L'indemnité

est fixée à l'amiable et dans le cas contraire par le conseil de préfecture (art. 17).

§ VIII.—Comment s'opère le déclassement des chemins vicinaux? Il faut distinguer entre les chemins vicinaux ordinaires et les chemins de grande communication, comme nous l'avons fait pour le classement, et cela en vertu de l'adage, *nihil tam naturale est quam eo genere quidquid dissolvere quo colligatum est* (1). Les chemins vicinaux ordinaires sont déclassés par un arrêté du préfet, après délibération des conseils municipaux des communes qui peuvent avoir intérêt à la conservation du chemin; s'il n'y a pas unanimité, il faudra une enquête dans laquelle les intéressés pourront déduire leurs motifs d'opposition. Quant aux chemins de grande communication, le déclassement est prononcé par le conseil général sur la proposition du préfet, d'après l'avis des conseils municipaux et des conseils d'arrondissements; il pourra y avoir lieu, après déclassement, à un nouveau classement, soit comme chemin vicinal ordinaire, soit comme chemin public non vicinal.

Dans les cas où l'aliénation de tout ou partie du chemin serait ordonnée, la préférence devrait être accordée aux propriétaires riverains, de même que nous l'avons vu pour les grandes routes. L'art. 10 dit, en effet : « En cas « de changement de direction ou d'abandon d'un chemin « vicinal, en tout ou en partie, les propriétaires riverains « de la partie de ce chemin qui cessera de servir de voie

---

(1) Dig., *De regulis juris*, 1. 36.

« de communication pourront faire leur soumission de
« s'en rendre acquéreurs et d'en payer la valeur qui sera
« fixée par des experts.

§ IX. —Terminons ce qui a trait aux chemins vicinaux
en transcrivant l'art. 21 qui permettra de résoudre une
foule de questions de détail qui ne sauraient trouver
place ici. Cet article est ainsi conçu : « Dans l'année qui
« suivra la promulgation de la présente loi, chaque préfet
« fera, pour en assurer l'exécution, un règlement qui
« sera communiqué au conseil général et transmis, avec
« ses observations, au ministre de l'intérieur, pour être
« approuvé s'il y a lieu ; ce règlement fixera, dans chaque
« département, le maximum de la largeur des chemins vi-
« cinaux ; il fixera en outre les délais nécessaires à l'exé-
« cution de chaque mesure, les époques auxquelles les
« prestations en nature devront être faites, le mode de
« leur emploi ou de leur conversion en tâches, et statuera
« en même temps sur tout ce qui est relatif à la confec-
« tion des rôles, à la comptabilité, aux adjudications et à
« leurs formes, aux alignements, aux autorisations de
« construire le long des chemins, à l'écoulement des
« eaux, à l'élagage, aux fossés, à leur curage et à tous
« autres détails de surveillance et de conservation. »

En exécution de cet article, les préfets ont fait des
réglements départementaux, mais leur diversité nuisant
à l'unité de la législation, une instruction générale adressée aux préfets le 14 juillet 1834 a posé les bases de tous
les réglements généraux qui ont dû être dressés, conformément au modèle qui y était annexé. Les limites de ce

travail ne nous permettant pas de nous arrêter aux questions de détail et d'application, nous ne pouvons que
renvoyer le lecteur à l'ouvrage de M. Grandvaux (1) qui
a commenté avec le plus grand soin le réglement général
dont nous parlons.

SECTION V.—DES CHEMINS RURAUX.

SOMMAIRE.—§ I. De leur nature.—§ II. De leur établissement.—§ III. De
leur entretien.

§ I.—Quoique non classés parmi les chemins vicinaux,
les chemins ruraux n'en font pas moins partie du Domaine public; ils sont, comme les chemins vicinaux, du
Domaine public municipal. Une circulaire ministérielle
du 10 novembre 1839 en prescrit le classement dans la
forme usitée pour les chemins vicinaux, mais sans donner
à l'arrêté de classement l'effet de l'expropriation du sol
compris dans les limites qu'il détermine. L'alignement
devra donc être demandé à l'administration, quand il
s'agira de construire le long de ces chemins.

§ II.—Quel est le mode d'établissement de ces chemins? Ils ont été établis par l'usage. C'est par une
jouissance prolongée pendant le temps voulu pour la
prescription que le public en a acquis la propriété. De
nos jours, on ne crée plus de chemins ruraux. Quand
un chemin est nécessaire et qu'il y a lieu de l'établir, en
même temps qu'il est construit, il est classé parmi les
chemins vicinaux ordinaires.

---

(1) Code pratique des chemins vicinaux.

§ III.—L'entretien des chemins ruraux n'a lieu qu'avec l'excédant des ressources ordinaires des communes ou par les soins des particuliers qui y ont intérêt ; on ne peut y appliquer les ressources destinées aux chemins classés. « Appliquer les ressources des communes à la réparation des chemins qui n'auraient pas été classés dans « la forme voulue, dit M. le ministre dans son instruction « du 24 janvier 1836, serait s'exposer au reproche de « faire une application irrégulière des revenus communaux « et peut-être même à une accusation de détournement « des fonds des communes. Requérir les citoyens de porter leur prestation sur les chemins non classés, serait « s'exposer à un refus de service qui trouverait sa justi-« fication dans le texte formel de la loi (1) ».

SECTION VI.—DES CHEMINS DE FER.

SOMMAIRE.—§ I. De leur nature.—§ II. Des servitudes de grande voirie qui leur sont applicables.—§ III. Servitudes exceptionnelles : 1. Défense de bâtir. 2. Des constructions existantes. 3. Des excavations. 4. Dépôts de matériaux inflammables et non inflammables. — § IV. De la suppression des ouvrages existants.—§ V. Compétence. — § VI Contraventions commises par les concessionnaires des chemins de fer.

§ I.—Aux termes de l'art. 1er de la loi du 28 juillet 1845, loi fondamentale en cette matière, les chemins de fer sont classés au nombre des biens dont se compose le Domaine public. Ces voies de communication, de toutes les plus importantes, devaient, à ce titre, parti-

---

(1) Voir sur les chemins ruraux un article de M. Batbie. *Journ. du droit administratif*, ann. 1853, page 813.

ciper aux avantages des autres chemins publics et faire partie de la grande voirie.

« Si les chemins de fer, disait dans son exposé des « motifs M. le ministre des Travaux publics, diffèrent « des routes et des voies navigables par le mode de loco- « motion, ils ont cependant la même destination publi- « que ; ils servent, comme les routes de terre et les voies « navigables, au transport des personnes et des mar- « chandises ; et comme leur principal avantage réside « dans la régularité et surtout dans la promptitude du « service, et que le moindre accident causé à ces voies « nouvelles peut engendrer les plus fatales conséquences, « il est plus nécessaire encore de les protéger par une « législation qui confère à l'autorité une action vive et « rapide (1). »

Il n'y a pas à distinguer, ainsi que nous l'avons déjà dit, entre les chemins de fer qui ont été construits par l'État et ceux qui ont été concédés, même à perpétuité. L'article 1er est formel sur ce point. Il est ainsi conçu : « Les chemins de fer construits ou concédés par l'État « font partie de la grande voirie. » On a critiqué cette décision ; mais cette critique est-elle fondée ? Pour savoir si un bien fait partie du Domaine public, c'est sur sa destination à l'usage ou à l'utilité de tous qu'il faut se baser. Il importe peu de savoir quelle est son origine et s'il est ou non productif de revenus : si l'on voulait déci- der la question de propriété par l'établissement ou l'en-

---

tretien, il n'y aurait plus de Domaine public ; les biens qui le composent devraient être placés dans le Domaine de l'État, dans le Domaine départemental ou dans le Domaine communal. Si l'on se basait sur les produits, il faudrait en exclure également la plus grande partie, car presque tous ces fonds produisent des revenus plus ou moins considérables : les péages, les droits de navigation, les parties cultivées des terrains militaires, jusqu'aux sables, vases et herbes des rivières navigables ou flottables, sont autant de sources de produits. Tels ne sont pas les vrais principes ; toutes ces considérations ne sont ici qu'accessoires ; au-dessus d'elles se trouve le service public, et les produits d'un bien du Domaine public, pas plus que son origine, ne sauraient faire changer sa nature. Concluons donc que les chemins de fer, même après concession, continuent de faire partie du Domaine public, de même qu'en font toujours partie les ponts soumis à un péage et les canaux concédés à des compagnies.

La question soumise au conseil d'État a été résolue dans ce sens. Par deux fois, le conseil d'État a déclaré que la taxe qui frappait les biens de mainmorte appartenant à des personnes morales n'était pas due par les compagnies concessionnaires de chemins de fer ou de canaux, par la raison que ces biens continuent malgré la concession à faire partie du Domaine public (1).

§ II. — Faisant ainsi partie du Domaine public, les

---

(1) Avis du conseil d'État des 8 février et 24 mars 1851.

chemins de fer sont, par cela même, inaliénables et imprescriptibles ; par la même raison les lois et règlements sur la grande voirie leur sont applicables. La loi de 1845 a pris d'ailleurs le soin de les énumérer. C'est ainsi qu'aux termes de l'art. 2 sont applicables aux chemins de fer les lois et règlements sur la grande voirie qui ont pour objet d'assurer la conservation des fossés, talus, levées et ouvrages d'art dépendant des routes, et d'interdire sur toute leur étendue le parage des bestiaux et les dépôts de terre ou autres objets quelconques.

L'art. 3 de la loi s'occupe des servitudes de grande voirie imposées aux riverains et les maintient pour les chemins de fer ; ce sont l'alignement, l'écoulement des eaux, l'occupation temporaire des terrains en cas de réparations, la distance à observer pour les plantations et l'élagage des arbres, le mode d'exploitation des mines, minières, tourbières, carrières et sablières, enfin l'extraction des matériaux nécessaires aux travaux publics. Remarquons qu'il résulte du silence de cet article, ainsi que de la discussion qui a précédé son adoption, que ne sont applicables aux chemins de fer, ni la servitude de l'essartement, ni celle de plantation d'arbres, imposée aux propriétaires riverains des grandes routes par le décret de 1811 (1).

§ III.—Mais, à part ces dispositions, qui nous étaient déjà connues, notre loi contient des mesures tout à fait exceptionnelles, nécessitées par la nature particulière

---

(1) Décret du 16 octobre 1811, art. 88, 91 et 92.

des chemins de fer. D'abord, quant au mode d'établissement, l'art. 4 porte que tout chemin de fer doit être clos
des deux côtés et sur toute l'étendue de la voie. C'est
l'administration qui détermine pour chaque ligne le mode
de clôture qui doit être employé. En outre, partout où
les chemins de fer croisent de niveau les routes de terre,
des barrières sont établies et tenues fermées, conformément aux règlements.

1° Si nous passons aux servitudes nouvelles imposées
par cette même loi, nous en trouverons de nombreuses
et de fort dures pour les propriétés riveraines : la première consiste dans la défense de bâtir. L'art. 5 défend
toute construction autre qu'un mur de clôture dans une
distance de deux mètres d'un chemin de fer. Cette distance, ajoute notre article, sera mesurée, soit de l'arête
supérieure du déblai, soit de l'arête inférieure du talus
du remblai, soit du bord extérieur des fossés du chemin,
et, à défaut, d'une ligne tracée à un mètre cinquante
centimètres, à partir des rails extérieurs de la voie de fer.

2° Mais que devra-t-on décider au sujet des constructions déjà existantes ? D'après le projet de loi qui appliquait toutes les règles de l'alignement, ces constructions
ne pouvaient être réparées comme étant sujettes à reculement. La Chambre des députés trouva la servitude trop
dure, et, après plusieurs renvois successifs de l'une à
l'autre chambre, la disposition suivante fut ajoutée au
projet : « Les constructions existantes au moment de la
« promulgation de la présente loi, ou lors de l'établisse-
« ment d'un nouveau chemin de fer, pourront être entre-

« tenues dans l'état où elles se trouveront à cette époque.
« Un règlement d'administration publique déterminera
« les formalités à remplir par les propriétaires pour faire
« constater l'état des constructions (art. 5). » Mais quel
sens doit-on donner au mot *entretenues?* Doit-on entendre
par ce mot les ouvrages confortatifs ou seulement les réparations d'entretien? En lisant attentivement le compte
rendu des discussions qui se sont élevées à ce sujet à la
Chambre des pairs et à la Chambre des députés, on est
obligé de reconnaître que la loi a été votée avec les deux
sens. A la Chambre des députés, M. Taillandier a demandé si par le mot *entretenues,* la commission entendait
les travaux confortatifs, et dans ce cas il a proposé d'a-
jouter le mot *réparées.* M. de Chasseloup-Laubat, rappor-
teur de la commission de la chambre des députés, a combattu cette proposition : il a dit que le mot *entretenues*
était emprunté à la loi de 1819; qu'il devait suffire, et
que le sens qu'il a dans cette loi a été déterminé, par une
ordonnance du 1er août 1821 et par la jurisprudence, de
la manière suivante, à savoir : que les constructions
existantes peuvent être entretenues et réparées, que les
travaux confortatifs sont autorisés, que les reconstruc-
tions partielles même sont permises, à la charge toutefois
de ne point augmenter ces constructions, etc. Devant
ces explications si catégoriques, M. Taillandier a déclaré
retirer son amendement; il n'y avait plus en effet pour lui
de raison d'insister. Mais à la Chambre des pairs, l'interprétation a été tout autre, et M. Persil s'en est formellement exprimé. Voici une de ses phrases les plus caracté-

ristiques : « Il ne pourra (j'emploie exprès le mot en
« usage) faire des réparations réconfortatives, mais il
« pourra faire toutes les réparations d'entretien. »

En présence d'un article de loi voté au milieu d'une
incertitude aussi fâcheuse, quelle opinion doit-on adopter ? Évidemment celle de la Chambre des députés.

En effet, la Chambre des pairs, dans son projet de loi,
avait voulu que l'on adoptât les règles de l'alignement ;
la Chambre des députés avait refusé de voter la loi dans
cet état, et avait adopté une rédaction d'après laquelle le
propriétaire aurait droit d'entretenir, de réparer et de
reconstruire. La Chambre des pairs refusa d'adopter le
projet et revint aux règles de l'alignement. La Chambre
des députés alors abandonna le mot de *reconstruction*
et ne conserva que le mot *d'entretien*, mais en donnant
formellement à ce mot le sens qu'il a dans la loi de 1819 ;
et c'est avec cette expression que la loi a été votée. Évidemment la Chambre des pairs n'a pas pu changer la signification donnée à l'article par ceux qui en ont été les
rédacteurs, et l'on ne pourrait pas soumettre ces constructions aux règles ordinaires en matière d'alignement
sur le fondement d'une disposition ajoutée précisément dans le but de les y soustraire.

3°—Mais continuons l'examen des servitudes imposées par la loi nouvelle. « Dans les localités, dit l'art. 6,
« où le chemin de fer se trouvera en remblai de plus de
« trois mètres au-dessus du terrain naturel, il est inter-
« dit aux riverains de pratiquer, sans autorisation préa-
« lable, des excavations dans une zone de largeur égale à

« la hauteur verticale du remblai, mesuré à partir du pied
« du talus; cette autorisation ne pourra être accordée sans
« que les concessionnaires ou fermiers de l'exploitation
« du chemin de fer aient été entendus ou dûment ap-
« pelés. » Ceci ne s'applique pas aux exploitations de
mines, minières, carrières, lesquelles continuent d'être
régies par les lois qui les concernent aux termes de l'art. 3.

4°—Une troisième servitude est imposée dans le but
de prévenir les incendies. « Il est défendu, dit l'art. 7,
« d'établir à une distance de moins de vingt mètres d'un
« chemin de fer desservi par des machines à feu, des
« couvertures en chaume, des meules de paille, de foin
« et aucun autre dépôt de matières inflammables. Cette
« prohibition ne s'étend pas aux dépôts de récolte faits
« seulement pour le temps de la moisson. »

L'article suivant traite des dépôts de matières non
inflammables, et les explications dans lesquelles il entre
à cet égard nous dispensent de tout commentaire; voici
comment il s'exprime : « Dans une distance de moins
« de cinq mètres d'un chemin de fer, aucun dépôt de
« pierres ou objets non inflammables ne peut être établi
« sans l'autorisation préalable du préfet. Cette autorisa-
« tion sera toujours révocable. L'autorisation n'est pas
« nécessaire : 1° pour former, dans les localités où le
« chemin de fer est en remblai, des dépôts de matières
« non inflammables, dont la hauteur n'excède pas celle
« du remblai du chemin; 2° pour former des dépôts tem-
« poraires d'engrais et autres objets nécessaires à la cul-
« ture des terres. »

Remarquons qu'aux termes de l'art. 9, les distances déterminées par les articles qui précèdent, peuvent être diminuées en vertu de décrets rendus après enquête, lorsque la sûreté publique, la conservation du chemin et la disposition des lieux le permettront.

Ces servitudes ne donnent pas lieu à indemnité ; cela résulte, indépendamment du silence de la loi, de la discussion devant les Chambres ; il est même à noter, comme on l'a fait remarquer lors de la discussion, que le jury ne doit pas les faire entrer dans l'appréciation des indemnités qu'il donne aux terrains expropriés. La chose ne serait pas juste, car celui dont la propriété est simplement côtoyée par le chemin de fer serait moins favorablement traité que celui qui serait exproprié de quelques mètres ; car, le jury n'étant pas appelé à statuer à son égard, il ne pourrait être indemnisé.

§ IV. — L'art. 10 s'occupe des constructions, plantations, excavations, etc., existantes et qu'il est utile de supprimer. Les constructions qui doivent être supprimées sont expropriées avec juste et préalable indemnité, sauf les cas d'urgence, auxquels cas la suppression doit avoir lieu sans les lenteurs des formes de l'expropriation et de l'indemnité préalable. Quant aux autres hypothèses l'expropriation n'est plus nécessaire, il n'y a que simple dommage et dès lors l'indemnité est réglée par le conseil de préfecture, et même, habituellement, elle n'est pas préalable ; voici dans quels termes l'art. 10 est conçu : — « Si, hors des cas d'urgence prévus par la loi des 16-24 août 1790, la sûreté publique ou la con-

« servation du chemin de fer l'exige, l'administration
« pourra faire supprimer, moyennant une juste indem-
« nité, les constructions, plantations, excavations, cou-
« vertures en chaume, amas de matériaux combustibles
« ou autres, existant dans les zones ci-dessus spécifiées
« au moment de la promulgation de la présente loi, et,
« pour l'avenir, lors de l'établissement du chemin de
« fer. L'indemnité sera réglée pour la suppression des
« constructions, conformément aux titres IV et suivants
« de la loi du 3 mai 1841, et, pour les autres cas, con-
« formément à la loi du 16 septembre 1807. » A la
charge de qui incombe l'indemnité? Il n'a pas été établi
de règle fixe à cet égard, comme on le proposait dans la
discussion ; l'indemnité, en règle générale, sera donc
supportée par l'Etat, qui est chargé des dépenses nécessaires pour la conservation des chemins de fer ou
la sécurité publique, à moins toutefois que des conventions spéciales ne les mettent à la charge des compagnies.

§ V.—Les contraventions aux articles précités sont
portées, comme toutes les contraventions en matière de
grande voirie, devant les conseils de préfecture. La
peine, pour les contraventions créées par la nouvelle loi,
est une amende de 16 à 300 fr. indépendamment de la
réparation du dommage (art. 11). Si le délit entraine la
peine de l'emprisonnement ou une peine plus grave,
l'affaire est poursuivie devant les tribunaux correctionnels.

Quant aux contestations sur les questions de propriété, elles sont portées devant la justice ordinaire.

D'un autre côté, comme les accidents sur les chemins de fer peuvent prendre des proportions effrayantes, et occasionner la mort d'un grand nombre de personnes à la fois, la loi nouvelle a, dans le titre III, intitulé *Des Mesures relatives à la sûreté de la circulation sur les chemins de fer*, décrété des dispositions spéciales auxquelles nous ne pouvons que renvoyer le lecteur.

§ VI.—Le titre II de la loi qui nous occupe, intitulé *Des Contraventions de voirie commises par les concessionnaires ou fermiers des chemins de fer*, a pour nous un intérêt tout spécial, car il a pour but de protéger les rivières et cours d'eau, les routes royales et départementales, ainsi que les chemins vicinaux, c'est-à-dire plusieurs branches importantes du Domaine public. « Il faut, disait M. le « ministre, dans son exposé des motifs, protéger les an- « ciennes communications contre les chemins de fer « eux-mêmes. Les chemins de fer, dans leur parcours, « franchissent des rivières, viennent couper des routes « royales et départementales, des chemins vicinaux; ils « rencontrent à chaque instant des cours d'eau plus ou « moins considérables; mais il faut que le service de la « navigation, la viabilité des chemins et l'écoulement des « eaux soient assurés comme avant l'établissement des « chemins de fer.» On comprend dès lors qu'il devenait nécessaire de prescrire des mesures spéciales, car ces faits ont une tout autre importance que le dépôt d'un tas de pierres ou de fumier, qu'il est toujours facile de faire enlever. Les lois existantes sur la grande voirie étaient évidemment insuffisantes : les art. 12 et 14 y ont pourvu en prononçant une amende de 500 à 3,000 fr. contre le concessionnaire ou le fermier de l'exploitation d'un chemin de fer qui contreviendra aux clauses du cahier des charges ou aux décisions rendues en exécution de ces clauses, en ce qui concerne le service de la navigation, la viabilité des routes impériales, départementales et vicinales, ou le libre écoulement des eaux. L'administration peut, en outre, aux termes de l'art. 15, prendre immédiatement, aux frais des Compagnies, toutes les mesures propres à faire cesser le dommage. Les contraventions sont portées devant le conseil de préfecture.

Les autres articles de ce titre traitent de la manière de procéder, mais nous ne saurions nous arrêter davantage sur ces matières.

SECTION VII.—DES RUES ET PLACES PUBLIQUES.

§ I.—Les rues, les places publiques et les promenades des villes font partie du Domaine public, et comme elles sont à la charge des communes, elles font partie du Domaine public municipal. Il n'y a pas de distinction à faire entre les rues proprement dites et les ruelles également destinées à l'usage de tous. Quant aux impasses ou culs-de-sac, s'ils sont destinées à un usage public, ils en font aussi partie, par exemple s'ils conduisent à une rivière, à une fontaine, à une église. Dans le cas contraire, ils sont la propriété de la commune ou des particuliers. Quant aux passages, d'une rue à l'autre, soit à travers une cour, soit entre plusieurs bâtiments éclairés par le dessus pour donner du jour aux boutiques qui s'y trouvent, ils sont propriété privée. Ces passages, en effet, n'ont lieu que par tolérance; le public n'y passant pas *animo domini* n'a pu en prescrire la propriété; il n'a pu non plus l'acquérir à titre de servitude, car les servitudes discontinues ne peuvent s'acquérir de la sorte: la possession d'ailleurs serait viciée par le caractère de simple tolérance.

Parmi les places et promenades, celles-là seulement sont publiques qui sont affectées à l'usage de tous. Ainsi on ne peut considérer comme publics ces espaces vides qui appartiennent propriétairement, soit aux communes, soit aux particuliers. Les places vides qui se trouvent dans les villes et les villages, ou qui en séparent les diverses parties, sont biens communaux. Sous la féodalité les seigneurs s'étaient attribué les biens sans maître, et parmi ceux-ci se trouvaient ces places vides des villages (1), mais la loi du 10 juin 1793 a déclaré que les terrains autrefois vacants ou terres vaines et vagues font partie des biens communaux. Ces biens sont asservis aux aisances des habitations voisines; la même loi les reconnaît en

---

(1) Loiseau, *Des Seigneuries,* chap. 12, n° 117.

effet grevés des droits de passage, d'entrée, de sortie
et de vue, nécessaires au service des fonds qui y abou-
tissent (1).

Mais les habitants peuvent-ils en prescrire la propriété par les dépôts qu'ils y font? Non : car s'ils s'en
servent de la sorte, c'est par tolérance et comme tout
habitant a le droit de le faire; aussi l'autorité municipale
peut-elle toujours faire enlever ces dépôts dès que le
public en souffre. Il en serait autrement si un habitant
avait possédé, *animo domini*, un de ces biens pendant le
temps requis pour prescrire ; par exemple, s'il y avait établi une clôture. Il s'agit en effet ici de ces biens communaux qui sont prescriptibles aux termes de l'art. 2227.

§ II.—Les rues, places et promenades publiques des
villes, comme faisant partie du Domaine public municipal, sont à la charge des communes, soit pour leur entretien, soit pour l'acquisition des terrains nécessaires,
tant à leur établissement qu'à leur élargissement. D'un
autre côté, c'est aussi dans le trésor de la commune que
doivent être versés les revenus souvent très-importants
provenant de la location des places pour les foires et les
marchés. Nous avons dit que les dépenses relatives aux
rues sont à la charge des communes, mais cela n'est
vrai que pour les rues ordinaires. Celles qui sont la
continuation des grandes routes sont à la charge de
l'Etat.

Quant aux dépenses du pavé, l'art. 4 de la loi du

---

(1) Loi du 10 juin 1793, sect. 4, art. 1.

11 fiimaire an VII met l'entretien du pavé dans les villes, pour les parties qui ne sont point grandes routes, à la charge des communes; mais elle ne dit rien de l'établissement du pavé. Que devons-nous en conclure? Que l'on est encore sous ce rapport régi par l'ancien droit, qui, conformément au Droit romain (1), mettait les frais d'établissement du pavé à la charge des propriétaires riverains, dans les villes où il n'en existait pas. Il en est de même pour celui qui dans une ville bâtit en un lieu où il n'y a encore ni pavé ni maisons ; que si les propriétaires ne font pas exécuter le pavé en nature, le maire, assisté des conseils municipaux, dresse le rôle de répartition sur les habitants, qu'un arrêté du préfet rend exécutoire. S'il s'élève des contestations sur le rôle de répartition, elles sont portées au conseil de préfecture. Si un seul habitant élève des réclamations, il n'y a plus lieu à rôle de répartition, mais à un arrêté du préfet qui ordonne le payement (2). Les communes riches grèvent leur budget de cette dépense (3).

§ III. — Les biens dont nous nous occupons sont asservis à l'usage du public et des propriétaires riverains. Ces derniers ont le droit d'avoir sur eux des vues, des jours, des portes, des gouttières pour l'écoulement des eaux pluviales et des conduits pour l'écoulement des eaux ménagères.

Mais quelle est la nature de ce droit? Est-ce un droit

---

(1) Dig. 43, 10, 1, § 3.—(2) Proudh., n° 319.— (3) Voir sur l'établissement et l'entretien du pavé et des trottoirs, M. Batbie, *Journ. du droit administratif*, ann. 1854, p. 61 et 163.

de servitude sur les fonds du Domaine public quant à la desserte et aux commodités des héritages voisins, ou est-ce une simple tolérance? Il faut distinguer : ou le droit réclamé est conforme à la destination naturelle du lieu, ou il y est contraire. Dans le premier cas, c'est un véritable droit de servitude (1). En effet, ce n'est pas seulement pour servir de passage que sont établies les rues; elles le sont aussi pour fournir aux maisons voisines des aisances indispensables à la commodité et à la salubrité des habitations, circulation de l'air, communication de la lumière, sûreté des personnes, facilité des communications et embellissement de la ville. Dès lors les habitants en y pratiquant ces usages, ne font qu'user d'un droit qui leur appartient et qui ne peut leur être enlevé. Si donc la destination du sol de la rue vient à changer, on devra respecter les jours, les entrées et les issues, et il faudra accorder une indemnité pour leur suppression, si l'utilité publique exige un changement de destination qui les rende impossibles.

Mais s'il s'agit d'un droit opposé à la destination du lieu et qui se trouve contraire à la sûreté, à la décoration, aux aisances ou à la libre viabilité de la voie, comme serait par exemple un escalier, un banc, une échoppe en

---

(1) Ce droit de servitude est d'ailleurs reconnu par la législation : l'art. 681 la reconnaît pour les eaux pluviales. L'art. 678, qui permet de bâtir sur le bord de la rue, reconnaît implicitement ce caractère, autrement on ne pourrait bâtir qu'à 19 décimètres. Enfin l'impôt qui frappe les portes et les fenêtres prouve que c'est un droit de propriété et non une pure tolérance.

saillie sur la rue ou la place, une porte d'entrée qui s'ouvrirait en dehors, etc.... Il n'en est plus ainsi; de pareils faits ne peuvent avoir existé qu'à titre de tolérance, et ils peuvent toujours être supprimés quand même ils auraient été établis avec l'autorisation de l'administration; et cela par la raison qu'on ne prescrit pas contre le Droit public, ni contre les lois de police (1).

Les promenades ont un usage plus restreint; elles ne sont pas, comme les rues et les places publiques, destinées à être dominées par des servitudes de vues, de portes, etc. Ces servitudes, contraires à leur destination, ne pourraient être permises que par pure tolérance. *Quia publicorum usus non solum ex commodo, sed ex ornatu etiam et facie æstimatur* (2).

§ IV.—Si les propriétaires riverains des voies publiques jouissent des avantages que nous avons énumérés plus haut, d'un autre côté, ils sont soumis à des servitudes onéreuses. Sans parler de l'établissement du pavé et du balayage dans les communes où ce soin est laissé à la charge des habitants, et des autres mesures de police auxquelles ils sont astreints, se trouve la servitude si onéreuse de l'alignement, qui est réglé par la loi du 16 septembre 1807 (3).

Cette servitude, ainsi que nous l'avons déjà vu en traitant des chemins, consiste en ce qu'il est défendu de

---

(1) Proudh., n° 368; Troplong, n° 162. — (2) D'Argentré, *Coutume de Bretagne*, art. 266, chap. 23, p. 1136; Troplong, n° 165. — (3) Articles 50, 51 et 52.

faire une construction quelconque le long d'une rue sans avoir obtenu l'alignement de l'autorité compétente et sans s'y conformer; et cela, sous peine d'amende dans tous les cas, et de démolition de la construction, s'il y a empiétement sur la voie publique dans la largeur qu'elle a actuellement ou qu'elle doit avoir par suite des projets d'agrandissement ou de redressement. Ces alignements sont donnés par les préfets pour les rues qui sont continuation de grandes routes, et par les maires pour les rues faisant partie de la petite voirie.

L'alignement n'a pas seulement pour effet d'empêcher qu'il soit porté atteinte au Domaine public en appelant l'autorité à vérifier ses limites ; il a aussi pour objet d'arriver au redressement et à l'élargissement des rues tortueuses ou trop étroites. On peut atteindre ce but de plusieurs manières : dans le cas où l'on veut immédiatement agrandir une rue, un décret autorise les travaux, dont il constate l'utilité publique, et l'on procède à l'expropriation des édifices qui doivent être démolis.

Mais il existe un autre moyen d'arriver au même but. Ce moyen, plus long, il est vrai, mais bien moins dispendieux, résulte de la servitude d'alignement. Cette servitude consiste en ce que le propriétaire dont la maison est sujette à reculement, d'après les plans généraux d'alignement tracés dans chaque ville, ne peut faire à sa maison aucun des travaux appelés travaux confortatifs(1);

---

(1) Voir sur les travaux confortatifs, un art. de M. Batbie. *Journ. du droit administratif*, ann. 1851, page 503.

il doit la laisser dans l'état où elle se trouve, sans pouvoir la réparer, jusqu'au moment où, menaçant ruine, il sera obligé de la démolir. Une fois que sa maison sera détruite, soit parce qu'il l'aura démolie volontairement, soit parce qu'il aura été obligé de la démolir pour cause de vétusté, il ne pourra reconstruire que sur l'alignement qui lui sera donné en recul, et il n'aura droit à indemnité que pour la valeur du terrain laissé à la voie publique.

Par le plan d'alignement, le propriétaire peut aussi être obligé d'avancer sur la voie publique en payant la valeur du terrain qui lui sera cédé. S'il ne voulait pas l'acquérir, l'administration publique est autorisée à le déposséder de l'ensemble de sa propriété en lui payant la valeur qu'elle avait avant l'ouverture des travaux (1). Pour éviter que la rue ne soit trop rétrécie, ou totalement fermée, quand l'un des propriétaires doit avancer, tandis que l'autre doit reculer, il résulte d'un avis du Conseil d'Etat, comité de l'intérieur, que le décret d'alignement doit ordonner que ceux à qui les nouveaux plans accordent la faculté d'avancer leur construction ne l'exerceront qu'après que les propriétaires opposés auront reculé les leurs.

On comprend que les plans généraux d'alignement, opérant par le fait une espèce d'expropriation, ne peuvent produire cet effet en vertu d'une simple décision administrative; il faut qu'ils soient revêtus d'une sanc-

____

(1) Loi du 16 septembre 1807, art. 53.

tion supérieure. C'est ainsi qu'aux termes de l'art. 52, les plans d'alignement faits par les maires, approuvés par les conseils municipaux (1), adressés aux préfets, transmis avec leurs avis au ministre de l'intérieur, sont arrêtés en Conseil d'État.

Cette matière de l'alignement a fait naître deux questions fort controversées, à savoir : si, dans une ville où il n'existe pas de plan général d'alignement, le maire peut par l'alignement qu'il donne obliger un particulier à reculer sa maison et, en deuxième lieu, si la servitude d'alignement existe dans les villages : nous croyons que l'une et l'autre question doivent être résolues affirmativement, avec cette restriction cependant, que si le particulier qui a obtenu l'alignement en recul a bâti sur cet alignement et que plus tard le plan général l'oblige à reculer encore, il ne pourra être soumis à une nouvelle servitude d'alignement que moyennant indemnité (2).

C'est qu'en effet, d'après la législation sur la voirie urbaine, c'est le maire qui est chargé de pourvoir à tout ce qui intéresse la sûreté et la commodité du passage dans les rues, quais, places et voies publiques (3) ; c'est aussi à lui qu'appartient le droit de donner et de faire exécuter les alignements en matière de petite voirie ; et ses arrêtés sont obligatoires, sauf recours au préfet. Vainement on objecte que l'alignement ne serait pas défi-

---

(1) Loi du 18 juillet 1837, art. 19, n° 7. — (2) Arrêté du Conseil d'État du 12 décembre 1818.—(3) Loi du 27 août 1790, tit. 11, art. 3.

nitif, le plan général pouvant obliger encore à reculer, cet
inconvénient n'existe-t-il pas tout autant dans l'opinion
contraire, qui ne reconnaît au maire que le droit de donner
un alignement conforme à la possession? Cet alignement
sera-t-il davantage définitif et empêchera-t-il le recul ordonné ultérieurement par le plan général? D'ailleurs, le
décret du 27 juillet 1808 a formellement reconnu ce
droit au maire, en disposant, dans son article 1er,
que « les alignements qui seront donnés par les maires
« dans les villes, après l'avis des ingénieurs et sous l'ap-
« probation des préfets, seront exécutés jusqu'à ce que
« les plans généraux aient été arrêtés en conseil d'État,
« et au plus tard pendant deux années à compter de ce
« jour. » Si ce terme fut ainsi fixé, et s'il fut prorogé au
1er mars 1818 par l'ordonnance du 19 février 1816,
c'est parce que l'on pensait que dans cet intervalle les
plans généraux d'alignement seraient arrêtés dans toutes
les villes. Notre opinion est contraire à celle de M. Proudhon (1) et de M. Favart de Langlade (2), mais elle est
conforme à celle de la Cour de cassation et du Conseil
d'État (3). Ce dernier, spécialement consulté sur la question qui nous occupe, l'a résolue formellement dans le sens
que nous proposons. « Les comités réunis de la législa-
« tion et de l'intérieur, considérant, etc., sont d'avis que,
« dans les villes, bourgs et villages où il n'existe pas de
« plan général d'alignement arrêté en Conseil d'État, le

Proudhon, n° 110.—(2) Répertoire, v° PLAN des villes.—(3) Arrêt du
Conseil d'État, 3 avril 1811.

« droit de donner des alignements appartient au maire,
«·sauf recours au préfet, et successivement devant le
« ministre de l'intérieur et le Conseil d'État; que le maire
« peut en conséquence de ce droit faire reculer les con-
« structions;... qu'il peut, selon les circonstances, re-
« quérir la démolition des travaux faits en contravention ;
« que si les constructions ont été faites en retraite d'ali-
« gnement, il ne peut y avoir lieu d'en requérir la dé-
« molition, mais seulement d'ordonner par voie admi-
« nistrative, la clôture de l'enfoncement irrégulier. »

Mais si, au lieu d'une rue à élargir ou à redresser, nous
nous plaçons dans l'hypothèse d'une rue à percer, faudra-
t-il donner la même solution, et le tracé de la nouvelle
rue sur le plan d'alignement emportera-t-il prohibition
de réparer les maisons qu'elle doit supprimer ?

L'affirmative semble résulter des termes de l'article 52, qui met sur le même rang les alignements pour
l'élargissement et l'ouverture des nouvelles rues. « Dans
« les villes, dit cet article, les alignements pour l'ouver-
« ture des nouvelles rues, pour l'élargissement des an-
« ciennes qui ne font pas partie d'une grande route, ou
« pour tout autre objet d'utilité publique, seront donnés
« par les maires, conformément, etc. ... » Toutefois, il ne
faut pas hésiter à adopter la négative et à dire que le per-
cement d'une nouvelle rue ne peut être obtenu que par
l'expropriation pour cause d'utilité publique. Cette solution de la question a été d'ailleurs formellement donnée
lors de la discussion de la loi du 7 juillet 1833 par
M. Legrand, commissaire du roi : « Les servitudes, di-

« sait-il, ne peuvent pas être antérieures à l'ouverture
« de la route, du canal ou de la rue nouvelle, puisqu'elles
« ne dérivent que de l'existence même de ces communi-
« cations. Quand il s'agit de les ouvrir pour la première
« fois, ce n'est pas par mesure d'alignement que l'on
« doit procéder, mais par voie d'expropriation. Il faut,
« dans ce cas, acheter et payer dans leur entière valeur
« les terrains et bâtiments qui doivent servir d'emplace-
« cement aux travaux, et toute interdiction de bâtir et de
« réparer qui reposerait uniquement sur un plan arrêté
« dans le cabinet, et lorsqu'il n'y a encore ni route ni
« rue, serait une interdiction contraire à l'esprit de la
« loi (1). Notons d'ailleurs, qu'en fait, l'administration
n'applique pas l'alignement dans le cas qui nous occupe,
et cette marche de l'administration a été sanctionnée par
une circulaire ministérielle du 23 août 1841.

Le décret du 6 avril 1853 a comblé une lacune qui
existait dans la législation au sujet du nivellement des
rues. L'art. 5 dispose en effet : « A l'avenir, l'étude de
« tout plan d'alignement de rue devra nécessairement
« comprendre le nivellement ; celui-ci sera soumis à
« toutes les formalités qui régissent l'alignement. Tout
« constructeur de maison, avant de se mettre à l'œuvre,
« devra demander l'alignement et le nivellement de la
« voie publique au-devant de son terrain, et s'y confor-
« mer. » Remarquons toutefois que ce décret ne s'étend
pas à tout l'Empire, mais seulement à la ville de Paris et

____

(1) *Moniteur* du 10 février 1833.

aux villes auxquelles il a été étendu par des décrets spéciaux (art. 9).

§ V.—Quant aux règles de compétence, elles consistent en ce que le maire est chargé de tout ce qui intéresse la petite voirie, suivant les distinctions établies par la loi du 18 juillet 1837.

A l'égard des contraventions, ce n'est plus, comme en matière de grande voirie, le conseil de préfecture qui est compétent; elles sont poursuivies devant les tribunaux ordinaires, tribunaux de simple police et tribunaux correctionnels (1).

SECTION VIII.—DES CHOSES SACRÉES.

SOMMAIRE.—§ I. De la différence de leur caractère en Droit français et en Droit romain.—§ II. De leur usage public.—§ III Des servitudes qu'entraînent les cimetières.—§ IV. A quel domaine appartiennent ces biens après leur déclassement?

§ I.—Dans notre Droit, de même qu'en Droit romain, les choses affectées au public pour l'exercice d'un culte religieux, églises, temples et cimetières, font partie du Domaine public; mais ce n'est pas en vertu des mêmes principes. Dans notre législation, ces choses revêtent ce caractère par suite de leur affectation à un service public, tandis qu'en Droit romain cet effet était produit par

____

(1) Les rues de Paris sont régies par une législation spéciale. Elles font en effet partie de la grande voirie, et des règlements d'administration publique ont dû déterminer la hauteur et la forme des maisons. (Art. 7, décret du 6 avril 1853.)

la consécration religieuse; et cela à cause du rôle important que jouaient les cérémonies du culte dans la constitution romaine. La chose sacrée ou religieuse était retirée
du commerce, bien qu'elle ne servit qu'à l'usage d'un
seul. De nos jours, au contraire, la question n'est pas de
savoir si un objet est affecté au culte, mais si cet objet
ainsi consacré est ou non destiné au service public. C'est
ainsi que les chapelles et les églises particulières ou
appartenant à des communautés sont des propriétés
ordinaires et privées; il en est de même des tombeaux
qui ne sont pas dans les cimetières.

De cette différence résulte la conséquence qu'en Droit
romain, même après la démolition de l'église, le lieu n'en
restait pas moins sacré, car la consécration s'attachait
aussi au terrain (2), et que dans notre Droit, au contraire,
si la destination au service public vient à cesser, soit
parce qu'un décret de l'autorité lui donnera une destination profane, soit parce qu'elle sera démolie, l'église,
dans le premier cas, et son emplacement, dans le second,
rentrent dans le Domaine privé.

Une autre conséquence s'applique aux vases et ornements sacrés et autres objets destinés à l'usage du culte.
En Droit romain, ces choses étaient *res nullius*; D'Argentré en disait autant dans l'ancien Droit (3) De nos
jours, M. Proudhon a reproduit cette opinion et place
dans le Domaine public les vases sacrés, par la raison, dit

____

(1) Troplong, n° 170.— (2) Inst., 2, 1, §. 8. —(3) D'Argentré, art. 266,
chap. 20, p. 1121.

ce savant auteur, « qu'ils sont employés à la célébration
« des saints mystères, qu'ils ne peuvent être la propriété
« de personne, et qu'ils sont ainsi destinés à attirer les
« bénédictions du ciel sur la société tout entière (1). »
Mais ce n'est pas à ce point de vue que se place la loi
civile pour définir le Domaine public. Évidemment de
tels objets ne peuvent pas être rangés dans ce Domaine.
Ils sont et doivent rester la propriété privée des fabriques
auxquelles ils appartiennent et qui peuvent les échanger
et les aliéner (2). Si l'on admettait l'opinion contraire,
c'est-à-dire que la consécration religieuse suffit, il
faudrait aussi ranger dans le Domaine public et les
chapelles et les tombeaux particuliers, ce que personne
n'oserait soutenir de nos jours.

§ II.— Les choses consacrées au culte public font partie du Domaine public municipal; par suite, aux termes
de l'art. 1er du décret du 18 mai 1806, elles sont gratuitement ouvertes à tous, et il est expressément défendu
de rien percevoir dans les églises et à leur entrée de plus
que le prix de location des chaises, sous quelque prétexte
que ce soit. De même pour les cimetières, chacun a le
droit d'y être enterré, et il n'est pas permis d'exiger de
l'argent pour prix de la terre qui recouvre les morts. Il en
était ainsi d'après les règles du Droit canon. Nous voyons
cependant, dans une décrétale, qu'un usage contraire
existait à Montpellier. Mais la décrétale s'élève contre
la perversité de cet usage, dont elle prescrit l'abolition :

---

(1) Proudh., n° 336.—(2) Troplong, n° 172.

*Abolenda consuetudinis perversitas apud Montem Pessula-
num inolevit, ut decedentibus non prius permittatur infodi
sepultura, quam pro terra in qua sepeliendi sunt certum
pretium ecclesiæ persolvatur; et infra mandamus quatenus, cum loci diœcesanus existat, inhibeas clericis nequic-
quam omnino præsumant hac de causa* (1).

Il en est autrement des concessions de terrain, soit à
perpétuité, soit pour un temps déterminé. Aux termes
de la législation actuelle, elles ne peuvent être obtenues
que moyennant une somme payée à la commune et une
fondation ou donation en faveur des pauvres des hôpitaux, qui ne doit pas être inférieure au quart de la somme
revenant à la commune (2).

§ III.—L'établissement des cimetières entraine des
servitudes fort onéreuses pour les propriétés voisines.
Aux termes d'un décret du 5 prairial an XII, il ne peut
y avoir d'habitation ni de puits à trente-cinq ou quarante
mètres des cimetières. Un décret du 7 mars 1808, renchérissant sur le précédent, étend, dans son article premier, la servitude à un rayon de cent mètres pour les
nouveaux cimetières transférés hors des villes. Quant aux
bâtiments existants, ils ne peuvent, sans autorisation,
être augmentés ni restaurés ; les puits doivent être com-
blés par ordre des préfets.

On s'est demandé si, un cimetière ayant été établi sous

---

(1) *Decret. Gregor.* XIII, *De sepulturis*, lib. 3, tit. 28, cap. 13, cité par
Proudh, n° 340.—(2) Decret du 23 prairial, an XII, art. 10, et suivants ;
loi du 18 juillet 1837, art. 31, 9°.

l'empire de la loi du 3 prairial an XII, les habitations construites à trente-cinq mètres pourraient être réparées, augmentées ou reconstruites. Quoique la plupart des auteurs tiennent pour l'affirmative, nous n'hésitons pas à penser, avec le Conseil d'État, que la servitude doit s'étendre à cent mètres dans tous les sens et non pas seulement à trente-cinq mètres du côté des habitations; et cela par cette raison qui nous paraît décisive, que, bien que les lois n'aient pas d'effet rétroactif, elles ne sont tenues de respecter que les droits acquis. Or, y a-t-il droit acquis? Le propriétaire, dans ce cas, a-t-il plus de droit acquis que celui qui, se trouvant dans un lieu où il n'existe pas de cimetière, va cependant être grevé de la servitude par l'établissement du cimetière nouveau? A-t-il plus de droit acquis que le propriétaire qui ne peut plus réparer ou reconstruire sa maison, quelque ancienne qu'elle soit, si l'alignement l'oblige à reculer? Tous ces cas ne sont-ils pas dominés par le grand principe, qu'on ne prescrit pas contre les lois de police qui intéressent la sûreté ou la salubrité publique?

§ IV.—Nous avons vu que les églises, ainsi que les cimetières, font partie du Domaine public municipal; toutefois, quant aux églises, c'est une question controversée que de savoir à qui, lorsque l'édifice cesse d'être affecté au culte, doit revenir la propriété. Les uns l'attribuent à l'État, les autres aux fabriques, d'autres à la commune (1). C'est cette dernière opinion, qui est aussi

____

(1) Voir à ce sujet une dissertation de M. Batble, qui conclut en faveur de notre opinion. *Journ. du droit administratif*, ann. 1851, p. 17.

celle de M. Isambert, que nous croyons devoir adopter. Pourquoi? Par la raison que le décret du 11 prairial an III a remis l'usage des églises aux communes, à la charge de les entretenir et de les réparer ; que, d'après celui du 17 ventôse an XI, les conseils municipaux doivent délibérer sur les acquisitions, locations et réparations des édifices consacrés au culte; que l'arrêté du 7 thermidor an XI, qui a rendu aux fabriques leurs biens non aliénés, n'y a pas compris, d'après l'avis du Conseil d'État du 2 pluviôse an XIII, les églises déclarées propriétés communales, et qu'enfin, du décret du 30 décembre 1809 et de la loi du 20 mars 1813, il résulte que la jouissance et l'administration seules appartiennent aux fabriques et que la propriété reste aux communes qui sont chargées des grosses réparations.

SECTION IX.—Du domaine militaire.

Sommaire.—§ I. Des biens dont se compose le Domaine militaire. — § II. Des dépenses qu'ils occasionnent. — § III. Des servitudes militaires : 1. En ce qui concerne les terrains non construits. 2. En ce qui concerne les constructions existantes lors de la création de la place de guerre. — § IV. Des autres dommages occasionnés aux propriétés privées. De l'état de siége. Des faits de guerre. - § V. Compétence.

§ I. —Dans l'énumération des biens dont se compose le Domaine public, l'art. 540 range, avec raison, les terrains militaires, car ces terrains n'ont été établis que pour servir à la sûreté et à la défense de tous. Nous avons cité l'art. 13 de la loi du 3 juillet 1791, qui contient la nomenclature des objets dont se compose le Domaine militaire, nous n'y reviendrons pas. Ajoutons seulement que d'après la loi du 18 août 1853, « la zone. « des fortifications, tant des places et des postes que des « ouvrages, s'étend depuis la limite intérieure de la rue « militaire ou du rempart jusqu'aux lignes qui terminent « les glacis, et comprend, s'il y a lieu, les terrains exté- « rieurs annexes de la fortification, tels que les espla- « nades, avant-fossés et autres ayant une destination dé- « fensive. Elle est inaliénable et imprescriptible, et les « constructions particulières y sont prohibées » (art. 22).

« La rue militaire est établie pour assurer intérieure- « ment une libre communication le long des remparts, « parapets ou murs de clôture des ouvrages de fortifica- « tion. Les habitants en ont l'usage en se conformant « à la police de la place et à la voirie urbaine. » Quant à sa largeur, qui varie suivant les cas, elle est détermi- née par l'art. 23.

§ II.—Nous avons déjà vu quand et comment les ter- rains militaires devenaient aliénables et prescriptibles ; nous allons compléter ce qui nous reste à dire sur cette matière. L'expropriation pour cause d'utilité publique est nécessaire pour établir ou agrandir une forteresse. Les frais d'établissement ou d'entretien sont à la charge de l'État, et c'est au budget de l'État que doivent être portés les produits résultant des terrains militaires, ainsi que les sommes provenant de l'aliénation des forteresses qui ne sont plus places de guerre. D'après un décret du 25 mars 1811, ces revenus formaient une partie de la dotation de la caisse des invalides, mais la loi du 21 avril

1832 a rapporté ce décret. A partir du 1ᵉʳ janvier de cette année, porte l'art. 50 de cette loi, les droits et produits perçus et recouvrés au compte de la dotation des invalides de guerre seront portés en recette au budget de l'État.

§ III. — Nous avons maintenant à étudier les servitudes, fort dures pour les propriétés environnantes, qu'entraîne l'établissement d'une place de guerre. Occupons-nous d'abord des terrains non bâtis, nous passerons en suite aux constructions existant lors de la création de la place.

1° L'art. 5 de la loi du 10 août 1853 qui pose les principes en cette matière est ainsi conçu : « Les servi-
« tudes défensives autour des places et des postes,
« s'exercent sur les propriétés qui sont comprises dans
« trois zones, commençant toutes aux fortifications et
« s'étendant respectivement aux distances de 250 mètres,
« 487 mètres et 974 mètres pour les places et de 250 mè-
« tres, 487 mètres et 584 mètres pour les postes.

« Dans la première zone des servitudes autour des
« places et des postes classés, il ne peut être fait aucune
« construction, de quelque nature qu'elle puisse être, à
« l'exception toutefois de clôtures ou haies sèches ou en
« planches à claire-voie sans pans de bois ni maçon-
« nerie. Les haies vives et les plantations d'arbres ou
« arbustes formant haie sont spécialement interdites
« (art. 7). »

« Au delà de la première zone jusqu'à la limite de la
« seconde, il est également interdit autour des places

« de la première série, d'exécuter aucune construction
« quelconque en maçonnerie ou en pisé. Mais il est
« permis d'élever des constructions en bois et en terre
« sans y employer de pierres ni de briques, ni même
« de chaux ni de plâtre, autrement qu'en crépissage et
« à la charge de les démolir immédiatement et d'enlever
« les décombres et matériaux, sans indemnité, à la pre-
« mière réquisition de l'autorité militaire, dans le cas
« où la place, déclarée en état de guerre, serait menacée
« d'hostilités.

« Dans la même étendue, c'est-à-dire entre les limites
« de la première et de la deuxième zone, il est permis
« tout autour des places de la seconde série et des postes
« militaires d'élever des constructions quelconques, mais
« le cas arrivant où ces places et ces postes sont déclarés
« en état de guerre, la démolition des constructions qui
« sont jugées nécessaires, n'entraînent aucune indem-
« nité pour les propriétaires (art. 8). »

Dans la troisième zone sont interdits tous les chemins
et toutes les excavations et constructions au-dessous du
sol, ainsi que les dépôts de matériaux, sans que l'alignement et la position en aient été déterminés par l'autorité
militaire (art. 9). Les cas d'exception sont prévus par les
art. 13, 14, 15 et 16.

Ces différentes servitudes, quoique excessivement
onéreuses et occasionnant une grande dépréciation des
propriétés, ne donnent pas ouverture à indemnité pour les
propriétaires qui viennent à en être grevés par l'établissement d'une nouvelle place de guerre. C'est chose dure,

et l'on serait tenté d'y voir un tort ou pour le moins
un oubli de la part du législateur. Quoi qu'il en soit, il
n'en résulte pas moins de la législation sur la matière
qu'il n'est dû d'indemnité que pour les cas de dépossession, de privation de jouissance, de destruction ou
de démolition, suivant les conditions déterminées par la
loi, et que l'établissement des servitudes nouvelles n'y
est pas même mentionné.

2° Cependant, quoique la loi n'accorde pas d'indemnité pour ces servitudes, elle ne va pas jusqu'à
placer sur le même rang les terrains nus et ceux sur lesquels des constructions existaient déjà lors de la création
ou de l'élargissement des fortificat ons. Si l'enlèvement
de ces constructions est nécessaire, il a lieu moyennant
indemnité; que si les besoins n'en exigent pas la démolition immédiate, la loi permet de les entretenir
sous les conditions suivantes : d'abord, si elles sont
démolies, quelle qu'ait pu être la cause de leur destruction, aux termes de l'art. 10, elles ne peuvent être
reconstruites ; quand elles subsistent, l'entretien est
autorisé, et par le mot *entretien*, on doit entendre les
ouvrages confortatifs, pourvu que l'on n'emploie pour les
réparations et constructions partielles que les matériaux
précédemment mis en œuvre et que la masse des constructions existantes n'en soit pas accrue. Pour avoir le droit de
faire ces réparations, le propriétaire doit prouver, ou que
sa bâtisse existait avant l'établissement des servitudes
militaires, ou qu'elle a déjà fait l'objet d'un engagement
de démolition sans indemnité pour le cas où la place en

état de guerre serait menacée d'hostilités. A défaut de ces justifications, le propriétaire doit souscrire cet engagement (art. 11 et 12).

Il en est de même des constructions débordant la limite intérieure de la rue militaire. Elles peuvent être entretenues de la même manière, mais dans le cas de démolition, la reconstruction ne peut avoir lieu que suivant l'alignement fixé. Le reste du terrain est attribué de plein droit aux fortifications, moyennant l'indemnité de la valeur du sol (art. 24).

§ IV.—A part ces servitudes, il existe des circonstances dans lesquelles il y a dépossession, démolition, privation de jouissance, etc. Ces dommages donnent-ils lieu à indemnité ? S'il s'agit de démolition, il faut distinguer si les constructions existaient avant la servitude, ou si elles lui sont postérieures. Dans ce dernier cas, comme elles n'ont pu être faites qu'à la condition qu'elles seraient démolies sans indemnité, il n'en est pas dû. Mais si elles sont antérieures à l'établissement des servitudes, il est dû une indemnité, qui est réglée suivant la valeur des bâtisses, mais sans y comprendre l'estimation du sol qui n'est point acquis par l'État. Toutefois, par exception, la valeur du sol doit entrer en compte dans la somme à payer au propriétaire, lorsqu'il s'agit de terrains couverts par des constructions ou affectés à l'exploitation des bâtiments, et qui ne pourraient recevoir une autre destination. Dans ce cas, le sol devient la propriété de l'État (art. 38).

Il est également dû indemnité pour privation de jouissance, lorsque, dans les cas prévus par les lois des 16 septembre 1807, 30 mars 1831 et 5 mai 1841, l'autorité militaire occupe ou fait occuper temporairement une propriété privée de manière à y porter dommage ou à en diminuer le produit; l'indemnité est réglée de la manière prescrite par ces mêmes lois.

Une autre règle à observer est qu'aucune indemnité n'est due quand le dommage résulte de faits de guerre ou de mesures de défense en face de l'ennemi.

Dans le cas contraire, c'est-à-dire si les dommages ne résultent pas de faits de guerre, ceux à qui ils ont été causés ont droit à indemnité. L'art. 38 du décret susénoncé s'occupe de ce dernier cas et détermine dans quelles circonstances ces dommages peuvent être occasionnés et la manière dont doit être réglée l'indemnité. Il en résulte que lorsqu'une place ou un poste est déclaré en état de guerre, les inondations et occupations de terrains, les démolitions ou détériorations de maisons, clôtures ou autres constructions, nécessaires à sa défense, ont lieu en vertu d'un décret, ou, dans le cas d'urgence, d'après les ordres du gouverneur ou du commandant de place, sur l'avis du conseil de défense. Mais dans ce cas, les dommages ne sont pas dits faits de guerre, et les indemnités qui sont dues sont réglées, dès que l'occupation a cessé, d'après l'état des lieux qui doivent avoir été constatés par des procès-verbaux des gardes du génie ou des autorités locales, quand cela a été possible avant l'occupation des terrains. L'urgence dont parle notre article a lieu quand l'ennemi se rapproche à moins de trois journées de marche de la place. Quant à l'état de guerre, il est déclaré par une loi ou par un décret, toutes les fois que les circonstances obligent à donner à la police militaire plus de force et d'action que pendant l'état de paix. Il résulte en outre de l'une des circonstances suivantes : 1° en temps de guerre, lorsque la place ou le poste est en première ligne ou sur la côte, à moins de cinq journées de marche des places, camps ou positions occupées par l'ennemi ; 2° en tout temps, quand on fait des travaux qui couvrent une place ou un poste situé sur la côte ou en première ligne ; 3° lorsque des rassemblements sont formés dans le rayon de cinq journées de marche, sans l'autorisation des magistrats,

Quant aux faits de guerre qui ne donnent droit à aucune indemnité, ils sont déterminés par l'art. 39, ainsi conçu : « Toute occupation, toute privation de jouis-
« sance, toute démolition, destruction ou autre dommage
« résultant d'un fait de guerre ou d'une mesure de dé-
« fense prise soit par l'autorité militaire, pendant l'état
« de siége, soit par un corps d'armée ou un détachement
« en face de l'ennemi, n'ouvre aucun droit à l'indem-
« nité. L'état de siége d'une place ou d'un poste est dé-
« claré par une loi ou par un décret. Il résulte aussi de
« l'une des circonstances suivantes : l'investissement de
« la place ou du poste par des troupes ennemies qui
« interceptent les communications du dehors au dedans
« et du dedans au dehors, à la distance de trois mille cinq
« cents mètres des fortifications ; une attaque de vive
« force ou par surprise ; une sédition intérieure ; enfin

« des rassemblements formés dans le rayon d'investis-
« sement, sans l'autorisation des magistrats. »

§ V.—Les contraventions dans les matières qui nous occupent sont constatées par les gardes du génie dûment assermentés et sont réprimées par les conseils de préfecture, suivant les règles prescrites par les art. 40 et suivants de la loi du 10 août 1853.

SECTION X.—Des eaux.—De la mer.

Sommaire.—§ I. La mer est chose commune, Conséquences.—§ II. De la propriété des mers.—§ III. Des pêcheries dans la mer.—§ IV. De la mer territoriale.—§ V. Des étangs salés.

§ I.—*Maris communem usum omnibus hominibus ut aeris*, dit le jurisconsulte romain (1). C'est qu'en effet, la mer n'est pas seulement une chose publique, mais une chose commune à tout le genre humain. Destinée à relier entre elles les nations les plus éloignées, à porter partout les produits du commerce et de l'industrie ainsi que les progrès de la civilisation, la mer est en quelque sorte un territoire libre, qui ne relève d'aucune puissance en particulier (2). C'est uniquement cette destination providentielle qui lui imprime son caractère. Tous les autres arguments tirés, soit de son immensité, soit de sa nature insaisissable qui la feraient résister à toute idée d'occupation, ne sont que spécieux : car le droit de propriété sur une chose ne consiste pas à en retirer tels ou tels avantages déterminés, mais il varie avec la nature

______

(1) Dig., 43, 8, 3. — (2) *Thémis*, t. 9, § 92.

do chacun des biens sur lesquels il s'exerce, et celui-là est propriétaire d'un objet qui en retire seul tous les produits et tous les usages dont il est susceptible. Ainsi, une nation qui serait assez puissante pour réserver exclusivement à ses vaisseaux l'accès d'une mer en serait propriétaire si, comme nous le disions plus haut, la mer n'avait reçu une mission particulière incompatible avec le droit de propriété exclusive de la part d'une nation.

§ II. — Quelque évidents que soient ces principes, ils ont été méconnus; l'histoire nous apprend qu'à diverses époques plusieurs peuples ont voulu s'arroger l'empire de certaines mers. Dans l'antiquité ce fût la prétention des Athéniens, des Carthaginois et des Romains. Dans les temps modernes, ce fut également celle de Venise sur l'Adriatique, du Danemarck sur la Baltique, de l'Espagne et du Portugal sur l'Océan. De même au xviie siècle, les Anglais se prétendirent propriétaires des mers qui environnent la Grande-Bretagne, jusque sur les côtes opposées. A l'occasion des prétentions de ce peuple, on se mit à discuter la question de la liberté des mers. Les idées anglaises furent soutenues par Selden dans son ouvrage intitulé *Mare clausum*, mais Grotius lui répondit victorieusement dans son traité *de Mari libero* en faveur de la Hollande. Et en effet, comme le fait parfaitement remarquer M. Proudhon, la prétention d'une nation à l'empire des mers, fondée sur ce qu'elle aurait un plus grand nombre de vaisseaux pour y combattre ceux des autres peuples et les en repousser, ressemblerait au langage de celui qui se dirait propriétaire d'une route publique, par la raison qu'il s'y placerait armé de toutes pièces pour détrousser les passants.

Nous avons vu, de nos jours, de pareilles prétentions se renouveler de la part de la Russie sur la mer Noire ; mais le traité de Paris qui a terminé la guerre de Crimée a proclamé la neutralité de cette mer.

§ III.—Par les mêmes raisons, on décide qu'une nation ne peut, par la prescription, acquérir le droit de pêche exclusive sur certaines parties de la mer. La plus longue possession ne saurait créer des droits contraires à ceux de tous. La liberté des mers, soit pour la navigation, soit pour la pêche, est le droit commun ; seulement par les traités, les nations règlent le mode de pêche sur leurs côtes (1). C'est ainsi qu'un traité entre la France et l'Angleterre, relatif aux pêcheries des mers entre les deux pays, consacre la pêche exclusive en faveur de chaque nation dans un rayon de trois milles sur toute l'étendue des côtes ; ce rayon est mesuré, pour les baies dont l'ouverture n'excède pas dix milles, à partir de la ligne droite allant d'un cap à l'autre. Ce traité est surtout favorable à l'Angleterre dont les côtes dentelées sont si poissonneuses que le peuple appelle ces petites anses les chambres du roi (2).

§ IV.—Il ne faudrait cependant pas pousser à l'extrême le principe énoncé plus haut, que la mer est commune à tous. Le droit des gens ne va pas jusqu'à

---

(1) Tropl., n° 143.—(2) M. Gibert, *Thèse pour le doctorat.*

obliger les nations maritimes à laisser leurs côtes expo-
sées sans défense; toute puissance dont le territoire
touche à la mer est considérée comme étendant un droit
de domination et de juridiction sur la mer qui lui est li-
mitrophe, aussi loin que l'exige sa sûreté et qu'elle peut
la faire respecter. C'est ce qui constitue les mers terri-
toriales de ces puissances. On n'est pas bien d'accord
sur l'étendue qu'elles comprennent : l'opinion la plus
accréditée la fait avancer dans la mer jusqu'à la plus
grande portée du canon à partir des terres. Cet espace de
mer est regardé comme un lieu d'asile inviolable pour
les puissances avec lesquelles l'État voisin n'est pas en
guerre. Aussi une prise qui serait légale dans la haute
mer, ne le serait plus si le navire capturé s'était réfu-
gié dans la mer territoriale d'une puissance avec laquelle
le gouvernement du capteur n'est pas en guerre (1).

§ V.—Avant de quitter cette matière, nous devons
dire un mot des étangs salés. Font-ils partie du Domaine
public ou appartiennent-ils au Domaine privé? La Cour
de cassation a déclaré qu'ils font partie de la mer, mais
dans le cas seulement où ils rentrent dans la définition
suivante qu'elle en donne : « une baie communiquant à
« la mer par une issue plus ou moins étroite, et qui en
« est une prolongation et une partie intégrante, formée
« des mêmes eaux, peuplée des mêmes poissons et sou-
« mise par conséquent aux mêmes mesures de police (2). »

____

(1) Proudhon, n° 702.—(2) Cassation, 24 juin 1832; Conclusions de
M. Dupin.

Dès lors quand l'étang salé ne communique pas directement avec la mer où qu'il ne s'y rend qu'après s'être jeté
dans un fleuve ou une rivière, comme on ne peut plus
dire qu'il est une prolongation et une partie intégrante
de la mer, il rentre dans le Domaine privé (1).

SECTION XI.—DES RIVAGES DE LA MER.

SOMMAIRE.—§ I. De leur étendue.—§ II. De leur nature. Concessions.—
§ III. Compétence.—§ IV. Lais et relais de la mer. —§ V. Des ports,
havres, rades, etc.

§ I.—Aux termes de l'article 538 du Code Napoléon,
les rivages de la mer font partie du Domaine public.
Consacrés à la défense et à la sûreté des côtes, ainsi
qu'aux besoins du commerce, de la navigation et de la
pêche, ils ne sont point susceptibles d'une appropriation
privée.

Le rivage est cette partie du littoral que la mer couvre
de ses eaux et découvre alternativement ; sa limite est
déterminée par le flot le plus élevé ; et à cet égard il
faut distinguer entre la Méditerranée et l'Océan. Quant
à l'Océan, le rivage est défini par l'ordonnance de 1681 :
« Tout ce que la mer couvre et découvre pendant les nou-
« velles et pleines lunes et jusqu'où le plus grand flot de
« mars se peut étendre sur les grèves. » A l'égard de la

---

(1) Voir sur cette matière Beaussant, *Code maritime*, t. 2, n° 872;
Cassat., 6 février 1849.

Méditerranée, le plus grand flot a lieu pendant l'hiver et l'on doit suivre dès lors la loi romaine, qui le définit de la manière suivante : *Est autem littus maris quatenus hibernus fluctus maximus excurrit* (1).

Toutefois, on ne doit pas qualifier de rivage les terrains qui ne sont couverts qu'accidentellement par les vagues dans un coup de mer (2). Mais à l'inverse, si le terrain d'un particulier avoisinant la mer est envahi d'une manière permanente par le grand flot de mars ou d'hiver, suivant la distinction que nous venons d'établir, il devient rivage de la mer ; et dès lors, l'ancien propriétaire ne conserve aucun droit sur les produits naturels de ce terrain, car, dès ce moment, il fait partie du Domaine public.

§ II.—Par leur nature, les rivages de la mer sont ouverts à tous ; chacun a le droit de s'y promener, d'y ramasser des coquillages, de s'y baigner, d'y débarquer, d'y faire sécher des filets, etc. Quant aux constructions et aux occupations permanentes, elles sont réglées par l'art. 2 de l'ordonnance de la marine du mois d'août 1681, ainsi conçu : « Faisons défense à toute personne de bâtir « sur les rivages de la mer, d'y planter aucun pieu, ni « faire aucun ouvrage qui puisse porter préjudice à la « navigation, sous peine de démolition des ouvrages, de « confiscation des matériaux et d'amende arbitraire, » On pourrait donc y faire des travaux, pourvu qu'ils ne nuisissent pas au service public. Mais comme c'est l'adminis-

____

(1) Inst., 2, 1, §. 3.—(2) Daviel, *Traité des cours d'eau*, n° 67.

tration seule qui juge s'ils peuvent être nuisibles, c'est d'elle que l'on doit réclamer une autorisation. Toutefois, cette autorisation ne donne pas un droit incommutable. Il s'agit, en effet, de biens du Domaine public, biens inaliénables et imprescriptibles. Si donc ces ouvrages doivent être ultérieurement démolis pour une cause quelconque, ils le seront sans indemnité; il en est de même de toutes les concessions que peut accorder le gouvernement pour pêcheries, salines, prises d'eau, etc. Les établissements qui se forment sur les rivages de la mer, dit M. Troplong, sont de pure tolérance. Ils se fondent sur des actes précaires et incapables de fonder un droit de propriété incommutable (1). Mais l'autorisation du gouvernement produit cet effet remarquable que le concessionnaire, bien que possesseur précaire envers l'État, est censé propriétaire envers les particuliers. Ainsi, en prenant pour exemple une pêcherie, un étranger ne pourrait venir y tendre ses filets, l'État seul pourrait troubler le concessionnaire dans sa possession; tandis que celui qui aurait fait un établissement sans autorisation ne pourrait se plaindre des inconvénients qui résulteraient pour lui de quelque autre entreprise. C'était aussi la règle posée en Droit romain.

Remarquons d'ailleurs que, dans tous les cas, le concessionnaire est responsable, envers les propriétés privées, de tout le dommage qu'il peut leur occasionner; car les concessions, comme nous avons eu déjà occasion

---

(1) Troplong, n° 150.

de le dire, ne produisent d'effet que sauf les droits des tiers.

§ III. — Dans notre Droit, à la différence du Droit romain, un simple particulier ne pourrait point se plaindre des usurpations commises sur le Domaine public; il n'y a pas chez nous, en effet, d'action populaire : l'intérêt est le seul mobile des actions judiciaires. C'est à l'administration chargée de veiller sur les biens du Domaine qu'il appartient de faire cesser les usurpations qu'elle juge contraires à leur destination. C'est aussi à l'autorité administrative de faire opérer la délimitation du Domaine public.

Les questions de propriété qui peuvent s'élever à ce sujet sont portées devant les tribunaux ordinaires.

Quant aux contraventions, la question est controversée. D'après M. Proudhon, la connaissance doit en être renvoyée aux tribunaux ordinaires; cet auteur se base sur ce qu'aucune loi expresse n'en a attribué la connaissance aux conseils de préfecture : d'où la conséquence, selon lui, qu'on doit s'en tenir au Droit commun (1). Mais les conseils de préfecture, quoique tribunaux d'exception, ne doivent-ils pas connaître de toutes les contraventions en matière de grande voirie? Les rivages de la mer, faisant partie du Domaine public national, y sont soumis, et doivent dès lors être placés sous la juridiction des conseils de préfecture (2).

---

(1) Proudh., n° 711. — (2) Cass., 8 août 1816. Cons. d'État, 16 janv. 1822 et 6 août 1836.

§ IV.—Quand la mer se retire, la partie de ses rivages qui n'est plus désormais couverte par les eaux cesse de faire partie du Domaine public; elle prend alors le nom de lais et relais et rentre dans le Domaine de l'État (1). Nous avons déjà fait remarquer l'erreur qui les a fait ranger, dans l'art. 538, parmi les dépendances du Domaine public (2); nous n'avons pas à y revenir.

§ V.—Le Domaine maritime comprend encore les havres, les ports et les rades qui, destinés à l'usage public, ne sont pas susceptibles de propriété privée (art. 538). Il en est de même des quais qui environnent le port et des cales qui s'y trouvent. Mais leur qualité de chose hors du commerce venant de leur destination à l'usage public, si le port ou la rade venait à se combler, il passerait dans le Domaine de l'État et deviendrait aliénable et prescriptible.

SECTION XII.—DES RIVIÈRES NAVIGABLES ET FLOTTABLES.

SOMMAIRE.— § I. Généralités.—§ II. Navigabilité. Déclaration.—§ III. De l'étendue du Domaine public sur les rivières navigables et flottables.— § IV. Frais d'établissement et d'entretien. — § V. Droits et devoirs de l'État. —§ VI. Droits et obligations des particuliers.—§ VII. Des usines, prises d'eau, etc.—§ VIII. Compétence.

§ I. — Aux termes de l'art. 538 du Code civil, les fleuves et rivières navigables ou flottables font partie du Domaine public. Les fleuves navigables sont ceux qui

____

(1) Loi du 16 septembre 1807, art. 41.—(2) *Supra*, p. 189 et 193.

portent des bateaux, trains ou radeaux, soit de leur fonds, soit à l'aide d'ouvrages d'art (1). Les rivières flottables sont celles dans lesquelles le bois, sans être chargé sur des bateaux, dérive d'un lieu dans un autre par la seule impulsion du courant. Elles se divisent en deux classes : les rivières flottables qui peuvent porter des trains et radeaux, et les autres, d'un volume moindre, qui ne peuvent servir qu'au flottage à bûches perdues ; celles-ci, qui comprennent le plus grand nombre des cours d'eau, ne font pas partie du Domaine public. Nous n'avons à nous occuper ici que des rivières navigables ou flottables avec trains et radeaux. Ces deux espèces de cours d'eau seront traitées en même temps, car les mêmes règles leur sont applicables, avec cette seule différence que, dans les rivières qui ne sont que flottables, le chemin de halage a une moindre dimension.

§ II.—« Pour qu'une rivière soit considérée comme « navigable, dit M. Garnier, il n'est pas absolument né- « cessaire qu'une décision particulière de l'autorité com- « pétente l'ait déclarée telle. La navigabilité est un fait ; « elle peut être évidente ; l'administration peut avoir pris « différentes mesures ou porté des décisions qui la sup- « posent et dont on ne serait pas fondé à demander la « nullité, par cela seul qu'il n'existerait pas de déclara- « tion spéciale. Tout ce que l'on pourrait prétendre, c'est

---

(1) Il n'y a plus à distinguer, comme sous l'ordonnance de 1669, dont l'art. 41 ne rangeait parmi les rivières navigables que celles qui portaient bateaux de leur fond sans artifice et ouvrage de mains.

« que, du moment où la navigation est contestée, il
« devient nécessaire de la faire reconnaître (1). » Il in-
tervient alors une décision administrative qui déclare la
navigabilité.

S'agit-il d'une rivière qui ne serait pas navigable de
sa nature; le gouvernement peut toujours rendre navigable ou flottable une rivière, quand il le juge utile
à l'intérêt public (2). L'effet du décret de navigabilité
est de placer la rivière dans le Domaine public et de
priver par cela même les propriétaires riverains des
droits qu'ils avaient sur la rivière, en leur imposant plusieurs obligations; mais ces pertes de jouissance et les
obligations nouvelles ne peuvent être imposées aux
propriétaires que moyennant indemnité. La déclaration
de navigabilité ne peut pas non plus priver les riverains
de la propriété des îles et des atterrissements qui leur
appartenaient auparavant, elle ne peut pas davantage
dépouiller les propriétaires des usines qui existaient antérieurement; que si ces îles doivent être occupées, si
les usines doivent être supprimées comme nuisibles à la
navigation, on ne pourra le faire que par la voie de l'expropriation pour cause d'utilité publique et moyennant
indemnité.

§ III. — Demandons-nous maintenant quelle est l'é-
tendue du Domaine public dans une rivière navigable ou
flottable? Ici les principes du Droit romain vont nous
être d'une grande utilité.

____

(1) Garnier, t. II p. 96. — (2) Décret du 22 janvier 1808, art. 1er.
Loi du 15 avril 1823, art 3.

D'abord, de même qu'à Rome, les rives du fleuve appartiennent aux propriétaires riverains; l'art. 650 range en effet les chemins de halage parmi les servitudes à leur charge.

Quant au lit, il fait partie du Domaine public; mais que doit-on entendre par le lit du fleuve? Jusqu'où s'étend-il? Certains auteurs le bornent à la hauteur des eaux moyennes; mais cette opinion ne s'appuie sur aucune raison plausible, et l'on doit faire arriver le lit jusqu'à la hauteur qu'atteint le fleuve dans ses plus hautes eaux sans déborder, ce qui est la règle du Droit romain. *Ripa ea putatur, quæ plenissimum flumen continet.* Le sol devient public depuis le point où il s'incline vers l'eau, *ex quo primum e plano vergere incipit usque ad aquam* (1). Mais à partir de quel point de son cours la rivière navigable fait-elle partie du Domaine public? La partie de la rivière qui n'est pas navigable reste dans le Domaine privé avec tous ses avantages pour les riverains, sauf toutefois les prises d'eau que l'administration doit pouvoir supprimer quand elles nuisent à la navigation. Que si l'on voulait rendre la rivière navigable dans la partie qui ne l'était pas, on devrait agir de la même manière que lorsqu'il s'agit de rendre navigable en son entier une rivière qui ne l'était dans aucune de ses parties.

Que doit-on décider au sujet d'un fleuve navigable qui

____

(1) Dig. 43, 12, 3, § 1 et 2.—Proudhon, n° 743. — Daviel, *Des Cours d'eau*, t. I, n° 48.

se divise en plusieurs bras? Une distinction est nécessaire. Ou le bras se réunit au fleuve, par exemple après avoir formé une île: dans ce cas, il fait partie du Domaine public (c'est par cette raison que l'île appartient à l'Etat; autrement, elle devrait appartenir, moitié à l'Etat, moitié au propriétaire du bras non navigable); ou bien le bras se sépare du fleuve, et, devenu non navigable, coule dans un autre lit, et alors on doit décider que ce bras rentre dans le Domaine privé, car la cause qui le classait dans le Domaine public n'existe plus.

§ IV.—Si nous passons maintenant aux dépenses que peuvent occasionner les cours d'eau, nous trouverons des règles différentes, soit d'après la nature des rivières, soit d'après les diverses sortes de travaux.

Pour les rivières navigables, comme elles font partie du Domaine public national, toutes les dépenses qu'occasionnent leur mise en navigabilité et leur entretien sont à la charge de l'Etat. C'est ainsi que les dépenses de curage, l'entretien du chemin de halage, les frais de construction et de réparation des chaussées et écluses grèvent son budget, car toutes ces dépenses sont faites dans le but d'assurer ou de faciliter la navigation.

Il est d'autres ouvrages qui, tout en étant utiles à la navigation, sont principalement faits dans le but de protéger les héritages riverains et souvent même toute la contrée. Les dépenses qu'ils occasionnent ne sont plus alors exclusivement à la charge de l'Etat; elles doivent se partager entre les parties intéressées, aux termes de l'art. 33 de la loi du 16 septembre 1807, ainsi conçu :

« Lorsqu'il s'agira de construire des digues à la mer ou
« contre les fleuves, rivières et torrents navigables ou
« non navigables, la nécessité en sera constatée par le
« gouvernement, et la dépense supportée par les proprié-
« taires protégés dans la proportion de leur intérêt aux
« travaux, sauf les cas où le gouvernement croirait utile
« et juste d'accorder des secours sur les fonds publics. »
Comme dans la question qui nous occupe il ne s'agit que
de fleuves navigables et que la navigation doit toujours
profiter de ces travaux dans une certaine mesure, l'Etat
doit y contribuer pour une part. C'est pour cela que
chaque année un crédit est ouvert au budget pour l'en-
diguement des fleuves et rivières, et que, aux termes de
l'art. 34, des règlements d'administration publique doivent fixer la part contributoire du gouvernement et des
propriétaires, lorsque les travaux intéressent et les particuliers et la navigation.

De même pour les écluses et les chaussées, les frais
dans le cas que nous venons de citer sont répartis entre
l'Etat et les propriétaires des usines. Mais quand ces
écluses ne sont établies que dans l'intérêt des usiniers,
les frais qu'elles entraînent sont à leur charge, de même
que les dépenses de curage jusqu'au point où cesse la
stagnation produite par la chaussée; car l'écluse étant la
cause naturelle des dépôts de vase et de gravier, il est
juste que leur enlèvement soit à la charge du propriétaire
de l'usine.

Quant aux rivières qui ne sont que flottables, le flottage n'ayant lieu qu'à la descente n'a pas besoin d'é-

cluses, lesquelles ne servent qu'à remonter le cours de l'eau. Dès lors, toutes les chaussées qui se trouvent dans ces rivières ne sont établies que dans l'intérêt des usiniers, elles sont conséquemment à leur charge, soit quant à leur établissement, soit quant à leur entretien. Il en est de même des passe-lits, c'est-à-dire des ouvertures à portière qui se trouvent dans les barrages pour faciliter les passages des trains.

Les auteurs ne sont pas d'accord sur la question de savoir à la charge de qui doivent être l'entretien et le curage d'une rivière flottable. Les uns font supporter cette dépense par l'Etat, ces rivières faisant partie du Domaine public. Les autres, se basant sur la loi du 30 floréal au X, qui ne met à la charge de l'Etat que les rivières navigables, rejettent les frais de curage et entretien des rivières flottables sur les propriétaires riverains. Pour nous, adoptant une opinion mixte, nous distinguerons avec M. Proudhon (1) si les travaux ne sont nécessités que par le flottage, et dans ce cas nous les mettrons à la charge de l'Etat, qui est chargé de l'entretien du service public. Si, au contraire, ils ont pour unique but de faciliter l'écoulement des eaux, afin de prévenir les inondations, ils devront être supportés par les riverains. Enfin, si le flottage et les riverains y sont à la fois intéressés, les dépenses devront être supportées en commun, et un règlement d'administration publique devra fixer la part contributoire des intéressés.

---

(1) N° 765.

§ V. —Si nous venons de voir l'État grevé de dépenses considérables à l'occasion des cours d'eau, d'un
autre côté, comme il représente le Domaine public, il a
tous les revenus utiles de ce Domaine. Ainsi les droits
de pêche (1) et de chasse, le droit de bac, les concessions de prises d'eau et d'usines, les herbes, vases et
graviers lui appartiennent exclusivement sur les rivières
navigables et flottables, et sont pour lui une source
de revenus. Il a de plus la propriété des îles qui se
forment dans leur sein. En outre, les charges dont nous
avons parlé dans le paragraphe précédent sont allégées
par le produit de l'impôt de navigation établi par la
loi du 3 floréal an X : « Il sera perçu, dit l'art. 1er de
« cette loi, dans toute l'étendue de la République, sur
« les fleuves et rivières navigables, un droit de navi-
« gation intérieure dont les produits seront spécialement
« et limitativement affectés au balisage (2), à l'entretien
« des chemins et ponts de halage, à celui des pertuis,
« écluses, barrages et autres ouvrages d'art établis pour
« l'avantage de la navigation. » L'art. 2 veut que les revenus soient affectés limitativement aux rivières et canaux
sur lesquels ils sont perçus. Les contestations doivent
être soumises aux conseils de préfecture (art. 4).

§ VI.—Les droits des propriétaires riverains sur les
fleuves navigables ou flottables, à part les avantages de
la facilité des transports par eau, se bornent à profiter
de l'alluvion. Quant au lit abandonné, il faut distinguer :

______

(1) Sauf la pêche à la ligne flottante, qui appartient à tous. (Loi du
15 avril 1827.)—(2) C'est-à-dire au curage.

ou le fleuve s'est desséché parce que sa source a tari : dans ce cas, les propriétaires riverains prennent le lit chacun jusqu'au milieu, suivant la ligne de front des héritages sur la rive; ou le lit est abandonné parce que le fleuve s'est créé un nouveau cours, et alors la loi, par une disposition d'équité, veut que les propriétaires des fonds nouvellement occupés prennent, à titre d'indemnité, l'ancien lit abandonné, chacun dans la proportion du terrain qui lui a été enlevé (1). Les propriétaires riverains des rivières navigables ou flottables ont, en outre, les droits compatibles avec l'exercice de la navigation : par exemple, le droit d'y prendre des jours, d'y faire écouler les eaux pluviales, etc.; mais ils n'ont ni le droit de prise d'eau, ni le droit de pêche; ils ne peuvent, non plus, construire des usines, ni acquérir par accession les iles, ilots et atterrissements qui naissent dans les lits de ces fleuves. Toutes ces choses appartiennent à l'État (2).

D'un autre côté, de graves servitudes sont imposées aux riverains. D'abord, aux termes de l'art. 650, le propriétaire riverain est assujetti à fournir un marche-pied le long des rivières navigables ou flottables. Cette servitude dérive du Droit romain; où nous l'avons vue établie, et, de même qu'à Rome, le sol qui y est soumis reste la propriété des riverains. Comme il s'agit d'une servitude, ce n'est pas le propriétaire qui est chargé d'entretenir le chemin, c'est l'affaire de l'État,

---

(1) Art. 563 du Code Napoléon.—(2) Art. 560.

car les servitudes consistent *in patiendo* et non pas *in faciendo*. Cette charge, exclusivement établie dans l'intérêt de la navigation, est imposée par l'administration, quand elle en reconnaît l'utilité. Lorsqu'il s'agit d'une rivière qui était anciennement navigable, il n'est pas dû d'indemnité pour le rétablissement du chemin, quand même il y aurait eu une longue interruption (1). Il en serait autrement dans le cas où il s'agirait de rendre navigable une rivière qui ne l'aurait pas été jusqu'alors. Dans ce cas, aux termes de l'art. 3 du décret du 22 janvier 1808, il devrait être payé une indemnité.

La largeur du chemin de halage est déterminée par l'ordonnance de 1669 qui nous régit encore aujourd'hui. « Les propriétaires des héritages aboutissant aux rivières « navigables, porte cette ordonnance, laisseront le long « des bords vingt-quatre pieds au moins de place en « largeur pour chemin royal et trait de chevaux, sans « qu'ils puissent planter arbres, ni tenir clôture plus « près que trente pieds du côté que les bateaux se tirent « et dix pieds de l'autre bord. » Toutefois, quand les circonstances le permettent, l'administration peut restreindre la largeur de ces chemins. Le premier, de vingt-quatre pieds, est le chemin de halage ; l'autre, de dix pieds, s'appelle marchepied ou contre-halage (2). Remarquons que la place du chemin n'est pas invariablement fixée, mais que le chemin est toujours dû. Ainsi, de même que le propriétaire riverain profite de l'alluvion et peut

---

(1) Arrêté du Conseil d'État du 5 août 1829. — (2) Proudhon, n° 788.

rapprocher du fleuve le chemin de halage quand sa propriété s'étend de ce côté, de même, quand le fleuve ronge son héritage, il n'en doit pas moins, et sans indemnité, le chemin de halage dans son entier.

Le chemin est dû également le long des rivières flottables (1); seulement, d'après un avis du conseil d'État du 3 messidor an XIII, la largeur serait restreinte à dix pieds quand le halage ne se fait pas à l'aide de chevaux. Remarquons, en outre, que le chemin de halage est dû également sur les îles qui se trouvent dans les rivières.

Outre ces obligations imposées aux riverains, il s'en trouve une autre fort onéreuse, mais qui est nécessitée par l'intérêt général. Nous voulons parler du droit qu'a l'administration, aux termes de l'art. 33 de la loi du 16 septembre 1807, d'ordonner, dans l'intérêt des riverains, des travaux combinés de conservation auxquels ils sont tous tenus de contribuer; par exemple, la construction de digues destinées à prévenir les inondations.

Mais il peut se faire qu'un propriétaire veuille garantir son héritage par des travaux particuliers : a-t-il le droit de les exécuter? D'abord, en règle générale, il ne peut faire aucune entreprise dans le fleuve ou sur ses rives sans avoir obtenu l'autorisation du gouvernement, ainsi que l'alignement, sous peine d'amende et de démolition des travaux, s'il y a eu empiétement sur le sol du Domaine public ou entrave apportée à la naviga-

---

(1) Art. 650, Code Napoléon.

tion. S'il n'y a eu ni empiétement ni dégradation, la peine n'est que de l'amende. Le Conseil d'État, en effet, n'admet pas que l'on doive ordonner la démolition pour ce seul fait que les travaux n'ont pas été autorisés (1), comme le voulait l'ordonnance de 1669.

Mais, en supposant qu'il ait obtenu l'autorisation de l'administration, le riverain peut-il se protéger contre les attaques de l'eau? La raison de douter vient de ce que, par ses travaux, il va rejeter l'eau sur l'héritage opposé. Commençons par noter que l'autorisation de l'administration n'influe en rien sur les actions que peuvent intenter les particuliers lésés par l'acte qu'elle a autorisé; car ce qui n'est pas nuisible à la navigation peut l'être aux riverains. Les auteurs sont en désaccord sur la question. Pour nous, nous croyons que le propriétaire qui se défend ne peut être attaqué par ses voisins; car, en se défendant, il ne fait qu'user d'un droit naturel à l'homme. Le riverain lésé a d'ailleurs à s'imputer de n'avoir pas fait les mêmes travaux qui l'eussent protégé. Nous supposons, bien entendu, que le constructeur a fait ces travaux dans le but de se garantir et non pas de nuire à ses voisins. Ce n'est pas, dit M. Daviel, par le motif que les autres riverains peuvent souffrir de l'établissement de la digue que la question doit être décidée; mais par l'examen de la question de savoir si les ouvrages sont faits pour l'utilité et la défense des propriétés de celui

---

(1) Arrêté du Conseil d'État du 16 janvier 1828.

qui les a fait établir et non dans des vues gratuitement hostiles à ses riverains (1).

§ IV.—Nous ne devons pas passer sous silence les prises d'eau, les usines et autres constructions établies sur des cours d'eau. Nous l'avons déjà vu, c'est une obligation pour l'Etat d'assurer la liberté du cours des fleuves et rivières et de protéger les riverains contre les inondations et l'insalubrité provenant de la stagnation des eaux. Aussi aucune prise d'eau, aucune usine ne peuvent-elles être établies sans autorisation du gouvernement; et comme ce droit tient à la police et à la voirie, l'administration est entièrement libre dans son action sur les eaux, ses décisions sont souveraines et le rejet de la demande d'un particulier ne peut pas ouvrir de recours par voie contentieuse. Par la même raison, l'administration a le droit d'imposer toutes les clauses et conditions qu'elle juge utiles dans l'intérêt général, même en dehors du droit commun. Nous n'entrerons pas ici dans le détail des divers cas qui peuvent se présenter, nous citerons seulement une clause qui est insérée dans toutes les concessions depuis 1790. Elle est habituellement ainsi conçue : « Dans un aucun temps, ni sous aucun prétexte, il ne pourra être prétendu aucune indemnité ni chômage à raison des dispositions que le gouvernement jugerait à propos de faire pour l'avantage de la navigation, du commerce et de l'industrie, même dans le cas de démolition. »

____

(1) Daviel, t. I, p. 340.

Si donc ces usines deviennent nuisibles, l'administration peut en ordonner la suppression sans indemnité. Mais que doit-on décider à l'égard de celles dont la fondation remonte à une époque plus reculée? Il faut le demander à l'histoire. Sous les premières races, ainsi que nous l'avons déjà vu, le domaine de la couronne était aliénable; les conventions faites à cette époque ont donc conféré des droits de propriété légitime. Mais dès le xiv° siècle les rois tendirent à établir l'inaliénabilité qui, à partir de l'ordonnance de Moulins, devint un principe fondamental de notre droit public. Par conséquent, depuis 1566, les concessions ont été entachées de précarité. Cette distinction est formellement consacrée par les ordonnances. D'abord par celle de 1669, art. 41 et 45, titre 27, et surtout par l'édit de 1683, qui dispose que « tous les propriétaires d'usine qui rapporteront des « titres de propriété authentiques, faits avec les anciens « rois, en bonne forme, auparavant l'année 1566, c'est « à savoir, inféodation, contrats d'aliénation et engage- « ments, aveux et dénombrements qui auraient été ren- « dus et reçus sans blâme, sont maintenus en la pro- « priété et jouissance de leurs établissements, » tandis que l'éviction et la réunion au domaine sont prononcées contre les possesseurs qui ne peuvent justifier de semblables titres (1).

Cela posé, si les usines sont reconnues nuisibles à la navigation, pourra-t-on les détruire et le pourra—t-on

---

(1) Dufour, *Droit administratif*, t. IV, n. 336.

sans indemnité? Nul doute qu'on ne puisse les supprimer, mais cette suppression ne pourra être ordonnée qu'avec indemnité pour les usines fondées en titre antérieurement à 1566. Quant aux autres, la possession n'est que précaire vis-à-vis du gouvernement, qui pourra toujours les faire supprimer sans indemnité, quel que soit le laps de temps écoulé depuis leur établissement. *Prescriptio longi temporis ad obtinenda loca juris gentium publica concedi non solet.*

Mais que faudrait-il décider si l'usine devait être supprimée, non plus dans le but d'améliorer la navigabilité du cours d'eau, mais pour faire cesser, dans l'intérêt public, des dommages tels qu'inondations ou insalubrité? Dans ce cas, l'usine fût-elle fondée en titre, la suppression devrait en être ordonnée et sans indemnité. Pourquoi? par la raison d'abord que l'indemnité ne saurait être à la charge de l'Etat, car l'Etat ne fait de concession que *salvo jure alieno*, et que ces droits ainsi réservés sont ici imprescriptibles, car ce sont ceux du public; et en second lieu qu'elle ne pourrait être mise à la charge des riverains, sous le prétexte qu'il en résulterait une amélioration pour leurs propriétés, car ce ne serait pas pour procurer un bénéfice au public que cette mesure serait prise, ce serait pour détruire la cause des dommages qu'éprouvent les fonds voisins (1).

Ce que nous venons de dire des usines s'applique

____

(1) Proudhon, nᵒˢ 1172 et suivants. — Daviel, nᵒ 568.

également à tous les autres ouvrages construits sur les cours d'eau.

§ VIII. — Les fleuves, canaux et rivières navigables et flottables, à part les lois et les règlements spéciaux qui les régissent, font, aux termes de la loi du 29 floréal an X, partie de la grande voirie. Les contraventions sont portées, en conséquence, devant le conseil de préfecture, qui prononce l'amende et ordonne la destruction des ouvrages et entreprises. Si l'action publique était éteinte, ce serait au préfet qu'appartiendrait le droit d'ordonner la destruction. Répétons ici ce que nous avons déjà dit, que le conseil de préfecture n'est juge que des faits qui portent atteinte au service public. Quant aux actions qui ne seraient intentées par des particuliers que dans un intérêt privé, elles devraient être portées en justice ordinaire.

Si les faits et entreprises entrainent la prison ou autre peine plus grave, les coupables doivent être jugés par les tribunaux criminels ordinaires, les conseils de préfecture ne pouvant prononcer de peine corporelle.

L'énumération des contraventions et des délits n'entre pas dans le cadre de notre travail. Disons seulement, en règle générale, qu'aucune entreprise ne peut être faite sans autorisation dans le lit, sur les bords, et sur le chemin de halage des cours d'eau navigables ou flottables.

SECTION XIII.—DES CANAUX DE NAVIGATION.

Sommaire.—§ I. De leur nature.—§ II. Du chemin de halage.—§ III. Des concessions.

§ I. — Servant à l'usage public, ils font, eux aussi, partie du Domaine public. On a recours à l'expropriation pour faire sortir de la propriété privée les fonds sur lesquels on les établit.

Les règles que nous venons de tracer pour les rivières navigables sont aussi applicables aux canaux.

§ II.—Remarquons toutefois la nature particulière du chemin de halage. Ici ce chemin fait partie du Domaine public, il a été acquis, au moyen de l'expropriation, en même temps que les fonds nécessaires à l'établissement du canal lui-même. Cela ne saurait être autrement; car, dans le cas qui nous occupe, il n'y a pas, comme pour les bords d'un fleuve, de servitude naturelle dérivant de la situation des lieux; tout est l'œuvre de l'homme; on ne pourrait donc point établir le chemin de halage comme servitude; il faut l'expropriation du sol.

§ III.—Ces canaux sont construits quelquefois par des compagnies auxquelles la concession est faite pour un temps limité ou même à perpétuité. Ces concessions, quoique sanctionnées par l'autorité législative, ne sont qu'imparfaites sous le rapport du droit de propriété, et se rapportent plutôt à la possession et à la jouissance de l'octroi de navigation qu'à l'aliénation du canal lui-même. C'est qu'en effet ces biens, classés dans le

Domaine public, sont inaliénables et imprescriptibles tant que leur destination n'a pas été légalement changée. D'où il faut tirer, avec M. Proudhon, cette conséquence, « que toutes les aliénations qui peuvent en avoir été « consenties de la part du gouvernement, à la charge par « les acquéreurs ou les concessionnaires de les entretenir « dans leur état de viabilité publique, ne sont pas de véri- « tables actes de vente opérant une transmission parfaite « et incommutable de la propriété du fonds; qu'elles ne « sont au contraire que des actes d'engagement révocable, « suivant les circonstances, en remboursant les acquéreurs « qui, jusque-là, exercent les actions du maître, sans être « eux-mêmes de vrais propriétaires fonciers (1). »

SECTION XIV.—Des petites rivières.

Sommaire. — § I. De leur nature. — § II. De leur police.

§ I.—Nous ne devrions pas nous occuper ici des petites rivières, qui, selon nous, ne font pas partie du Domaine public; cependant plusieurs auteurs les classent dans ce Domaine. Doivent-elles réellement y trouver place? C'est une des questions les plus controversées. Quelles sont les raisons qui doivent les en faire exclure? Les voici. D'abord, sous l'ancien droit, les rivières n'étaient pas, comme on l'a prétendu, la propriété des seigneurs justi- ciers, ceux-ci ne s'étaient attribué sur elles que des

---

(1) Proudh., n° 787. Pour plus amples détails, voir p. 235.

droits seigneuriaux : droits de moulin, droit de pêche banale, etc. Quant à l'ordonnance de 1669, elle n'attribua au Domaine de la couronne que les rivières navigables.

En 1789, l'abolition des droits seigneuriaux sur les autres rivières n'a pas eu pour effet de les transporter à l'Etat. En se bornant à les supprimer sans indemnité, elle a rendu libre la propriété entre les mains des riverains en faisant cesser les défenses et les banalités (1). Les droits de police et de voirie ont été seuls attribués à l'Etat par des lois expresses à cet égard : d'où la conséquence que la propriété des petites rivières a été laissée aux riverains. Tous les articles du Code le supposent. C'est d'abord l'art. 538, qui ne classe dans le Domaine public que les rivières navigables et flottables. C'est ensuite l'art. 561, qui, en attribuant les îles, les atterrissements et les alluvions aux riverains dans les rivières qui ne sont ni navigables ni flottables, leur suppose nécessairement la propriété de ces rivières. Une autre preuve encore résulte de ce que les propriétaires riverains payent la contribution foncière jusqu'au milieu du lit, tandis que la loi du 3 frimaire an VII, dans l'art. 109 qui traite du Domaine public, la déclare non cotisable. Enfin, la charge du curage, le droit de pêche exclusive, consacrés par l'art. 2 de la loi du 15 avril 1819, le droit de prise d'eau, qui appartiennent au propriétaire riverain, tout nous semble concourir à justifier cette opinion.

---

(1) Championnière, *Des Eaux courantes.*

M. Troplong la partage, mais en s'appuyant sur une raison qui nous paraît difficile à admettre. D'après ce savant auteur, les petites rivières auraient été la propriété des seigneurs, en 1789 l'État leur aurait succédé, et du silence de l'art. 538, il résulterait qu'il en aurait attribué la propriété au riverains (1). Cette conséquence est-elle bien logique? Si l'État eût été propriétaire des petites rivières, de cela que l'art. 538 ne les classe pas dans le Domaine public, s'ensuivrait-il qu'elles eussent été attribuées aux riverains? Ne seraient-elles pas restées dans le Domaine de l'État? Il ne faut pas non plus oublier en quoi consistaient les banalités, mot dérivant de *bannum*, et qui signifie défense. Le justicier n'était pas plus propriétaire des rivières banales qu'il ne l'était des garennes et des forêts sur lesquelles il étendait son *bannum*.

L'opinion qui doterait le Domaine public des petites rivières invoque à son aide une objection spécieuse : c'est que le lit desséché est attribué au propriétaire des fonds nouvellement occupés. Mais on ne doit voir là qu'une disposition toute d'équité, et non la conséquence des principes rigoureux de la matière. Les anciens propriétaires riverains n'ont pas perdu grand'chose, et les propriétaires inondés y trouvent une juste indemnité.

§ II. — Mais quoique les petites rivières soient la propriété des riverains, le gouvernement n'en a pas moins sur elles, de même que sur les autres cours d'eau privés,

---

(1) Troplong, *Prescription*, n° 115.

sources, ruisseaux, étangs et torrents, un droit de haute
police. En effet, aux termes de la loi de 1790, la police
et la distribution de toutes les eaux du territoire sont
confiées au pouvoir administratif, qui doit « rechercher
« et indiquer les moyens de procurer le libre cours des
« eaux, d'empêcher que les propriétés ne soient sub-
« mergées par la trop grande élévation des écluses des
« moulins et par les autres ouvrages d'art établis sur les
« rivières, de diriger enfin autant qu'il sera possible
« toutes les eaux du territoire dans un but d'utilité gé-
« nérale, d'après les principes de l'irrigation. » Un décret de 1852 a encore augmenté les pouvoirs des préfets
à cet égard. Enfin, nous avons déjà rapporté l'art. 33 de
la loi du 16 septembre 1807, qui donne au gouvernement le droit d'ordonner les travaux combinés de conservation dont les dépenses sont mises à la charge des
propriétaires riverains.

FIN

TABLE DES MATIÈRES

Ire PARTIE.

DU DOMAINE PUBLIC EN DROIT ROMAIN.

APPENDICE.

IIe PARTIE.

DU DOMAINE PUBLIC DANS L'ANCIEN DROIT FRANÇAIS.

Paris. — Imprimé chez Bonaventure et Ducessois, quai des Grands-Augustins, 55.

ERRATA.

Page 13, lignes 7 et 8, rétablir ainsi.... : *de propriété. Ce domaine*, etc.

Page 32, ligne 4, au lieu de *que*, lisez *quæ*; — ligne 6, au lieu de *autoritate*, lisez *auctoritate*.

Page 63, ligne 22, au lieu de *illa*, lisez *illi*.

Page 77, rétablir le mot *obstet*.

Page 93, ligne 24, au lieu de *littorum*, lisez *illorum*.

Page 101, ligne 14, au lieu de *attribué*, lisez *attribuée*.

Page 110, ligne 17, au lieu de : *dont elle le plus près*, lisez *dont elle est le plus près*.

Page 127, note, ligne 22, au lieu de *en théorie*, lisez *à priori*.

Page 128, ligne 15, au lieu de *qui s'y ont*, lisez *qui s'y sont*.

Page 130, ligne 4, au lieu de *senatusconsultu*, lisez *senatusconsulta*.

Page 135, ligne 4, au lieu de *constituer*, lisez *constater*.

Page 262, lignes 7, supprimer les chiffres 1* et 2°; — ligne 16, transporter le renvoi de note ¹ à la ligne 12, après le mot *préfecture*.

Page 299, note, dernière ligne, au lieu de 1814, lisez 1824.

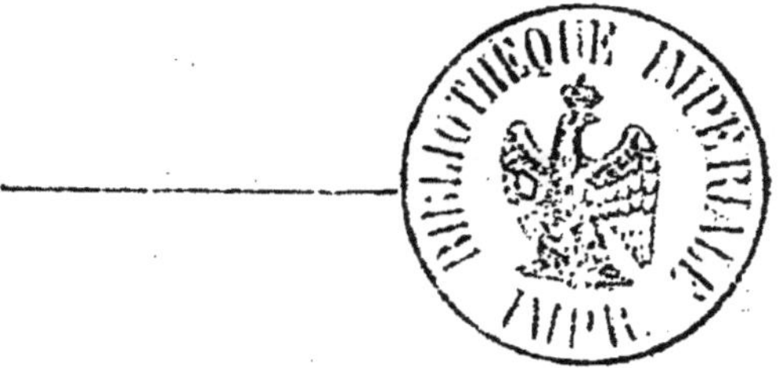

Librairie de A. DURAND, rue des Grès, 7, à Paris.
Novembre 1858.

CATALOGUE GÉNÉRAL

DES LIVRES DE

PHILOLOGIE GRECQUE, LATINE, CLASSIQUE

ET MATHÉMATIQUES.

ABÆLARDI (Petri) Opera, *hactenus seorsim* edita, nunc primum in unum collegit, textum ad fidem librorum editorum scriptorúmque recensuit, notas, argumenta, indices adjecit Victor Cousin, adjuvantibus C. Jourdain et E. Despois, philosophiæ et litterarum in Academiâ Parisiensi professoribus (tome 1er), 1850, 1 gros vol. in-4.   30 »
Le deuxième et dernier volume paraîtra au commencement de 1859.

ÆSCHYLI Dramata quæ supersunt et deperditorum fragmenta græcè et latinè recensuit et brevi annotatione illustravit Fr.-H. Bothe. Lipsiæ, 1805, in-8.   6 »
— Ead. sine notis, in-18, cart.   2 50

ÆSCHINIS Oratio in Ctesiphontem ex Bekkeri recensione. Oxonii, 1852, in-18, cart.   1 50

ANCILLON. De l'Esprit des constitutions politiques et de son influence sur la législation, trad. de l'allemand par Muteau, juge à Dijon, in-8.   3 »

ANECDOTA GRÆCA è codd. mss. bibl. Oxoniens. Ox. 1835, 4 vol. in-8 cart.   30 »
— E codd. mss. bibliothecæ regiæ Parisiensis edidit Cramer. Oxonii, 1839, 4 vol. in-8, cart.   30 »

ANTHOLOGIA veterum latinorum epigrammatum et poematum, sive catalecta poetarum latinorum, in IV libros digesta. Cur. P. Burmanno secundo. Amstelod., 1759, 2 vol. in-4.   20 »

ANNUAIRE historique du département de l'Yonne; recueil de documents authentiques, destinés à former la statistique départementale. Avec planches. 1858, in-8.   3 »

APULEII Opera omnia, ex fide optimor. codd., cum varior. notis selectis et integris Oudendorpii, curante Hildebrand. Lipsiæ, 1842, 2 vol. gr. in-8.   22 »

ARCHAMBAULT (P.-J.), profess. agrégé au lycée Charlemagne. Précis élémentaire de physique, rédigé conformément au programme de l'enseignement dans les classes de 3e et de 2e (section des sciences), 1re partie, comprenant la pesanteur, l'hydrostatique et la chaleur; gr. in-18 jésus, avec 93 figures intercalées dans le texte.   3 »

ARCHAMBAULT (P.-J.). 2e partie, comprenant l'électricité, le magnétisme, le galvanisme, etc., etc., avec 142 gravures intercalées dans le texte; grand in-18.   3 »

ARIODANTIS FABRETTI. Glossarium Italicum in quo omnia vocabula contineantur ex Umbricis, Sabinis, Oscis, Etruscis, etc., cum interpretationibus; acced. tabulæ. Fascicul. I. (A. AR.)—1858, in-4.   6 »
(Il y aura 10 livraisons).

ARISTIDIS Opera omnia, græcè, ex recensione G. Dindorfii. Lipsiæ, 1829, 3 vol. gr. in-8.   15 »
Cette édition renferme les fragments découverts depuis la publication de celle de Jebb.

ARISTOPHANIS Comœdiæ. Oxonii, 1851, 2 vol. in-18, cart.   3 50

ARISTOTELIS opera omnia *græcè*, ex recensione Beckkeri, Oxonii, 1837, 11 vol. in-8, cart. 75 »
— Seorsim edita : De Virtutibus et vitiis, tome IX, in-8. 11 »
— De Rhetorica, libri III ; De Poëtica, tome XI ; in-8. 11 »
— Ethica Nicomachea, Oxonii, 1852, in-8, cart. 2 50
ARNOULD, professeur de littérature étrangère à la Faculté des lettres de Paris. Essais de Théorie et d'Histoire littéraire (de l'invention originale, essai d'une théorie du style, de l'influence exercée par la littérature italienne sur la littérature française). 1858, in-8. 6 »
ATHENÆI *Deipnosophistarum* libri quindecim. Ex optimis codicibus Mss. Biblioth. Reg. Parisinæ, nunc primum collatis, emendavit, et novâ versione latinâ, animadversionibus Is. Casauboni aliorumque doct. virorum et suis, commodisque indicibus illustravit Joh. Schweighæuser. Argentorati, 1801-1807, 14 vol. in-8, 50 »
— *Idem* ex recens. G. Dindorfii. Lipsiæ, 1827. 3 vol. in-8. 12 »
Ces trois volumes renferment le texte grec, avec des variantes.
AUBERTIN. Étude critique sur les rapports supposés entre Sénèque et Saint-Paul. 1857, in-8. 8 fr.
— De sapientiæ doctoribus à Ciceronis morte ad Neronis principatum. 1857, in-8. 2 fr.
AULI GELLII Noctium atticarum libri XX, curantibus J. Frid. et G. Gronovio. Lugd. Batav., 1706, in-4. 15 »
BÆCKER (de). Nibelungen, Saga Mérovingienne de la Néerlande. 1853, in-8. 7 »
— Chants historiques de la Flandre. 400 à 1650. — 1855. Gr. in-8. 6 »
BAKHUIZEN VAN DER BRINK. Recueil de documents inédits pour servir à l'histoire des Pays-Bas. 1re et 2e livr., 1855-1856, in-8. 8 »
BARNI (agrégé de philosophie). Éléments métaphysiques de la doctrine du Droit, traduits de l'allemand de Kant (1re *Partie de la Métaphysique des Mœurs*), suivis d'un Essai philosophique sur la paix perpétuelle, et d'autres petits écrits relatifs au Droit naturel. 1854, in-8. 8 »
— Éléments métaphysiques de la doctrine de la vertu (2e P. *de la Métaphysique des Mœurs*), suivis d'un traité de pédagogie et de divers opuscules relatifs à la morale, traduits de Kant, avec une introduction. 1855, in-8. 8 »
BARET, professeur de Faculté, membre de l'Académie de Madrid. Espagne et Provence. Études sur la littérature du midi de l'Europe. Pour faire suite aux travaux de Raynouard et de Fauriel. 1857, in-8. 8 fr.
— *Amadis de Gaule* et de son influence sur les mœurs et la littérature aux XVIe et XVIIe siècles. 1853, in-8. 3 50
— Du poëme du Cid dans ses analogies avec la chanson de Roland, in-18, 1858. 2 50
— De Themistio sophistâ. 1853, in-8. 1 50
BARRAUD (l'abbé). Description des vitraux des chapelles de la cathédrale de Beauvais. 1856, in-8. 1 »
BARROIS. Éléments carlovingiens linguistiques et littéraires. 1846, in-4. 12 »
BARTHÉLEMY SAINT-HILAIRE, membre de l'Institut. La morale d'Aristote (morale de Nicomaque, grande morale, et morale à Eudème), traduite en français avec notes perpétuelles, 1856, 3 vol. grand in-8 (Voy. ARISTOTE). 21 »
— La Poétique d'Aristote. Traduction française et accompagnée de notes perpétuelles. 1858, grand in-8. 5 »
BAUDRY. Les derniers jours de la Chine fermée. In-8, br., 1855. 2 »

— Étude sur les Védas. 1853, in-8.   2 »

BAZIN, professeur de chinois moderne à l'École impériale et spéciale des langues orientales vivantes. Grammaire mandarine ou principes généraux de la langue chinoise parlée. Paris, imprimerie impériale. 1856, in-8.   6 »

Après avoir recherché l'origine du *Kouan-Hoa*, langue commune des Chinois et signalé les avantages que ceux-ci retirèrent de l'alphabet sanscrit, M. Bazin examine la question de savoir si la langue chinoise a été parlée dans la forme où nous la voyons écrite, et s'attache à prouver que la langue des livres n'est qu'un idiome artificiel et de convention. L'auteur expose la théorie des mots chinois, et montre que les procédés au moyen desquels on forme les mots composés paraissent identiques dans la langue chinoise et dans les langues européennes.

La syntaxe est l'objet de la neuvième section; dans les huit premières l'auteur traite des parties du discours, car la langue parlée marque la catégorie grammaticale à laquelle les mots appartiennent. Toutes les phrases qu'on y trouve rapportées et qui servent d'exemples ont été examinées avec le plus grand soin par le lettré Wang Ki-Yé, originaire de Péking.

C'est la première fois que l'on offre au public une grammaire de la langue chinoise *parlée*.

BEAUREPAIRE (de). Essai sur l'asile religieux dans l'empire romain et la monarchie française. 1851, in-8.   3 »

— Notes sur la prise du château de Rouen, par Ricarville, en 1432, in-8.   2 »

— Notes sur six voyages de Louis XI à Rouen, in-8.   2 »

BEAUSSIRE, professeur. Lectures philos. ou leçons de logique extraites des auteurs, dont l'étude est prescrite par l'Université. 1857, in-18.   3 »

« Les nouveaux programmes de logique pour le baccalauréat ès-
» lettres et pour le baccalauréat ès-sciences, donnent une grande impor-
» tance à l'ouvrage publié par M. Beaussire, professeur à la faculté des
» lettres de Poitiers, sous le titre suivant: *Lectures philosophiques ou
» Leçons de logique*, extraites des auteurs dont l'étude est prescrite par
» l'Université. Cet ouvrage est rédigé sur le plan du cours de logique
» des Lycées, sur lequel les nouveaux programmes sont exactement
» calqués, en exigeant désormais des candidats au baccalauréat, la
» connaissance détaillée d'un certain nombre d'auteurs philosophiques. Le
» ministre a certainement justifié l'heureuse idée qu'a eue M. Beaussire
» de chercher dans les auteurs mêmes la réponse à toutes les questions
» du programme. »

— Du fondement de l'obligation morale. 1855, in-8.   3 »

— De summi apud Britannos Poetæ tragœdiis è Plutarcho ductis. 1855, in-8.   1 50

BEKKERI. V. ORATORES.

BENLOEW (L.), professeur. Aperçu général de la science comparative des langues, pour servir d'introduction à un traité comparé des langues indo-européennes, 1858, in-8.   2 »

BERSOT. Essai sur la Providence. 1853, in-18.   3 50

— Études sur le XVIIIᵉ siècle. 1855, 2 vol. in-18.   7 »

BERGER DE XIVREY, membre de l'Institut. Étude sur le texte et le style du Nouveau Testament. 1856, in-8   4

BESCHERELLE aîné. Plus de grammaires, ou Simples règles d'orthographe, de grammaire, de syntaxe et de prononciation. 1851, in-12.   2 »

BIBLIOGRAFIA Sicola sistematica o apparato metodico alla storia letteraria della Sicilia. Palermo. 1750-1857, 4 vol. in-8.   32 »

BIBLIOTHECA historica, instructa a B. Burcardo, G. Struvio, aucta a B. Ch. Budero, nuno vero a J. Meuselio. 1782-1804, 22 vol. in-8.   30 »

BLANCHET. Du théâtre de Schiller. 1855, in-8.   2 »

— De Aristophane Euripidis censore. 1855, in-8.   1 50

BLIGNIÈRE (A. de). Essai sur *Amyot* et les traducteurs français au XVI° siècle, précédé d'un éloge d'Amyot. 1851, in-8. 5 »

BOECKING (Ed.). Notitia Dignitatum et administr. omnium tam civilium quam militarium in partibus Orientis et Occidentis, etc. Bonnæ, 1839-1853, 3 part. en 3 vol. in-8, dont un d'index. 35 »

BOEHMER. Codex diplomaticus Mœno franco-furtanus, Francofurti. 1839, in-4. 12 »

BOISSIER, prof. Le poëte Attius. Étude sur la tragédie latine pendant la République. 1857, in-8. 3 »

—Quomodo Græcos poetas Plautus transtulerit. 1857, in-8. 1 50

BONAFOUS, professeur à la faculté des lettres d'Aix. La Rhétorique d'Aristote traduite en français, avec le texte en regard, accompagné de notes philologiques et littéraires. 1856, in-8. 7 »

Depuis que le texte des œuvres d'Aristote a été, de la part de Becker, l'objet d'une révision approfondie, les amis des lettres grecques, et surtout les aspirants au grade de licencié, désiraient une traduction nouvelle qui donnât une intelligence complète de cet ouvrage important. C'est le travail que vient d'entreprendre M. Norbert Bonafous. Une traduction fidèle, qui serre le texte de près, et un commentaire assez étendu où sont abordées et résolues les principales difficultés du texte, rendront désormais faciles la lecture et l'étude de la Rhétorique d'Aristote.

— De Politiani vitâ et operibus disquisitiones. 1818, in-8. 3 »

— Etudes sur l'Astrée et sur Honoré d'Urfé. 1818, in-8. 3 »

BONGHI (Ruggiero). Metafisica d'Aristotile, libri I-VI. Torino, 1854, in-8, 9 »

BONNET (Am.). De l'oisiveté de la jeunesse dans les classes riches. 1858. Brochure grand in-8. 1 »

BORDIER (H.), ancien archiviste de l'empire. Les Archives de France ou histoire des archives de l'Empire, des archives des ministères, des départements, des communes, des hôpitaux, des greffes, des notaires, etc., contenant l'inventaire d'une partie de ces dépôts. 1855, in-8. 8 »

Cet ouvrage est consacré à la description de tous les dépôts d'archives existant à Paris et dans les départements, et à l'inventaire d'une partie d'entre eux. Il peut servir de guide à tous ceux qui ont à rechercher des documents, de quelque époque que ce soit, dans ces établissements. On y trouve un historique et un inventaire complet du plus important d'entre eux, les Archives de l'Etat appelées aujourd'hui Archives de l'empire. On peut faire entrevoir l'importance des Archives de l'empire en se bornant à dire qu'elles renferment le Trésor des chartes des anciens rois de France, les papiers des Conseils du roi, ceux du Parlement de Paris, des grandes assemblées de la Révolution, de l'ancienne Chambre des comptes, et de la Secrétairerie de l'Etat.

Cet utile répertoire, pour lequel on ne pouvait du premier coup rassembler tous les détails nécessaires, présente un caractère d'ensemble très-complet.

BOUILLIER (Fr.), correspondant de l'Institut, doyen de la Faculté des lettres de Lyon. Histoire de la Philosophie Cartésienne, dans le XVII° et dans le XVIII° siècle en France et à l'étranger. 1854, 2 forts vol. in-8. 14 »

Autour de Descartes et de Mallebranche, comme adversaire ou comme disciple, l'auteur de cette Histoire complète de la Philosophie Cartésienne a groupé tous les noms les plus illustres des XVII° et XVIII° siècles dans les lettres, dans la théologie; il raconte toutes les fortunes diverses du Cartésianisme, les persécutions qu'il eut à subir, l'empire qu'il a exercé sur toutes les grandes intelligences du XVII° siècle; il explique les causes de sa décadence au XVIII° siècle; enfin, il consacre, ce qui doit intéresser particulièrement la Belgique, plusieurs chapitres à l'histoire du Cartésianisme en Hollande, patrie adoptive de Descartes.

— Théorie de la raison impersonnelle. In-8.　　　　5 »

— Théorie de Kant sur la Religion, dans les limites de la raison. 1844, in-12.　　　　1 50

— Analyse critique des ouvrages de philosophie exigés pour l'admission au baccalauréat ès-lettres. 1856, in-12. (V. Beaussire, Pelissier.)　　　　2 50

Jamais ces analyses n'avaient reçu un développement proportionné à leur rôle important dans les examens. L'étendue de ce nouveau travail, le soin et le talent qui y ont présidé, le rendront également profitable, et aux candidats pressés par le temps, et aux élèves qui veulent tirer plus de fruit de la lecture même des auteurs.

— De L'unité de l'âme pensante et du principe vital, 1858. Broch. In-8°.　　　　1 50

BOURGEAT (l'abbé J.-B.), docteur en théologie. Études sur Vincent de Beauvais, théologien, philosophe, encyclopédiste; ou spécimen des études théologiques, philosophiques et scientifiques au moyen âge, 1210-1270. 1856. in-8.　　3 »

— Programme d'un cours de philosophie (théorie, histoire) suivi du développement complet de plusieurs questions. 1853, in-8.　　　　6 »

— Histoire de la philosophie orientale. 1850, in-8.　　6 »

BREULIER. De la formation et de l'étude des langues. 1858, brochure in-8.　　　　1 50

BROUWER (Van Limburg). Etat de la civilisation morale et religieuse des Grecs dans les siècles héroïques, 1834, 2 vol. — Histoire de la civilisation morale et religieuse des Grecs depuis le retour des Héraclides jusqu'à la domination des Romains, 1834-1847, 7 vol., en tout 9 vol. in-8. broché.　　40 »

BRUNET, prof. Devoirs de calcul mis en rapport avec les règles de l'arithmétique. 1856. In-12 cart.　　　　» 50

— Devoirs de calcul (réponses et solutions). 1856. In-12 » 30

— Devoirs sur l'orthographe absolue et sur l'orthographe relative, mis en rapport avec les règles de la grammaire. 1856. In-12 cart.　　　　» 80

CÆSARIS (C.-J.). Opera ad fidem mss. expressa, cum notis Vossii et aliorum integris, studio Oudendorpii. Stuttgartiæ, 1822, 2 vol. grand in-8.　　　　8 »

— Ead., ex recensione Fr. Oudendorpii, post Cellarium et Morum denuo curavit J. J. Oberlinus. Argentorati, 1825 1 vol. in-8.　　　　4 »

— Ead. Oxonii, 1852, in-18 cart.　　　　2 50

CAHEN (Isid.). L'immortalité de l'âme chez les Juifs. Traduit de l'allemand du docteur Brocher. 1857, in-12.　　　　2 »

CAILLET, docteur ès-lettres. De l'administration en France sous le cardinal de Richelieu. 1857, in-8.　　　　7 »

— De ratione in Imperio Romano administrando ab Adriano Imp. adhibita. In-8.　　　　2 »

CAMBOULIU, professeur. Essai sur l'histoire de la littérature catalane, 2e édit. augmentée de la commedia de la gloria d'amour de fra Rocaberti, poëme inédit tiré du musée de la Bibliothèque impériale et d'un nouveau fragment de la traduction catalane du Dante, 1858, in-8.　　　　3 50

— Les femmes d'Homère, 1858, in-12.　　　　2 »

— Essai sur la fatalité dans le théâtre grec. 1858, in-8.　1 50

CAPELLÆ Afr. De nuptiis Philologiæ et Mercurii cum varior. notis edidit Kopp. Francof. ad M. 1836. Gr. in-4.　　20 »

CARAVELLÆ (J.) Index Aristophanicus. Ox., 1822, in-8 c. angl. 9 »

CARRÉ, membre correspondant de l'Institut historiq. Voyage

chez les Celtes, ou de Paris au mont Saint-Michel par Car-
nac, avec une notice sur les monuments celtiques des environs de Paris et des dessins lithographiés. 1857, in-8. 5 »
    C'est le récit d'excursions entreprises pour visiter les principaux
monuments dits celtiques de la Bretagne, et généralement ceux très
peu connus qui subsistent dans les environs de Paris. Le texte et les
dessins donnent des notions exactes sur les rares et curieux monuments qui nous restent des temps anté-héroïques.

CASAUBONI (Is.) Ephemerides, edente John Russel. Oxonii,
    1850, 2 vol. in-8 cart. angl.   30 »
CASTELNAU. Etudes pratiques sur les mathématiques appli-
    quées. 2e édition, 1856, in-8 cart.   3 »
    Ouvrage contenant trois études : 1° sur le levé d'un plan ; 2° sur les
nivellements nécessaires pour un projet de route ; 3° plan, élévation et
coupe d'un bâtiment, avec 12 planches intercalées dans le texte, dont
deux lavées.

CATALOGUS librorum sæcul. XV, impress., quotquot in biblio-
    thecâ Haganâ asservantur. Hagæ comit. 1856, in-8. 12 »
— V. HALTROP.
CATENÆ græcorum Patrum in Novum Testamentum. Edidit
    Cramer, Oxonii, 1840, 8 vol. in-8.   48 »
CHAPPUIS. Sentences de M. Ter. Varron et liste de ses ouvrages,
    d'après différents. mss. In-18.   2 »
— Antisthène, sa vie et ses ouvrages. 1854, in-8.   2 50
— De Antiochi Ascalonitæ vitâ et doctrinâ. 1854, in-8. 1 50
CHAUVET. Des théories de l'entendement humain dans l'anti-
    quité. 1855, in-8.   5 »
CHERUEL. *Normanniæ Nova Chronica* ab anno Chr. CCCCLXIII ad
    annum MCCCLXXIII, ex tribus chronicis mss. sancti Laudi,
    sanctæ Catharinæ et majoris Ecclesiæ Rotomagensium col-
    lecta, nunc primum edita. è mss. codd. bibliothecæ publicæ
    Rotomagensis. 1850, in-4.   5 »
CHRYSOSTOMI ΟΛΥΜΠΙΚΟΣ, Η ΠΕΡΙ ΤΗΣ ΠΡΩΤΗΣ ΤΟΥ ΘΕΟΥ ΕΝ-
    ΝΟΙΑΣ. Recensuit, explicuit, et commentarium de reliquis Dio-
    nis orationibus adj. J. Geelius. Lugd.-Bat. 1840, in-8. 5 »
CLINTON (H.) *Fasti Hellenici.* The civil and literary chrono-
    logy of Greece and Rome, from the CXXIVth Olympiad to
    the death of Augustus ; — from the earliest accounts to the
    death of Augustus. Oxf., 1834-1851, 3 vol. in-4 cart. 130.
CLOPIN, prof. cours d'Histoire sainte d'après l'Homond, suivi
    d'un abrégé de la vie de J-C. et de l'histoire de l'église jusqu'à
    nos jours. Ouvrage approuvé par NN. SS. les Evêques de
    Valence, de Gap, de Viviers, d'Autun, Châlons, Mâcon, Cham-
    béry, 11e édit. In-18 cart.   1 »
CORPUS *Grammaticorum latin. veterum,* coll., auxit, recensuit ac
    potiorem lectionis varietatem adjecit F. Lindemann, 1840.
    4 vol. in-4.   40 »
COCHERIS (Hipp.), archiv. paléogr. de l'Ecole des Chartes, etc.,
    Notices et Extraits des Documents mss. conservés dans les
    dépôts publics de Paris, et relatifs à l'Histoire de la Picardie.
    1854-1859, in-8, tomes I et II. Chaque volume,   8 »
    Cet ouvrage aura quatre volumes.
— Table méthodique et analytique des articles du Journal des
    savants depuis sa réorganisation en 1816 jusqu'en 1858 in-
    clusivement, précédée d'une notice historique sur ce journal,
    1 vol. in-4. Sous presse.
COLLECTION des Mémoires sur la Belgique, Mémoires de Féry
    de Guyon, écuyer-bailli, avec commentaire par De Ron-
    baulx Soumon, in-8.   4 »
CONCIONES et orationes ex historicis latinis excerptæ. Oxonii,
    1840, in-12, cart.   2 50

CONCIONES ex historicis græcis.   2 50

CORNELII NEPOTIS quæ exstant cum scholiis super. interpret., suisque animadv. edid. Staveren. Editio nova, cur. Bardelo. Stuttgartiæ. 1826, 2 vol. in-8.   6 »

CORRARD DE BRÉBAN. Les rues de Troyes anciennes et modernes, revue étymologique et historique avec un plan, in-8, 1838. 3 »

CORRESPONDANCE de François de la Noue, surnommé Bras de Fer, accompagné de Notes historiques et précédée de la Vie de ce grand capitaine, par Kervyn de Volkaersbeke, avec portrait et fac-simile. 1854, in-8. (V. Kervyn).   5 »

COUGNY, prof. au Lycée de Bourges. Guillaume Duvair : Études d'Histoire littéraire, in-8.   3 »

— de Prodico Ceio, Socratis magistro et antecessore, in-8.   1 »

COUSSEMAKER (de). Histoire de l'Harmonie au moyen âge, ouvr. couronné par l'Acad. des Inscript. et Belles-Lettres, avec 11 fasc. de musique ancienne, sur papier de Chine et en couleur. 1852, in-4.   30 »

COXE (H.). Catalogi codd. mss. Biblioth. Bodleianæ, pars I : recensionem codicum Græc. continens. Oxonii, 1853, in-4, cart.   30 »

DAMIEN. De la Poésie suivant Platon. 1852, in-8.   3 »

— De C. J. Victoris arte Rhetorica disputatio. In-8.   2 50

DANSIN (H.), professeur d'histoire au lycée de Strasbourg. Histoire du gouvernement de la France pendant le règne de Charles VII, 1858, in-8.   5 »

D'ARBOIS DE JUBAINVILLE, archiviste. Pouillé du diocèse de Troyes, rédigé en 1407, publié pour la première fois d'après une copie authentique, 1852-1853, in-8.   10 »

— Voyage paléographique dans le département de l'Aube. Rapport à M. le préfet sur une inspection faite en 1854 dans les archives communales et hospitalières du département, 1855, in-8.   8 »

— Essai sur les sceaux des comtes et des comtesses de Champagne, avec six planches en lithochromie, 1856, in-folio. 12 »

— Quelques observations sur les six premiers volumes (4ᵉ édit.) de l'Histoire de France de M. Henri Martin. 1857 in-8. 1 »

— Études sur l'état intérieur des abbayes cisterciennes, et principalement de Clairvaux aux xiiᵉ et xiiiᵉ siècles, in-8. 6 »

DE FRÉVILLE, ancien élève de l'École des Chartes. Mémoire sur le commerce maritime de Rouen depuis les temps les plus reculés jusqu'au xviᵉ siècle, 1858, 2 vol. in-8.   14 »

Ouvrage couronné et publié par l'Académie impériale des sciences et belles-lettres et arts de Rouen.

DELISLE (L.). Catalogue des actes de Philippe-Auguste, avec une introduction sur les sources, les caractères et l'importance historique de ces documents, 1856. 1 fort v. in-8. 10 »

Cet ouvrage contient l'analyse détaillée de tous les actes de Philippe-Auguste qu'on a pu découvrir. Ils sont au nombre de 2471, dont la plupart n'avaient encore été ni imprimés ni même signalés. L'auteur a fixé la date de chaque pièce, et a indiqué les dépôts où elle est conservée en manuscrit. Il a aussi mentionné les livres où certains actes ont été publiés. Le texte d'une quarantaine de chartes inédites est donné à la fin du catalogue. Viennent ensuite : 1° une table raisonnée des cartulaires employés pour la composition du livre ; 2° une table de tous les noms d'hommes et de lieux contenus dans l'ouvrage.

La première partie de l'introduction, consacrée à l'examen des sources, fournit des renseignements nouveaux et fort circonstanciés sur les registres de Philippe-Auguste conservés à la Bibliothèque Impériale et au Vatican, sur certains recueils du Trésor des chartes et principalement sur les grandes collections de pièces historiques formées par les bénédictins et autres érudits du XVIIᵉ et du XVIIIᵉ siècle.

Dans la seconde partie de l'introduction, l'auteur a traité plusieurs points de diplomatique et de chronologie qui n'avaient pas été suffisamment éclaircis. Dans la troisième et dernière partie, M. Delisle a montré, par quelques exemples, l'utilité du recueil des actes de Philippe-Auguste pour l'histoire des événements comme pour celle des institutions.

— Mémoire sur les actes d'INNOCENT III, suivi de l'itinéraire de ce pontife. 1858, in-8. 3 »

DELONDRE (Ad.) Doctrine philosophique de Bossuet sur la connaissance de Dieu. 1855, in-8. 5 »

DEMOSTHENIS Opera ex recensione Dindorfii, cum annotat. et scholiis. Oxonii, 1826, 9 vol. in-8 cart. 125 »

— Texte seul, 4 vol. in-8 cart. 55 »

— Eadem è bonis Libris a se emendatis et commentariis integris, edidit Reiske. Londini, 1822, 9 vol in-8. 50 »

DENIS (J.), professeur. Histoire des Théories et des idées morales dans l'antiquité. 1856, 2 vol. in-8. 10 »
Ouvrage couronné par l'Institut. (Acad. des sc. mor. et politiques).
Cet ouvrage est autant de l'histoire que de la philosophie. L'auteur ne se contente pas d'exposer les principaux systèmes de morale enseignés dans l'antiquité, il les rapproche sans cesse des événements publics, des idées reçues, des institutions, des lois, des mœurs et des croyances religieuses. Il poursuit la conscience morale dans les historiens, dans les poètes, les orateurs. On voit clairement comment le monde ancien s'acheminait, comme de lui-même, à la révolution qui s'appelle le Christianisme. Véritable histoire sociale, le livre de M. Denis n'est pas moins fait pour les gens du monde que pour les savants de profession.

DE ROZIÈRE (ancien prof. à l'École des Chartes). Formules inédites, publiées d'après un Mss. de la Bibliothèque de Strasbourg. 1851, in-8. 2 »
Formulaires inédits, publiés d'après un Mss. de Saint-Gall, 1853, in-8. 2 »
Formules Wisigothiques inédites, publiées d'après un Mss. de la bibliothèque de Madrid. 1854, in-8. 3 »

— Formules inédites publiées d'après un manuscrit de la bibliothèque de Munich. 1858, une feuille in-8. 1 »

— Cartulaire de l'Eglise du St-Sépulcre de Jérusalem, publié d'après le Mss. de la Bibliothèque Vaticane. 1840, in-4. 15 »

DE ROZIÈRE ET E. CHATEL. Table générale et méthodique des Mémoires de l'Académie des Inscriptions et Belles-lettres, publiée en 1791 par Laverdy, nouv. édit., revue, corrigée et considérablement augm., cont. l'ind. des Mémoires insérés dans cette collection depuis son origine jusques et y compris 1830. 1 vol. papier collé propre à recevoir des notes. 25 »

DESDEVISES DU DEZERT, professeur d'histoire. Programme d'histoire universelle, d'après le plan d'études: Histoire ancienne (cours de 3e); — du moyen âge (cours de seconde); — moderne (cours de rhétorique). 1856, in-8. 5 »

DESJARDINS (Ernest). *Essai sur la topographie du Latium*, accompagné de 6 planches de la voie Appienne, et d'une grande carte du Latium pour l'intelligence des auteurs latins: poètes, historiens, orateurs, etc. 1854, in-4. 10 »

— Séparément : les 6 planches de la voie Appienne, in-4. 5 »

— De Tabulis alimentariis. 1 vol. in-4 orné de 3 grandes planches. 1854. 10 »

— Académie des Inscriptions et belles-lettres ; comptes rendus des séances de l'année 1857, précédés d'une notice historique sur cette compagnie. 1858, in-8. 5 »

DESJARDINS (A.). Essai sur les Confessions de saint Augustin, 1858, in-8. 2 »

— De Scientia civili apud M. T. Ciceronem, 1858, in-8. 2 »

DIEFENBACH. Glossarium Latino-Germanicum mediæ et infimæ ætatis ex codd. mss. et impress. libris. *In supplem. Lexici Ducange.* Francof. ad Mænum. 1857, In-1. 45 »

DINDORFII Scholia in Sophoclis tragœdias septem. Oxonii, 1852, in-8 cart. 12 »
— Scholia græca in Æschinem et Isocratem. Oxonii, 1852, in-8 cart. 8 »
— Metra Æschyli, Sophoclis, Euripidis et Aristophanis. Oxonii, 1842, in-8 cart. 9 »

DIODORI SICULI. *Bibliothecæ historicæ* libri qui supersunt, ex recensione Petri Wesselingii, cum interpretatione latinâ Laur. Rhodomani, atque adnotationibus variorum integris, indicibusque locupletissimis; nova editio, cum commentationibus C. G. Heynii : acced. argumenta et disputationes J. N. Eyringii. Biponti. 1793-1807, 11 vol. in-8. 25 »

DITANDY, professeur. Parallèle d'un épisode de l'ancienne poésie indienne avec des poèmes de l'antiquité classique. 1856, in-8. 1 50
— De nomine substantivo observationes grammaticæ et historicæ. 1856, in-8. 1 »

DOWLING (J. G.). Notitia scriptorum S. S. Patrum aliorumque veteris Eccl. monumentorum. Ox., 1839, in-8 cart. 9 »

DUFRESNE DE BEAUCOURT. Le règne de Charles VII, d'après M. H. Martin et d'après les sources contemporaines. 1856, in-8. 3 »
— Un dernier mot à M. Henri Martin. 1857. Broch. in-8. 2 »

DULAURIER (Edouard), professeur à l'Ecole des langues orientales, chronique de Mathieu d'Edesse continuée par Grégoire le prêtre, *traduite en français pour la première fois* et accompagnée de notes historiques et géographiques, 1858, 1 vol. in-8. 12 »
Premier volume de la Bibliothèque historique Arménienne.

DUMAS. Histoire de l'Académie royale des sciences, belles-lettres et arts, de Lyon. 2 vol. in-8. 9 »

DUMÉRIL, professeur. Etude sur Charles-Quint. 1856, in-8. 3 »
— De Senatu Rom. sub imperatorib. Augusto Tiberioque. Lutetiæ, 1856 in-8. 2 »

DUNGLAS, Recteur d'Académie. Méthode nouvelle pour étudier la langue latine, à l'usage des élèves des classes de 5e, 4e et 3e, 1 fort vol. in-12, cart. 2 50

DUPARAY, professeur. Des principes de Corneille sur l'art dramatique, 1858, in-8. 3 »
— De Petri venerabilis vita et operibus 1858, in-8°. 2 »

DURU (l'abbé). *Bibliothèque historique de l'Yonne*, ou Collection de légendes, chroniques et docum. div. pour servir à l'hist. des différ. contrées qui forment aujourd'hui ce département (jusqu'au XIIIe siècle). Auxerre, 1853, 1 vol. in-4 avec pl., fac-similé, etc. 17 »
— Fables nouvelles, ou leçons d'un maître à ses élèves. 2 vol. format Charpentier, pap. jésus. 6 »
— Discours historique et littéraire sur les écrivains de la ville d'Auxerre, depuis les temps anciens jusqu'au XIIe siècle. in-8 (38 pages). » 40
— Epître à Deligand. in-8. » 25
— Eugène, ou Plan de vie d'un instituteur chrétien. In-18. » 60
— Cours synoptique de morale, 2e édition. In-18. 1 25
— Enigmes de Cœlius Symposius, traduites en vers français avec des notes et un choix d'énigmes de divers auteurs, 1858, in-8. 3 »

DURUY, professeur. État du monde romain vers le temps de la formation de l'empire. 1853, in-8. 3 »

— De Tiberio imperatore. 1853, in-8. 1 50

EDELESTAND et ALFRED DUMÉRIL. *Dictionnaire du patois normand.* 1850, in-8. 8 »

EGGER, de l'Institut, Professeur à la Faculté des lettres, maître de conférences à l'École normale supérieure. *Introduction à l'étude de la littérature grecque.* Essai sur l'histoire de la critique chez les Grecs, suivi de la Poétique d'Aristote et d'extraits de ses problèmes, avec traduction française et commentaires. 1849, 1 gros vol. in-8. 8 »

Ouvrage adopté par le conseil de l'instruction publique.

— *Apollonius Dyscole.* Essai sur l'histoire des théories grammaticales dans l'antiquité. 1854, in-8. 7 »

Après avoir, dans son *Essai sur la Critique chez les Grecs*, groupé autour de la *Poétique* d'Aristote l'Histoire sommaire des théories des rhéteurs et des philosophes grecs sur le beau, M. Egger, dans son travail sur Apollonius Dyscole, a voulu mettre en lumière les théories, trop peu connues jusqu'ici, des principaux grammairiens de l'antiquité sur la philosophie du langage. S'étant, avant tout, donné pour tâche d'exposer les doctrines d'Apollonius, qui sont le dernier effort de l'esprit grec sur ces difficiles matières, l'auteur en a pourtant rapproché, soit les idées des écrivains qui furent, directement ou indirectement, les maîtres du célèbre philologue alexandrin, soit les théories grammaticales qui forment transition entre l'antiquité classique et la renaissance. Ces deux livres de M. Egger se complètent ainsi l'un l'autre, et offrent un ensemble d'études tout à fait neuves sur une des plus intéressantes parties de la littérature grecque.

— Notions élémentaires de Grammaire comparée, pour servir à l'étude des trois langues classiques grecque, latine et française, ouvrage rédigé sur l'invitation du Ministre de l'instruction publique conformément au nouveau programme officiel. 5° éd., 1856, in-12. 4 »

— De quelques textes inédits récemment trouvés sur des papyrus grecs provenant de l'Égypte, in-8. 1 »

— Mémoire sur un document inédit pour servir à l'histoire des langues romanes. Impr. impériale, 1857, in-4. 3 »

— Observations sur quelques fragments de poterie antique provenant d'Égypte, avec une inscription grecque. Impr. impériale, 1857, in-4. 3 »

— Observations historiques sur la fonction de secrétaire des princes chez les anciens. 1858, in-8. 2 »

EPICTETEÆ *Philosophiæ Monumenta* ad codd. mss. fidem recensuit, latina versione, adnotationibus, indicibusque illustr. Jo. Schweighæuser cum Simplicii commentario. Lipsiæ, 1799-1800, 5 tom. en 6 parties in-8. 20 »

EVAN II (Schol.) Ecclesiasticæ scholæ libri sex, ex recensione Valesii. Oxonii, 1844, in-8 cart. 9 »

FARE (Adolphe). Études historiques sur les Clercs de la Bazoche; suivies de pièces justificatives. 1856, in-8., fig. 8 »

FABRICII bibliotheca Græca, sive notitia scriptor. veter. Græciæ. Ed. IV, curante Harles. 12 vol. in-4, cum Ind. Lipsiæ, 1790-1838. 110 »

FACCIOLATI. *Totius latinitatis Lexicon*, consilio et curâ Jacobi Facciolati, operâ et studio Ægidii Forcellini lucubratum, secundùm tert. edit., cujus curam gessit Jos. Furlanetto, correct. et auctum labore variorum : Editio in Germania prima. 1835, 4 vol. in-fol. 70 »

FOUCHÉ PRUNELLE, conseiller à la Cour Imp. de Grenoble. Essai sur les anciennes institutions autonomes ou populaires des Alpes Cottiennes, Briançonnaises, etc. 1857, 2 vol. in-8. 11 »

Ouvrage qui a obtenu une mention très honorable dans la séance du 12 novembre 1854 (Académie des inscriptions et belles-lettres).

FAURIEL. Dante et les origines de la langue et de la littérature italiennes, cours fait à la Faculté des lettres de Paris. 1854, 2 vol. in-8. 14 »

FEYS. L'art poétique d'Horace considéré dans son ordonnance, avec des notes explicatives. 1856, in-8. 1 50

FILON inspecteur d'Académie. Histoire de la Démocratie athénienne. 1854, in-8. 6 »

FIX. Observ. sur l'état des classes ouvrières. 1846, in-8. 5 »

FLOQUET. Histoire du Parlement de Normandie. 1840, 7 vol. in-8. 30 »

FLOTTES (l'abbé), professeur. Étude sur D. Huet, évêque d'Avranches, 1857, in-8. 4 »

FONTAINE (A. de) **DE RESBECQ**, sous-chef au personnel de l'enseignement supérieur (ministère de l'instruction publique). — Voyages littéraires sur les quais de Paris : Lettres à un bibliophile de province, 1857, in-18. 2 »

FOUCHER DU CAREIL. Nouvelles lettres et opuscules inédits de Leibniz, précédés d'une introduction. 1857, in-8. 7 »

Ce volume contient : Lettres sur Descartes et le Cartésianisme, Leibniz platonisant, ou le Phédon et le Théétète traduits, Mélanges, Remarques sur Weigel, Fragments sur la liberté, Lettres à Hobbes, Appendice contenant les lettres à Arnauld et à Jardella, sa vie et son portrait par lui-même.

FORBESII (Gul.) Considerationes modestæ et pacificæ controversionum *De justificatione*. Oxon., 1850, in-8, cart. 11 »

FRÈRE (Ed.). Manuel du bibliographe normand. Tome 1er, en 3 livraisons. 15 »

GAISFORD (Th.). Etymologicum magnum sive lexicon sæpissime vocab. orig. indagans. Oxonii, 1848, in-fol. cartonné. 75 »

GANDAR, ancien membre de l'Ecole française d'Athènes. *Ronsard considéré comme imitateur d'Homère et de Pindare.* 1854, in-8. 3 »

— de Ulyssis Ithacâ : quæ sit Homero locos describenti fides adhibenda. 1854, in-8. 1 50

— Homère et la Grèce contemporaine, 1858, in-8. 2 »

GARNIER (Ad.). Histoire de la morale; second mémoire. *Socrate.* 1855, in-8. 1 »

GARRUCCI (Raph. S. J.). Les mystères du syncrétisme phrygien dans les catacombes romaines de Prétextat. 1854, in-4, cartonné, avec planches. 5 »

— Inscriptiones Veteres Reate quæ exstant. Acced. dissertat. Italicæ. 1854, gr. in-8. 1 50

— Hagioglypta, seu picturæ et præsertim quæ Romæ Reperiuntur explicatæ a J. Lheureux. 1856, in-8. 5 »

— Graffiti de Pompéi. Inscriptions et gravures tracées au stylet, recueillies et interprétées. In-4, avec atlas de 32 pl., 2e édition, augmentée. Paris, 1856. 18 »

Cet ouvrage pose la base de toutes les études de paléographie latine. Jusqu'à présent on avait été réduit à les faire sur les mss. et avec le secours de quelques pierres romaines du IIIe ou du IVe siècle. Ici, l'auteur a disposé dans un ordre chronologique les origines des lettres cursives, depuis le temps de Sylla. Tout ce travail a été fait à l'aide des inscriptions de Pompéi. Un autre avantage de cette publication est de fournir la collection encore inédite de toutes les inscriptions de Pompéi, gravées au trait, qui sont d'une grande utilité pour l'étude de la langue et des mœurs romaines. 33 planches, avec nombreuses figures sur bois intercalées dans le texte.

— Il Crocifisso Graffiti in casa Dei Cesari id il simbolismo Cristiano in una Corniola del secondo secolo, 1857, in-8. 1 »

— I Segni delle lapidi latine, ditti accenti : dissertazione, 1857, in-4. 5 »

GASTAN (Auguste), archiviste. Origines de la commune de Besançon. 1858, in 8. 3 »

GATIEN-ARNOULT, professeur à la Faculté de Toulouse. Histoire de la philosophie en France depuis les temps les plus reculés jusqu'à nos jours (Période gauloise), in-8 7 50

GAVET, professeur au lycée Bonaparte. Grammaire française à l'usage des établissements d'enseignement secondaire. 3e éd., in-18 cart. 1 25

GEOFFROY (A.), prof. à la Fac. de Bordeaux. Notices et extraits des mss. concern. l'histoire ou la littérature de la France qui sont conservés dans les bibliothèques ou archives de Suède, Danemark, Norwége, 1856. 1 gros vol. in-8. 10 »

— Lettres inédites du roi Charles XII, texte suédois, traduction française avec introduction, notes et *fac-simile*, 1853, in-8. 3 50

GIOEL. Les Troubadours et Pétrarque. 1857. In-8. 2 50

— De Philippide G. Britonis disputatio. 1857. In-8. 1 50

GINOUILHAC (M. G. R.). Evêque de Grenoble. *Histoire du Dogme Catholique* pendant les trois premiers siècles de l'Église et jusqu'au concile de Nicée. 2 vol. In-8. 15 »

GIRARD (Jules). *Des caractères de l'Atticisme dans l'éloquence de Lysias*, 1854. In-8. 3 »

— *De Megarensium ingenio.* 1854. In-8. 2 »

GOURAUD (Ch.). Essai sur la Liberté du Commerce des nations; Examen de la théorie anglaise du Libre Échange. 1853, in-8. 5 »

— Histoire politique et commerciale de la France, de son influence sur le progrès de la richesse publique, depuis le moyen âge jusqu'à nos jours. 1854, 2 vol. in-8. 12 »

— Histoire des causes de la grandeur de l'Angleterre depuis les origines jusqu'à la paix de 1763. 1856, in-8. 7 »

GOUX (l'abbé). De S.-Thomæ Aquinatis sermonibus, 1856. in-8. 2 »

— Lérins au Ve siècle. 1856, in-8. 3 »

GOUSSET (M. G. R.). Archevêque de Reims. Les actes de la Province ecclésiastique de Reims. 1852-54. 4 vol. in 4. 30 »

GRÆCÆ Grammaticæ rudimenta in usum scholarum. Oxonii, 1850, in-12, cart. 6 »

GRANDGAGNAGE. Dictionnaire étymologique de la langue Wallonne. 1845-1850, 2 vol. In-8. 12 »

GRÉGOIRE (L.), professeur. La ligue en Bretagne. 1856. Gr. in-8. 7 »

GRENIER, professeur de rhétorique au Lycée de Clermont. La vie et les poésies de St Grégoire de Nazianze. 1858. In-8. 3 »

— De descriptionibus apud Homerum. 1858, in-8. 1 »

GRESWELL (Edw.). Origines kalendariæ italicæ. Oxf., 1854, 4 vol. in-8, cart. angl. 45 »

— Fasti temporis catholici and origines kalendariæ and introduction to the tables of the fasti catholici. 5 vol. in-8 cart. 75 »

— Prolegomena ad harmoniam evangelicam. Ox., 1840, in-8. 12 »

— Harmonia Evangelica sive quatuor evangelia (græce). Oxf., 1845. in-8, cart. 12 »

GROS. Étude sur l'état de la Rhétorique chez les Grecs, depuis son origine jusqu'à la prise de Constantinople. 1858, in-8 (Grec ancien). 1 »

— Étude sur la Philosophie philologique chez les Grecs avant la secte Ionique, 1825, in-8° (grec ancien). 4 »

GRUN. Les États provinciaux sous Louis XIV. 1853, in-12. 4 »

GUADET, chef de l'Institution des Jeunes-Aveugles. De la condition des aveugles en France. 1857, in-8. 4 »

GUARDIA. Essai sur l'ouvrage de J. Huarte : Examen des aptitudes diverses pour les sciences. 1851, in-8. 5 »

GUÉRIN, ancien membre de l'École Française à Athènes. Description des îles de Pathmos et de Samos. 1856, in-8 avec deux cartes. 4 »

— Voyage à l'île de Rhodes et description de cette île, 1856, in-8 avec cartes. 5 »

M. Guérin, déjà connu par son ouvrage sur les îles de Pathmos et de Samos, nous donne dans ce nouveau travail une description beaucoup plus complète et plus exacte qu'on ne l'avait faite jusqu'ici. Au moyen de sa carte, nous pouvons le suivre pas à pas dans cette île célèbre qu'il a explorée dans ses moindres détails.

— De Ora Palæstinæ à promontorio Carmelo usque ad urbem Joppen pertinente. 1850, in-8. 1 50

Cet opuscule comprend l'étude et la description d'une partie de la Palestine, très rarement parcourue par les voyageurs. L'auteur nous donne des détails fort intéressants sur le mont Carmel, les ruines d'Athlet, de Dora, de Césarée, d'Apollonia. Une fort jolie carte dressée d'après Kispert, renferme sur ce point plusieurs rectifications qui ont été adoptées, sur l'autorité de M. Guérin, par M. Andiveau-Goujon, dans sa belle carte de la Palestine, récemment publiée.

GUILMIN (professeur de mathématiques). Cours complet d'Arithmétique à l'usage des collèges et de tous les établissements d'instruction publique. *Ouvrage autorisé, entièrement conforme au programme* du 30 août 1852, et complété par de nombreuses applications aux sciences, au commerce et à la banque. 8ᵉ éd., 1858, in-8. 4 »

— Cours complet d'Algèbre élémentaire à l'usage des lycées et collèges, *entièrement conforme au programme*. 5ᵉ édition. 1858, in-8. 4 »

— Leçons de Cosmographie à l'usage des lycées et collèges et autres, *conformes au programme*. 3ᵉ édit., 1856, in-8. 4 »

— Cours de Géométrie élémentaire, *conforme au programme*. 4ᵉ édit. 1858, in-8. 4 »

— Cours élémentaire de trigonométrie rectiligne, à l'usage des lycées, collèges et de tous les établissements d'instruction publique, *conforme au programme*. 1856, in-8. 2 »

— Cours de mathématiques appliquées. Levé des plans, arpentage et nivellement, notions de géométrie descriptive à l'usage des l'usage des lycées, des collèges et de tous les établissements d'instruction publique. 1858, in-8. 4 »

HANRIOT. Inspecteur d'Académie. Recherches sur la topographie des *dèmes* de l'Attique. 1853, in-8. 3 50

— Geographia Græcorum antiquissima. 1853, in-8. 1 50

HAIN (L.). Repertorium bibliograph. In quo libri omnes ab arte Typograph. inventa usque ad ann. MD Typis expressi ordine alphabet. enumerantur, Stuttgartiæ, 1826-28. 2 tomes en 4 vol. gr. in-8. 25 »

HATZFELD (Ad.). De la politique dans ses rapports avec la morale. Essai sur la République de Platon. 1850, in-8. 2 »

— De Parmenide Platonis. 1850, in-8. » 75

HEBERT-DUPERRON (l'abbé). Essai sur la polémique et la philosophie de Clément d'Alexandrie. 1855, in-8. 3 »

— De venerabilis Hildeberti vita et scriptis. 1855, in-8. 1 50

HERMANN LOUNTZY. Des îles Ioniennes dans leur gouvernement

politique à l'époque de la domination des Vénitiens. Athènes (grec moderne). 1856, in-8. 7 »

HERODOTI Opera, Græcè cum vitâ Homeri. Oxonii, 1851, 2 vol. in-18. 7 50

HOOGEVEEN (H.). Doctrina particularum linguæ græcæ ex typographeo Dammeano, 1769, 2 vol. in-4. 15 »
— Id. opus in epitomen redegit C.-G. Schütz. 1806, in-8. 6 »

KOLTROP. Catalogus Librorum sæculo V impress., quotquot in Bibl. Regiâ Haganâ asservantur. Hagæ-comitum, 1856, fort vol. in-8. 12 »

HOMERI Opera omnia *græce et latine*, ex rec. et cum notis Sam. Clarkii. Accessit varietas lect. mss. Lipsiæ et *Vratislav.* et edd. veterum, cura J.A. Ernesti qui et suas notas adspersit. Lipsiæ, 1831, 5 vol. in-8. 15 »
— *Odyssea*, cum scholiis veteribus, accedunt Batrachomyomachia, Hymni, Fragm. Oxon., 1827, 2 vol. in-8, cart. 22 »
— Ilias, curante Heyne Oxon., 1834. 2 vol. in-8, cart. 20 »
— *Odyssea* et Ilias. Oxonii, 1853, 2 vol. in-18, cart. 7 »

HONNORAT. Dictionnaire Provençal-Français, ou Dictionnaire de la langue d'Oc, ancienne et moderne, suivi d'un Vocabulaire Français-Provençal, contenant: 1° Tous les mots que ses différents dialectes ont pu connaître (près de 110,000) ; leur prononciation figurée, leurs synonymes, leurs équivalents italiens, espagnols, portugais, catalans, allemands, etc.; quand ils ont le même radical; leurs définitions et leurs étymologies, etc. 1816-1850, 4 vol. in-4. 40 »
— Projet d'un Dictionnaire Provençal-Français, ou Dictionnaire de la langue d'Oc. 1840, br. in-8. 1 »

HORATII Opera omnia. Oxonii, 1851, in-18, cart. 2 50

HUARD (Fer). Fables Cadoméennes, 2° édit. 1856, in-18. 2 »
Charmant petit vol. contenant près de cent cinquante fables.

HYMLI (Aug.). Nationis Germanicæ indole atque juribus, per medii ævi præsertim tempora. 2 »
— Wala et Louis le Débonnaire. 3 50

ISAMBERT. Histoire de Justinien. Paris, 1856, 2 vol. in-8. 12 »
1re partie contenant l'introduction, la division de l'Empire, les tableaux sur le chargement des navires, les mesures itinéraires et de longueur, la livre romaine, les monnaies, la proportion entre les métaux et les subsistances, la traduction des *Anecdota* et les notes historiques pour les faits antérieurs à Justinien. Trois planches et deux cartes.
2e partie : Chronologie du règne de Justinien (527 à 565) Table alphabétique.

JACOBS. Géographie de Grégoire de Tours : le pagus et l'administration en Gaule, avec carte de la Gaule, in-8. 1858. 3 »
— Gallia ab anonymo Ravennate descripta e codd. mss. recogn. commentariisque et tabula auxit Jacobs. 1858, in-8. 2 »

JACOBSO (Guil.). Patrum apostolicorum Martyria. Oxonii, 1842, 2 vol. in-8, cart. 30 »

JONCKBLOET (Guillaume d'Orange). Chansons de Gestes des XI et XII° siècles, publiées pour la première fois. La Haye, 1851, 2 vol. in-8. 22 »

JOSEPHI (Flavii) Opera omnia græcè et latinè excusa ad ed. Lugd. Batav. Sig. Havercampi, cum Oxoniensi J. Hudsoni coll., curavit Fr. Oberthur. Lipsiæ, 1782-1785, 3 vol. in-8. 15 »

JULIEN (Stan.), membre de l'Institut, adm. au Collège de France. Voyages des Pélerins Bouddhistes. Mémoire sur les contrées occidentales, traduit du Sanscrit, en l'an 648 de notre ère, par Hiouen Thsang, et publié en français. Grand in-8. 18 »

— Lao-Tseu-tao-te-king. Le Livre de la Voie et de la Vertu, de *Lao-Tseu*, philosophe chinois du v° siècle avant l'ère chrétienne. 1 vol. in-8° contenant le texte chinois, la trad. française, et des notes perpétuelles. 12 »

— Histoire de la vie de Hiouen-Thsang et de ses voyages dans l'Inde, depuis l'an 629 jusqu'à l'an 645 (de notre ère); par Hoeï-Li et Tsong-Yun, traduite du chinois par Stanislas Julien, membre de l'Institut, Paris, imprimerie impériale ; 1853, in-8° de 472 pages. 10 »

— Mémoires sur les contrées occidentales, traduits du sanscrit en chinois en l'an 648 par Hiouen-Thsang et du chinois en français par Stanislas Julien, membre de l'Institut. 1 vol. in-8° de 493 pages. Tom. I, contenant les livres i-vin, et une carte de l'Asie centrale et de l'Inde. Imprimerie impériale, 1857, in-8°. 15 »

— L'imprimerie en Chine au VI° siècle de notre ère. In-8. 1 »

— Renseignements sur la cire végétale et sur les insectes qui la produisent. In-8. 1 »

— Substance anesthésique employée en Chine dans le commencement du III° siècle, pour paralyser momentanément la sensibilité. Broch. in-4. 1 »

— Coluthus. Enlèvement d'Hélène trad. en français sur les meilleures éd. avec un texte reproduit fidèlement en facsimile d'après ancien mss. 1822, in-8. 8 »

JUVENALIS et **PERSII** Satyræ, juxta edit. Heinrich. Oxonii, 1831, in-18, cart. angl. 1 75

JUSTE (Théod.) Histoire de la révolution des Pays-Bas sous Philippe II. 1855, 2 vol. grand in-8. 16 »

— Les Pays-Bas au xvi° siècle; Vie de Marnix de sainte Aldegonde (1538-1598); tirée des papiers d'état et d'autres documents inédits, 1858, in-8. 4 50

KŒNIGSWARTER. Histoire de l'organisation de la Famille en France depuis les temps les plus reculés jusqu'à nos jours. 1851, in-8. 5 »

— Sources et monuments du Droit français ant. au XV° siècle, ou Bibliothèque du Droit civil français. 1853, in-12. 3 »

KERVYN DE LETTENHOVE. Froissart : Étude littéraire sur le XIV° siècle, 1858, 2 vol. in-12. 7 »

KERVYN DE VOLKAEBEKE. Les églises de Gand. Gr. in-8. 1857. Tome I°. Saint-Bavon. 11 »

LABOULAYE (Ed.), de l'Institut, etc. Histoire politique des États-Unis depuis les premiers essais de colonisation jusqu'à l'adoption de la constitution fédérale, 1620-1789, histoire des colonies (1620-1761). 1855, in-8. 8 »

— Études contemporaines sur l'Allemagne et les pays slaves, contenant : le partage de la Pologne, Georgel et Kossuth, les Serbes, leurs poésies, leurs contes ; — les Albanais, de Savigny de Radowitz, Gervinus. 1856, 1 gros vol. in-12. 3 50

LAMBERTI BOS. Ellipses græcæ cum priorum editorum suisque observationibus edidit G.-H. Schæfer. In-8. 7 »

LANCELOTI (Andr.). Totturn Torti : sive ad Matthæi de Tortis librum responsio. Oxonii, 1831, in-8 cart. 18 »

— Responsio ad Apologiam cardinalis Bellarmini. Ox., 1851, in-8, cart. 15 »

LANGLOIS. Essai historique et philosophique sur les Danses des morts. 1852, 2 vol., gr. in-8. Planches. 25 »

LAROCHEFOUCAULT-LIANCOURT (M¹ de). Études littéraires et morales de Racine. 2 parties, in-8, 1856. 3 »

— Satyres de Perse de Sulpicia. Traduites en vers français. 1857, in-8. 2 »

LAURENCE (Ric.), Primus Ezræ liber qui apud Vulgatam appellatur quartus, etc. Ox., 1820, in-8 cart. angl. 8 »

LEBEUF (l'abbé). Mémoires concernant l'histoire civile et ecclésiastique d'Auxerre et de son ancien diocèse, 4 vol. grand in-8. 30 »

LE BLANT (E.). Inscriptions chrétiennes de la Gaule, antérieures au VIII' siècle ; 12 planches parfaitement gravées, 1857. 1 vol. in-4. Impr. impériale. 45 »

L'Académie des Inscriptions a décerné la première médaille du concours des *Antiquités nationales* à cet ouvrage.

Cette première partie, aujourd'hui parue, forme à elle seule un tout indépendant et complet, est une véritable introduction au *Gallia christiana*, recueil où les monuments de la première époque tiennent, on le sait, trop peu de place. Abordant, à propos des inscriptions et des sarcophages de la Gaule, l'étude générale des antiquités chrétiennes, M. Edmond Le Blant nous montre sous un aspect nouveau l'état de la société aux premiers siècles de l'Eglise. Il explique l'organisation puissante née de la discipline du secret, signale l'existence de lois non écrites, mais pieusement observées par tous qui dictaient au fidèle sa conduite envers ses frères, comme envers ses persécuteurs. Patient historien des idées, il fait revivre des temps que l'étude des inscriptions, muettes et arides en apparence, devait mieux éclairer sur plus d'un point que ne l'avaient fait jusqu'à ce jour les volumineuses collections des Pères et des Conciles.

La partie narbonnaise *sous presse.*

LECLAIR, agrégé de l'Université. Grammaire méthodique de la langue anglaise, ou Principes simples et faciles pour arriver à une connaissance prompte et complète de cette langue. 1858. In-12 cart. 1 25

— Vie d'Agricola de Tacite, trad. nouv. 1852, in-8. 2 »

LEDAIN (B.). Histoire de la ville de Parthenay et des anciens seigneurs, et de la Gatine du Poitou, depuis les temps les plus reculés jusqu'à la Révolution, ornée du portrait du maréchal de la Meilleraye et d'une carte de la Gatine. 1858, in-8. 5 50

LEEMANS (Le D' C.). Directeur du musée de Leyle ; description raisonnée des monuments égyptiens du musée d'antiquités des Pays-Bas à Leyde 1810, 1 vol. in-8. 7 »

LEGONIDEC. Dictionnaire français, enrichi d'additions et d'un essai sur la langue bretonne, par Th. Hersart de la Villemarque. 1847, 2 vol. in-4. 34 »

LELUT, membre de l'Institut. Petit traité de l'Egalité. 1858, in-18. 1 50

LENOIR. Choix d'ornements, extraits du Musée des monuments français (58 planches). 1857, in-4. 12 »

LESUR et FOUQUIER. Annuaire historique, avec un Appendice contenant les actes publics, traités, notes diplomatiques, tableaux statistiques, financiers, administratifs et judiciaires, documents historiques, officiels et non officiels, avec un article : *Variétés*, renfermant des chroniques des événements remarquables, des travaux publics, des lettres, des sciences et des arts, et des notices bibliographiques et nécrologiques. 1818 à 1843 compris, 25 gros vol. in-8. 120 »

LÉVÊQUE, chargé du cours de philosophie au collège de France. Platon considéré comme fondateur de l'Esthétique. 1857, in-8. 1 »

— Notice sur la vie et les ouvrages de Ch. Simart. 1857, in-8. 1 »

LÉZARDIÈRE. Théorie des Lois politiques de la monarchie française. 1844, 4 vol. in-8.   20 »
LIDDEL AND SCOTT. The Greek-English Lexicon. Oxf. 1852,
pet. in-4, cart.   50 »
LIVII (T.) Historiarum ab urbe conditâ libri qui supersunt om-
nes, cum notis integris Laur. Vallæ, M. Ant. Sabellici, Beati
Rhenani etc , curante Arn. Drackemborch. Accedunt sup-
plementa deperditorum, Auctore Jo. Freinshemio. Stuttgartiæ et Lipsiæ, 1820-1827, 15 tom. en 17 vol. in 8.   35 »
— Iidem Historiarum libri. Oxonii. 1853, 2 v. in 18 cart.   5 »
LIVRET de l'École des Chartes, publié par la Société de l'École.
1852, in-12.   4 »
LUCANI (Ann.) Opera. Oxonii, 1852, in-18 car..   2 50
LUCIANI Opera quæ exstant omnia, græce et latine, ad
editionem Hemsterhusii et Reitzii accurate expressa, cum
varietate lectionis et adnotationibus. Biponti, 1789-1798,
10 vol. in-8.   30 »
— Eadem post Hemsterhusium et Reitzium, cum variet. lectio
nis, scholiis græcis, etc., edidit Lehmann. Lipsiæ, 1822-1831
9 vol. gr. in-8.   25
LUCRETII. De rerum naturâ libri sex. Oxonii, 1851, in-18 cart. 2 50
MADVIG (L. N.). A Latin Grammar for the use of schools. Oxf.,
1851, in-8 cart.   16
MAIGNEIN. Morale d'Euripide. 1856, in-8.   2
— Quid de signis, tabulisque pictis senserit. M. Tullius, 1856,
in-8.   1 50
MAFFEI (SC.). Galliæ antiquitates quædam selectæ, atque in
plures epistolas distributæ. 1734, in-4.   5 »
MAURIAL. Le scepticisme de Kant. 1857. In-8.   4 »
MEDICORUM Græcorum opera quæ exstant curante Kuen. Lip-
siæ, 1821. 26 vol. en 28 parties in-8.   100 »
MÉMOIRES de l'Acad. Imp. des Sciences de Lyon, 1855, tom. V :
Extension des terrains houillers sous les formations secon-
daires et tertiaires de diverses parties de la France, par
M. Fournet. 1855, gr. in-8 avec planches.   6 »
— tome VI. — Suite de l'extension des terrains houillers, par
Fournet ; de l'unité de la médecine par Brachet ; Considé-
rations sur le gisement des métaux précieux au Chili, par
M. Saint-Clair Duport ; Observations météorologiques faites
à l'Observatoire en 1853-1856. 1 vol. gr. in-8. Planches. 8 »
MÉMOIRES de l'Acad. Imp. des Lettres de Lyon, 1855, contenant : Considérations sur les retraites forcées de la magis-
trature, par M. Sauzet ; Poésie héroïque des Indiens, par
Eichoff ; Sur les Offices de Cicéron, par F. Bouillier ; De l'influence des doctrines de la civilisation sur la musique, par
Th. Serrin. 1856, 1 vol. gr. in-8.   6 »
— de l'Acad. Imp. de Lyon, tome VII. Considérations sur les
Dombes, avec carte, par V. Smith. Rapports de la Turquie et
des puissances occidentales au commencement du XVI° siècle, par Dareste. — De la poésie et du style au XVIII° siècle,
par De la Prade. Essai de l'histoire de la chirurgie par Petre-
quin. Description d'une voie romaine avec carte, par D'Aus-
signy. Académie de Lyon au XVIII° siècle, par Ch. Bouillier, etc. Gr. in-8.   6 »
MEUNIER. Essai sur la vie et les ouvrages de Nicolle Oresme.
1857, in-8.   3 »
— De Homeri vitâ. 1857, in-8.   1 »
MIGNARD. Le roman en vers de très excellent et noble homme
Gérard de Roussillou, jadis duc de Bourgogne, publié pour

la première fois d'après les manuscrits de Paris, de Sens et de Troyes. 1838, grand in-8 avec planches. 15 »

MITCHELL (T.). Index Græcitatis Platonicæ. Ox., 1832, 2 vol. in-8 cart. 35 »

MOKE (H.-T.). La Belgique ancienne et ses Origines : gauloise, germanique et franque. 1855, gr. in-8. 8 »

MOREL. Études sur l'abbé Dubos, secrétaire perpétuel de l'Académie française. 1850. Gr. in-8. 3 »

MORIN, prof. La réforme et la ligue en Anjou. 1856, in-8. 4 »

— Quæ partes fuerint Episcoporum in Capetianis ad regnum provehendis. 1856, in-8. 1 50

MULLER. Memorie numismatiche di C. Cavedoni, B. Borghesi, Diamilla-Muller, Capranesi, Matranga, Audierne, Visconti, Giordani. 1853, in-4 avec planches. 8 »

MURETI (Ant.). Opera omnia ex mss. aucta cum brevi annotat. Davidis Ruhnkenii. Lug. Bat. 1789, 4 vol. in-8. 20 »

MUTEAU (*V. Ancillon*). .

MUTEAU et J. GARNIER. Galerie bourguignonne, 1858, t. 1er, in-18. 4 50

OBRY, de l'Académie d'Amiens. Du Berceau de l'espèce humaine selon les Indiens, les Perses et les Hébreux, in-8. 5 »

OCHLER. Corpus Hæresiologicum : T. 1, continens scriptores, Hæresiologicos minores lat. Berolini, 1856, gr. in-8. 9 »

ORATORES ATTICI, ex recensione IM. Bekkeri, editio nova et emendata. Berolini, 1823-1824, 5 vol. in-8. 15 »

OUDOT, professeur à la Faculté de droit de Paris.—Conscience et science du devoir, introduction à une explication nouvelle du Code Napoléon. 1856. 2 vol. in-8. 14 »

Cet ouvrage, résumé de vingt-cinq ans d'enseignement, était attendu depuis longtemps par les élèves de M. Oudot. Tous les étudiants qui aspirent à une instruction sérieuse, doivent le consulter au début de leurs études. Les lecteurs des ouvrages de *M. Cousin, Simon* et autres philosophes modernes seront curieux de comparer avec les opinions qui ont cours les théories toutes nouvelles de cette introduction que doit suivre une explication, toute nouvelle elle-même, du Code Napoléon.

OUVRÉ (prof.). *Aubéry du Maurier*, ministre de France à La Haye.

— Protestantisme en France et en Hollande. 1853, in-8. 5 »

— De Monarchia Dantis Alghieri. 1853, in-8. 1 »

— Essai sur l'histoire de Poitiers depuis la fin de la Ligue jusqu'à la prise de La Rochelle. 1595-1628. 1857, in-8. 4 »

PAIGNON. Éloquence et improvisation, art de la parole oratoire. 1851, 3e tirage, gr. in-8. 6 »

PARDESSUS (de l'Institut). Loi salique, ou recueil contenant les anciennes rédactions de cette loi et le texte connu sous le nom de : *Lex emendata.* 1843, in-4. 25 »

PASQUET, agrégé de grammaire, professeur au lycée Bonaparte. Éléments de Grammaire latine. 1857, in-12 cartonné. 1 25

PATRU, professeur. De la Philosophie du moyen âge, depuis le VIIIe siècle jusqu'à l'apparition, en Occident, de la Physique et de la Métaphysique d'Aristote. 1848, in-8. 3 50

— *Willemi Campellensis* de natura et de origine rerum placita. 1848, in-8. 1 50

— Esprit et Méthode de Bacon en Philosophie, avec les citations continuelles de l'auteur. 1854, in-8. 2 »

— Méthode de Descartes, destinée au Baccalauréat. 1852, in-8. 1

PEARSONI (J.). Adversaria Hesychiana. Ox., 1844, 2 vol. in-8 cart. 11 »

PEIGNOT. Lettres de Gabriel Peignot à son ami N.-D. Baulmont, inspecteur divisionnaire des postes en retraite, mises en ordre et publiées par Emile Peignot, son petit-fils. 1 vol. in-8, imprimé sur papier fort, orné d'un *Fac-simile* et d'un beau portrait de G. Peignot. 5 »

PELISSIER (agr. de phil., prof. au Collège et à l'Ecole préparatoire de Sainte-Barbe). Précis d'un Cours élémentaire de Logique, conform. aux nouv. programmes. 1856, 1 fort vol. in-12. — (*V.* BÉAUSSIRE, BOUILLIER.) 3 »

Les inspecteurs et les examinateurs de l'Université ont souvent manifesté le regret de trouver les élèves incapables de répondre à leurs questions par une définition précise ou un exemple qui ne traînât pas depuis le moyen âge dans les logiques de l'école. Ce précis a été composé pour satisfaire à ces légitimes exigences. C'est une suite de *définitions* et d'*exemples* empruntés à nos classiques ou tirés des principes élémentaires des sciences et des arts. Il offre un intérêt particulier aux élèves de la section des sciences, qui y trouveront un développement nouveau des questions relatives à la *Méthode*.

PETIGNY (de l'Institut). Études sur l'Histoire, les Lois et les Institutions de l'époque Mérovingienne. 1851, 3 vol. in-8. 18 »

PHÆDRI. Fabulæ Æsopiæ. Oxonii, 1818, in-18 cart. toile. 1 50

PHILEMONIS. Grammatici quæ supersunt, vulgatis emendatiora et auctiora edidit Fr. Osann. Acced. anecdota nonnulla græca. Berolini, 1821, gr. in-8. 5 »

PIETRI (L'abbé de). Les principes de la société au XIXᵉ siècle. 2ᵉ édition, 1858, in-12. 1 50

PITRA (le R. P. Dom. J.-B.), religieux bénédictin de la congrégation de France. Des canons et des collections canoniques de l'Église grecque, d'après l'édition de M. G. A. Rhalli, président de l'aréopage à Athènes, 1858, in-8. 1 50

PLATONIS quæ exstant Opera ; accedunt Platonis quæ feruntur scripta ; ad optim. libr. fidem recens. In linguam latinam convertit ; adnotationibus explan., indicesque rerum ac verborum accuratiss. adjecit F. Astius. Lipsiæ, 1819-1827, 11 vol. in-8. 35 »

— Lexicon platonicum auctore F. Astio. Lipsiæ, 1831-1838. 3 vol. in-8. 20 »

Complément indispensable du précédent ouvrage.

POISSON (le baron), ancien officier d'artillerie, l'armée et la Garde nationale (1789-1792) 1858, in-8. 6 »

POITOU, conseiller à la Cour impér. d'Angers. Du Roman et du Théâtre contemporain, et de leur influence sur les mœurs. 1858, in-12. 2ᵉ édition. 3 »

Ouvrage couronné par l'Institut, séance du 2 mai 1857.

PORT, archiviste. Essai sur l'histoire maritime de Narbonne. 1854, in-8. 4 »

Mémoire qui a obtenu une médaille d'or au concours des Antiquités nationales.

POSSIEN, professeur. Étude des langues. 1856, br. in-8. 1 »

PRADEAU (Gustave), professeur. Résumé des ouvrages de philosophie compris dans le programme du Baccalauréat ès-lettres, in-12. 3 »

PORTUGALÆ monumenta historica a sæculo VIII post Christum ad XV, jussu Academiæ scientiarum Olisiponensis edita. Olisipone. in-F°, 1856. Tome I :

— Fasciculus 1. Scriptores 12 »

— — 1. Leges et consuetudines. 12 »

PREVOST-PARADOL, prof. à la Faculté d'Aix. Elisabeth et Henri IV (1593-1598). Ambassade de Hénault de Y aisse, en Angleterre, au sujet de la paix de Vervins. 1855, in-8. 3 »

QUANTIN (Max.), archiviste. Recherches sur le Tiers-État, au moyen âge, dans les pays qui forment aujourd'hui le département de l'Yonne. 1851, br. in-8. 2 »

— Cartulaire général de l'Yonne, recueil des documents authentiques, pour servir à l'Histoire des pays qui forment ce département. Auxerre, 1854, in-4. 17 »

— Recherches sur la géographie et la topographie de la ville d'Auxerre et du Pagus de Sens, in-4, avec cartes. 5 »
(Extrait du Cartulaire général de l'Yonne).

QUINTI SMYRNÆI. Posthomericorum libri XIV. Nunc primum ad librorum mss. fidem recensuit, restituit et supplevit Th. Christ. Tychsen. Accesserunt observationes Ch. Gottl. Heynii. Argentorati, 1807, in-8. 4 »

RABANIS. Les Mérovingiens d'Aquitaine. Essai historique et critique sur la charte d'Alaon. 1856, in-8. 4 »

— Clément V et Philippe le Bel. Lettre à M. Daremberg sur l'entrevue de Philippe le Bel et de Bertrand de Got à Saint-Jean-d'Angely, 1858, 1 vol. in-8. 3 »

RAFFY. Répétitions écrites d'Histoire et de Géographie pour le Baccalauréat ès-lettres. 1858, 1 vol. gr. in-18, avec tabl. 4 50

— Répétitions écrites d'Histoire et de Géographie pour le Baccalauréat-ès-sciences et l'École Saint-Cyr. 1858, 1 vol. gr. in-18, avec tableaux. 4 50

Ces ouvrages comprennent en réponse à chaque numéro du Programme officiel tant pour les lettres que pour les sciences : 1° un *Tableau synoptique* dont le but est de présenter l'ensemble de la question, les idées fondamentales, les événements principaux, les dates indispensables ; — 2° des *Développements* rapides, substantiels, aussi complets que peuvent le comporter les limites d'un fort volume ordinaire, et formulés de telle sorte que chaque mot réveille les principaux souvenirs classiques ; — 3° des *Notes étendues* sur des matières qu'on ne trouve jamais que difficilement dans des traités spéciaux : batailles importantes, grands traités de paix, notions géographiques, biographies, tableaux de famille. De cette manière, l'élève peut apprendre avec facilité et revoir sans fatigue Il a son véritable *Vade mecum* pour son cours de révision.

Pour simplifier le travail des candidats au moment des examens, l'auteur a joint à cette nouvelle édition de chacun de ses volumes un *Memento* formé de *vingt Tableaux synoptiques de récapitulation*, embrassant les divers ordres de matières dans l'ordre que leur a assigné le programme actuel : Histoire ancienne, du moyen-âge, moderne, géographie, pour les lettres ; Histoire de France et Géographie pour les sciences. C'est un excellent moyen de revoir, en quelques minutes, et pour ainsi dire d'un coup d'œil, l'ensemble du cours le plus étendu.

RANGABÉ, secrét. de la Soc. archéol. d'Athènes. Antiquités helléniques, ou Répertoire d'inscriptions et d'autres antiquités découvertes depuis l'affranchissement de la Grèce. 1842, 1 vol. in-4, avec planches, tome I. 15 »

— T. II, contenant 2478 inscriptions. Athènes, 1855, 1 gros vol in-4. 30 »

— Souvenirs d'une excursion d'Athènes en Arcadie avec planches. 1857, in-4, impr. impériale. 6 »

RAVAISSON, membre de l'Institut. Essai sur le stoïcisme. 1856, in-4. 5 »

READ. Henri IV et le ministre D. Chamier. 1854, in-8. 2 »

REBITTE. Guillaume Budée, restaurateur des Lettres grecques en France. 1846, in-8. 2 »

REGNARD (Ed.). Mémoire sur la télégraphie électrique à courants combinés et à double échappement, et sur l'horlogerie électrique ; in-8 br., 1855, avec planches. 2 »

REMY. Science des conjugaisons françaises, contenant les 6,381 verbes de la langue avec leurs définitions propres et figurées. 1858, in-12, cart. 1 25

REMACH. Dictionnaire wallon-français, dans lequel on trouve
la correction de nos idiotismes vicieux et de nos wallo-
nismes, par la traduction en français, des phrases wal-
lonnes. 1857, 2 forts vol. in-8.   15 »
RENAN. Averroès et l'averroïsme, Essai hist. 1852, in-8. 6 »
— De Philosophiâ peripateticâ, apud Syros. 1852, in-8. 2 50
RESBECQ (de). Voy. FONTAINE.
REVILLOUT (Ch.), professeur. Histoire de l'arianisme chez les
peuples germaniques qui ont envahi l'emp. rom., in-8. 4 »
REVILLOUT (V). *Aloyse, Aluse*, ni l'une ni l'autre ne peut être
Alisia; études critiques d'histoire et de topographie. 1856,
in-8.   3 »
REY ET BARRÉ. Traité complet d'éducation physique, intellec-
tuelle et morale, organisation d'instruction publique, avec
tableaux et 8 planches lithographiées. 1856, 2 vol. in-4. 9 »
REYNALD. Libertati apud veteres Græciæ populos quid defue-
rit. 1856, br. in-8.   1 »
— Étude sur la vie et les principaux ouvrages de Sam. John-
son. 1856, in-8.   2 50
RHALLY, présid. de l'aréopage à Athènes et Potlis. Constitution
des canons des SS. Apôtres, des conciles œcuméniques et
provinciaux et des Pères de l'Eglise, avec les commentaires
des anciens et les variantes avec approb. du S. Synode de
l'Eglise grecque. 1851-1856. 5 vol. grand in-8 (texte grec) 45 »
ROOSMALEN (de). L'Orateur, ou Cours de débit et d'action ora-
toires, appliqué à la chaire, au barreau, à la tribune et aux
lectures publiques. 4e édit., 1855, gr. in-8.   6 »
ROUSSELIÈRE (A. de la). Don Carlos, tragédie en cinq actes
et en vers, imité de Schiller. 1855, in-18.   1 50
SADOUS, docteur ès-lettres, professeur au lycée de Versailles.
Fragments de Mahabharata, traduits du sanscrit en fran-
çais, in-12.   2 »
— Histoire de la littérature indienne. Cours professé à l'Université de Berlin par M. Albert Weber, membre de l'Académie, traduction française,   1858, in-8. 7 »
SALLUSTII Opera recogn. notisque criticis instruxit F. D.
Gerlach. Basileæ, 1823, 3 vol. in-4.   12 »
— Eadem : Oxonii (texte seul), 1851, in 18 cart.   1 »
SAMSON (A), docteur en médecine de la Faculté de Paris. Hygiène
oculaire de l'enfance, ou Exposé des moyens connus qui peuvent prévenir ou rendre moins graves les maladies oculaires
de l'enfance. 1858, in-8.   1 »
SAULNIER (Fr.). Roscelin, sa vie et ses doctrines; Étude bio-
graphique et historique. 1855, broch., in-8.   1 »
SCARLATES DE BYZANCE. Lexique grec moderne donnant la signification en grec ancien et en français; les termes géographiques anciens et modernes. 2e édition, corrigée et augmentée, Athènes 1857, 1 vol. in-8.   12 »
SCHŒLL (Max-Sams.) *Cours d'histoire des États européens*,
depuis le bouleversement de l'Empire romain d'Occident
jusqu'en 1789-1830-1834, 47 vol. in-8.   100 »
— *Histoire de la littérature grecque profane*, depuis son origine jusqu'à la prise de Constantinople par les Turcs; suivie
d'un précis de l'histoire de la transplantation de la littérature grecque en Occident, 2e édit. entièrement refondue
sur un nouveau plan et enrichi de la partie bibliograph.
8 vol. in-8.   24 »
— *Histoire abrégée de la littérature romaine*, 4 vol. in-8. 11 »
SCHMIDT (docteur ès-lettres). Étude sur Herder, considéré

comme critique littéraire, précédée d'une introduction gé-
nérale sur sa vie et ses écrits. 1856. In-8.   2 »
SOCRATIS (scholastici). Ecclesiastica historia, edidit Hussey.
    Oxonii, 1853, 3 vol. in-8.   55 »
— Ex recensione Valesii. Oxonii, 1844, in-8 cart.   11 »
SOPHOCLIS Tragœdiæ Græcè. Oxonii, 1851, in-18 cart.   3 2
SORIA, prof. de droit public. De la moralité ou de la puissance
    intellectuelle, morale et politique. 1857, 2 vol. in-12.   6 »
SOUPÉ (A.P.) prof. de rhétorique. Essai critique sur la littérature
    indienne et les études sanscrites avec des notes bibliograph.
    1856, in-12.   2 »
— Etude sur le caractère national et religieux de l'Épopée la-
    tine. 1856, in-8.   2 »
— De Frontonianis reliquiis. In-8 br.   1 »
SUCKAU (de). Etude sur Marc-Aurèle. 1857, in-8.   3 »
— De Lucretii metaphysicâ. In-8.   1 »
TACITI (Corn.) Opera omnia ad fidem editionis Orellianæ.
    Oxonii, 1853, 2 vol. in-18 cart.   6 »
TARDIF. Essai sur les Neumes. 1853, in-8.   1 50
TATTÆ (H.). Lexicon Ægyptiaco-latinum, cum Indice vocum
    latinarum. Oxonii, 1835, 2 in-8 cart.   10 »
— Prophetæ majores, in dialecto linguæ Ægyptiacæ; cum
    versione lat. Ox., 1852, in-8 cart.   18 »
TESTAMENTUM Novum juxta exemplar Millianum. Græcè. Oxo-
    nii, 1851, in-12 cart.   4 »
— Vetus ex versione Septuaginta interpretum Græcè. Oxonii,
    1848, 3 vol. in-12 cart.   10 »
THE CHRISTIAN YEAR, forty-first edit. Oxford, 1852, in-32 cart. 2 50
THEOCRITI Reliquiæ, græcé et latiné. Textum recognovit et cum
    animadversionibus Theophili Christ. Harlesii, Jo. Ch. Da-
    nielis Schreberi, aliorumque excerptis, suisque edidit Th.
    Kiessling. Accedunt argumenta græca, scholia, epistola Jac.
    Morellii et indices. Lipsiæ, 1819, 1 gros vol. in-8.   8 »
THEOCRITUS, BION ET MOSCHUS, græcè et latiné. Accedunt virorum
    doctorum animadversiones, scholia, Indices et M. Æmilii
    Porti Lexicon doricum. Londini, 1829, 2 vol. in-8.   10 »
THEODORETI. Ecclesiasticæ historiæ libri græcè cum interpret.
    lat. Valesii (H.), recensuit Gaisford. Oxonii, 1854, in-8 cart. 14 »
— Græcarum affectionum curatio. Oxonii, 1829, in-8 cart.   20 »
THEOPHILI de corporis humani fabricâ libri V. græcè. Edid.
    Greenhill., Ox., 1842, in-8 cart. angl.   22 »
— Characteres, ad optimorum librorum fidem recensuit,
    de notationum ingenio atque auctore exposuit, et perpetua
    adnotatione illustravit D.-F. Astius. Lipsiæ, 1816, in-8.   4 »
THIONVILLE, de la théorie des lieux communs dans les Topiques
    d'Aristote, etc.; des principales modifications qu'elle a su-
    bies jusqu'à nos jours. 1855, in-8.   2 50
— De arte Callimachi poetæ. 1853, in-8.   1 50
THUCYDIDIS, opera, Grèce. Oxonii, 1848, 2 vol. in-18 cart.   5 »
— Même ouvrage. (Traduction anglaise d'Arnold.) Oxonii,
    1847, 3 vol. in-8 cart. angl.   17 »
TOUSSAINT (Le R. P.) de S. Luc. Mémoires sur la noblesse de Bre-
    tagne avec planches. Réimprimé en fac simile de la première
    édition. 1855. 3 parties en 2 vol. in-8 ancien.   11 »
TRACY (de), ancien député. Lettres sur l'agriculture. 1857,
    in-12.   2 50
VAN DER MEERSCH. Recherches sur la vie et les travaux des im-
    primeurs belges et néerlandais établis à l'étranger.
    Tome 1er. Gand, 1856, gr. in-8.   10 »

VAN LOCKEREN. Histoire de l'abbaye de St-Bavon et de la Crypte de St-Jean, à Gand. 1855. 1 vol. gr. in-8. 34 pl. 40 »

VERGÉ, Doct. en Droit. Diplomates et publicistes. Études cont. Maurice d'Hauterive, de Gentz, Pinheiro Ferreira, Ancillon, d'Entraigues, Sieyès, Châteaubriand, Mignet. 1856, in-8. 4 »

— Séances et Travaux de l'Académie des sciences morales et politiques, Compte rendu par Ch. Vergé, docteur en droit, sous la direction de M. Mignet. 1842-1852 (1re, 2e, 3e séries): 22 vol. in-8. Épuisé. 220 »

— 1853-1858 (4e série), 4 vol. par an. L'année 20 »
Abonnement pour 1859, pour Paris : 20 fr. — Pour la province et l'étranger : 25 fr.

VIRGILII MARONIS. Opera, varietate lectionis et perpetua adnotatione illustrata a C.-G. Heyne, editio IV ; curavit. Wagner, Lipsiæ, 1830, 5 forts vol. in-8. 35 »

VOITURE (V.). Œuvres complètes, nouv. édit. rev., corr. et augm. de la Vie de l'auteur, de notes et de pièces inédites par Amédée Roux, avocat à Issoire, 1855, un magnifique vol. in-8. 7 t.

— Lettres du comte d'Avaux à Voiture, suivies de pièces extraites des papiers de Conrart, 1858, in-8. 6 »
Magnifique volume sorti des presses de Perrin de Lyon; caractères et papier en imitation de ceux du xviie siècle.

VRETOS (papadopoulos). Philologie néo-hellénique, ou Catalogue des ouv. impr. dans l'idiome ancien ou dans la langue usuelle des Grecs, depuis la destruction de l'empire de Byzance jusqu'à la création du royaume de Grèce. Athènes, 1854, in-8 (texte grec). 8 »

— Tome II. Athènes, 1857, in-8. 8 »

— La Bulgarie anc. et mod. St.-Pétersbourg, 1856, in-8. 10 »

VRETOS. Mélanges néo-helléniques, Athènes, 1856, in-18 (texte français). 2 »

— Contes et Poëmes de la Grèce moderne, précédés d'une Introduction par P. Mérimée. 1855, in-8. 2 »

WADDINGTON, agrégé de la Faculté des lettres de Paris. Essais de Logique, leçons faites à la Sorbonne de 1848 à 1856. 1858, in-8. 6 »

— Ramus (Pierre de la Ramée). Sa vie, ses écrits et ses opinions. 1856, in-8. 6 »

WALLON (Henri.), professeur. Du Droit d'asile. 1857, in-8. 2 50

WEIL (H.) ET BENLOEW (L.). Théorie générale de l'Accentuation latine, suivie de Recherches sur les Inscriptions accentuées et d'un examen des Vues de M. Bepp sur l'Histoire de l'Accent. 1855, in-8. 6 »

WEISS. Essai sur Hermann et Dorothée de Goëthe. 1856, in-8. 1 50

— De Inquisitione apud Romanos, Ciceronis tempore. 1856, in-8. 2 »

WESTRHEENE (T. Van). Jean Steen, Étude sur l'Art en Hollande. Orné d'un portrait de Jean Steen : eau-forte sur papier de Chine, parfaitement gravé. Grand in-8. 8 »

WHITE (Mead.). The Ormulum. Oxf., 1852, 2 vol. in-8 cart. 50 »

WIDAL. Des divers caractères de Misanthropie chez les écrivains anciens et modernes, 1851. 2 50

— In Taciti dialogum de Oratoribus Disputatio. 1851, in-8 br. 1 50

— Étude sur trois tragédies de Sénèque, imitées d'Euripide. 1851, in-8. 3 »

WOLFGANG (Séb.). Index vocabulorum in Homeri Iliade atque Odysseâ. Ox., 1780, in-8 cart. 15 »

XENOPHONTIS. Historia Græca, ex recensione. Dindorfii. Ox, 1854, in-8 cart. 16 »
— Memorabilia Socratis. Oxonii, 1849, in-18 cart. 4 50
— ZENJ. Paraphrasis batrachomyomachiæ Homeri ; cum interpretatione latinâ et commentar. Mullachii Berolini, 1837. In-8 (grec moderne). 4 »

JOURNAUX.

CORRESPONDANCE (La) LITTÉRAIRE. — Critique, Beaux-Arts, Érudition : 3ᵉ année ; un numéro chaque mois ; Abonnement annuel. 10 »
Pour l'étranger : le port en plus.
A partir du 1ᵉʳ janvier 1859, il paraîtra deux numéros chaque mois, et l'abonnement sera porté à 12 fr., sans augmentation de prix pour ceux qui s'abonnent dès à présent.
Les deux premières années forment chacune 1 vol. in-4, terminé par une table analytique des matières ; prix de chaque année, 12 »
JOURNAL DES ASSURANCES Terrestres, Maritimes, sur la Vie, etc., législation, doctrine, jurisprudence, statistique ; du rapport des progrès des sciences avec les assurances, paraissant le 1ᵉʳ de chaque mois, par 2 à 3 feuilles grand in-8, Prix : France, 14 fr., Étranger, 15 fr. Neuvième année, 1859 ; publiée par M. Louis Pouget, avocat, auteur de divers ouvrages d'assurances et de droit commercial.
JOURNAL DU DROIT CRIMINEL, ou jurisprudence criminelle de la France. Recueil critique des décisions judiciaires et administratives sur les matières criminelles correctionnelles et de simple police, rédigé par M. Morin, avocat à la Cour de cassation. Prix de l'abonnement, 10 »
RÉPERTOIRE ADMINISTRATIF, journal complémentaire du formulaire municipal ; années 1844 à 1858, 23 vol. in-8. 73 »
Abonnement annuel. 8 »
RÉPERTOIRE GÉNÉRAL DE L'ENREGISTREMENT, ou Recueil de toutes les décisions administratives et judiciaires sur l'enregistrement et le timbre, faisant suite au Répertoire, in-8, 1858. Prix d'abonnement, 7 »
REVUE BIBLIOGRAPHIQUE et critique du droit français et étranger, par une société de jurisconsultes et de savants, sous la direction de M. Charles Ginouilhac ; revue paraissant tous les deux mois par livraison d'une ou deux feuilles, in-8. prix de l'abonnement : Paris, 3 »
Départements et étranger. 4 »
REVUE HISTORIQUE du droit français et étranger, publiée sous la direction de MM. Ed. Laboulaye, membre de l'Institut, professeur de législation comparée au collège de France ; E. de Rozière, ancien professeur à l'école des Chartes ; R. Dareste, avocat au conseil d'État et à la Cour de Cassation ; Ch. Ginouilhac, chargé du cours d'histoire de droit à la Faculté de Toulouse. — Années 1855, 1856, 1857. 3 forts vol. in-8. 30 »
Abonnement : Paris, 10 fr. ; départements et étranger. 12 »
Cette revue paraît tous les deux mois.
SÉANCES ET TRAVAUX de l'Académie des sciences morales et politiques. Compte rendu par M. Ch. Vergé, docteur en droit, sous la direction de M. Mignet, secrétaire perpétuel de l'Académie. 1813-1853, 1ʳᵉ, 2ᵉ, 3ᵉ séries, 22 vol. in-8. 120 »
4ᵉ série, 1853-1858. Prix de chaque année. 20 »
Prix de l'abonnement pour 1851. 20 »
Départements et étranger. 25 »

Paris. — Imp. de J.-B. GROS et DONNAUD, rue Cassette, 9.

EXTRAIT DU CATALOGUE.

Braff, sous-chef du bureau de l'administration et de la comptabilité des communes au ministère de l'intérieur. Administration financière des communes, recueil méthodique et pratique des lois, décrets, ordonnances, etc., qui régissent cette matière. 1857, 2 vol. in-8. — 15 fr.
— Des Octrois municipaux. 1857, in-8. — 4 fr.

Chauveau, professeur. Essai sur le régime des eaux navigables et non navigables, sous le double point de vue théorique et pratique 1859, in-8. — 4 fr.

Ferrand Giraud, conseiller à la Cour impériale à Aix. — Servitudes de voirie (voies de terre). 1855, 2 vol. in-8. — 15 fr.
— Législation des chemins de fer par rapport aux propriétés riveraines. 1855, in-8. — 7 fr. 50
— Des dommages occasionnés à la propriété privée par les travaux publics. 1851, in-8. — 6 fr.
— Législation française concernant les ouvriers. Exposé théorique et pratique des dispositions législatives et réglementaires. 1856, in-8. — 4 fr.

Gaudry, ancien bâtonnier. Traité de la législation des cultes, et spécialement du culte catholique, ou de l'Origine du développement et de l'état actuel du droit ecclésiastique en France. 3 vol. in-8 — 21 fr.

Lamé Fleury, ingénieur du Corps impérial des mines. De la Législation minérale sous l'ancienne monarchie, ou Recueil méthodique et chronologique des lettres patentes, édits, ordonnances, déclarations, arrêts du Conseil d'État, du Roi, du Parlement et de la Cour des monnaies de Paris, etc., concernant la législation minérale, publié, annoté et mis en ordre sur les manuscrits originaux. in-8. — 5 fr.

Des recherches longues et multipliées aux archives de l'Empire ont permis à M. Lamé Fleury de composer la plus grande partie de son ouvrage de documents entièrement inédits, dont quelques-uns sont réellement précieux pour l'histoire générale. On citera seulement ici l'appendice, où l'épisode obscur de la lacération des registres du Parlement de Paris, ordonnée par Louis XIV à la suite des troubles de la Fronde, se trouve définitivement fixé dans ses curieux détails.
— Texte annoté de la loi du 21 avril sur les mines, minières, etc. 1857, in-8. — 5 fr.

Pistoye (de) et **Ch. Duverdy**, avocats. Traité des prises maritimes, dans lequel on a refondu celui de Valin, en l'appropriant à la législation actuelle. Ouvrage contenant un grand nombre de décisions inédites de l'ancien Code des prises, et les actes émanés en 1854 des gouvernements belligérants et neutres; augmenté en 1859 d'une annexe renfermant la déclaration du congrès de Paris, et autres documents de 1854 à 1856. 1859, 2 vol. in-8. — 15 fr.

Serrigny, professeur à la Faculté de Dijon. Traité de l'Organisation, de la Compétence et de la Procédure en matière contentieuse administrative, dans leurs rapports avec le droit civil. 2 vol. 1850, in-8. — 16 fr.
— Traité du Droit public des Français, précédé d'une Introduction sur les fondements des sociétés politiques. 1846, 2 vol. in-8. — 12 fr.
— Questions et traités de Droit administratif. 1853, in-8. — 8 fr.

Paris. — Imprimé chez Bonaventure et Ducessois, 55, quai des Augustins.

9 782019 305826